ATRÉVETE A
DESAFIAR

DRA. SUNITA SAH
Médica cirujana por la Universidad de Edimburgo y doctora
en Comportamiento Organizacional por la Universidad Carnegie Mellon

ATRÉVETE A DESAFIAR

Deja de complacer a los demás y aprende a decir «no»

Planeta

Título original: *Defy: The Power of No in a World That Demands Yes*

Traductora: Matilde Schoenfeld
Formación: Alejandra Romero
Diseño de portada: Planeta Arte & Diseño
Fotografía de la autora: Cortesía de la autora
Ilustración de portada: © Studio Land

Bajo el sello editorial PLANETA M.R.
Avenida Presidente Masarik núm. 111,
Piso 2, Polanco V Sección, Miguel Hidalgo
C.P. 11560, Ciudad de México
www.planetadelibros.com.mx

Primera edición en formato epub: septiembre de 2025
ISBN: 978-607-39-3417-6

Primera edición impresa en México: septiembre de 2025
ISBN: 978-607-39-3000-0

Esta publicación contiene material sensible que incluye descripciones de abuso sexual. El contenido puede afectar emocionalmente a ciertas personas lectoras. Su lectura queda bajo responsabilidad del lector.

Impreso en los talleres de Litográfica Ingramex, S.A. de C.V.
Centeno núm. 162-1, colonia Granjas Esmeralda, Ciudad de México
Impreso y hecho en México – *Printed and made in Mexico*

Para mis padres, quienes me mostraron que el acto
de desafiar no es solo un acto, sino un testimonio
de nuestros valores más profundos.

A veces tenemos la bendición de poder elegir el momento, el terreno y la forma que tomará nuestra revolución, pero lo más común es que debamos luchar desde donde estamos parados.

AUDRE LORDE

ÍNDICE

Introducción.
Mover la rodilla 15

PRIMERA PARTE
UN SÍ VERDADERO

1. Programados para obedecer 31
2. La tensión es tu fortaleza 50
3. Conoce tu Sí Verdadero 68
4. Libérate de la influencia 86
5. Recupera tu poder 103

SEGUNDA PARTE
UN NO VERDADERO

6. Encuentra tu No Verdadero 115
7. La trampa del acto de desafiar falso 127
8. ¿Quién puede desafiar? 139
9. El acto de desafiar silencioso 158

TERCERA PARTE
CONVERTIRSE EN UN DISIDENTE MORAL

10. ¿Quién soy? 179
11. El lugar y el momento adecuados 197
12. El superpoder de la responsabilidad 218
13. Subir de nivel 236
14. No tienes que ser valiente 251

CONCLUSIÓN

Atrévete a desafiar 269

GUÍA PARA EL LECTOR

Una conversación con la doctora Sunita Sah 279
Glosario 285
Apéndice 287
Preguntas para debatir 299

Agradecimientos 301
Notas 305

Definición antigua (*Oxford English Dictionary*, 2024)

desafiar, verbo.

Retar el poder; resistir de forma abierta o con valentía.

Definición antigua (*Diccionario de la lengua española*)

desafiar, verbo.

Retar, provocar a singular combate, batalla o pelea.

Definición nueva (Sunita Sah, 2025)

desafiar, verbo.

Actuar de acuerdo con tus verdaderos valores cuando hay presión para hacer lo contrario.

INTRODUCCIÓN

MOVER LA RODILLA

> Cuando piensas en la larga y sombría historia de la humanidad, encontrarás que se han cometido más crímenes horrendos en nombre de la obediencia que los que jamás se hayan cometido en nombre de la rebelión.
>
> C. P. Snow

El 25 de mayo de 2020, dos policías novatos en Mineápolis respondieron a una llamada sobre un hombre que había intentado pagar con un billete falso en una tienda de conveniencia.

Al llegar al lugar, encontraron al sospechoso —un hombre negro de unos 40 años— sentado en el asiento del conductor de un coche. Uno de los policías apuntó con su arma al hombre y lo obligó a salir del vehículo, para después esposarlo.

Posteriormente, llegaron dos policías más. Lo inmovilizaron contra el suelo, y el policía con más experiencia en la escena, un hombre llamado Derek Chauvin, colocó su rodilla sobre la nuca del detenido.

La mayoría conoce el resto de esta historia:

Cómo George Floyd, con el rostro contra el pavimento, repetía una y otra vez que no podía respirar.

Cómo gritó de dolor y luego perdió el conocimiento.

Cómo Chauvin mantuvo su rodilla sobre el cuello de Floyd durante más de nueve minutos, incluso después de que dejó de mostrar signos vitales, incluso después de que llegaron los paramédicos.

La muerte de George Floyd deja al descubierto lo peor del racismo sistémico y de la brutalidad policial. A algunos no les gusta recordar lo que ocurrió, mientras que otros quieren asegurarse de que no lo olvidemos.

Lo que más me atormenta cuando veo las grabaciones de ese día no es solo la figura del hombre bocabajo en el suelo ni la imagen atroz de la rodilla sobre su nuca; también me persiguen los dos policías novatos —uno blanco, en su cuarto día de trabajo; el otro negro, en su tercer día; uno que sujeta las piernas de Floyd, el otro en cuclillas sobre su espalda— que siguieron las órdenes de Chauvin mientras una multitud de testigos horrorizados le suplicaba que le quitara la rodilla del cuello a George Floyd.

El novato blanco se llamaba Thomas Lane. Tenía 37 años; su abuelo había sido detective de homicidios y su bisabuelo jefe de la policía de Mineápolis.

El novato negro era Alex Kueng. Hijo de madre blanca y padre negro, y más de una década menor que Lane. Kueng se había incorporado al Departamento de Policía con la esperanza de reformarlo desde dentro. Muchas de las personas que conocía —incluidos sus cuatro hermanos adoptivos, uno de los cuales había sido arrestado por grabar a agentes de policía y amenazarlos con un *taser*— desconfiaban profundamente de la policía. Durante casi toda su vida, Kueng fue testigo del deterioro de la relación entre su comunidad y las corporaciones policiacas. Les dijo a su familia y a sus amigos que el hecho de incorporarse al departamento tal vez sería un puente, ya que podría ayudar a proteger a personas como sus hermanos, como él y como George Floyd.

Pero ese día de mayo, ambos agentes novatos obedecieron las órdenes de Derek Chauvin para inmovilizar a George Floyd. Las imágenes me dan escalofríos. Kueng le toma el pulso a Floyd dos veces y, aunque no lo detecta, sigue obedeciendo a Chauvin. Lane pregunta dos veces si deberían mover a Floyd y recostarlo de lado, pero al recibir una negativa, también sigue obedeciendo a su compañero.

Estos dos agentes estaban más cerca que nadie de la rodilla de Derek Chauvin. Podían haberla quitado. Podían haberle dicho a su compañero que se detuviera. Podían haber preguntado si en realidad era necesario seguir inmovilizando a un hombre que hacía mucho que había dejado de resistirse.

Pero no lo hicieron.

Mientras veía las grabaciones y los reportajes en las semanas siguientes, no dejaba de preguntarme:

¿Por qué, en ese momento, Alex Kueng perdió de vista el propósito con el que dijo haber ingresado a la fuerza de policía? ¿Por qué se desconectó de sus valores?

¿Por qué Thomas Lane, que le preguntó dos veces a Chauvin si debían colocar a Floyd de lado —un acto simple que pudo haberle salvado la vida— no insistió, no alzó la voz para decir: «¡Detente!»?

¿Se dieron cuenta, en algún momento, de que algo estaba en extremo mal y de que, al cumplir con el protocolo, en realidad no estaban logrando detener un asesinato en proceso?

Soy médica de formación y psicóloga organizacional por vocación. He pasado décadas estudiando la ética, el asesoramiento y la influencia. Gran parte de mi investigación se centra en por qué y cuándo las personas aceptan o rechazan ciertas instrucciones, órdenes o recomendaciones. Y después del asesinato de George Floyd, no dejaba de preguntarme: «¿Qué habría hecho yo?».

Como la mayoría de las personas, me considero una persona moral. No creo que esté bien matar a un hombre en la calle. Creo que los agentes de policía deberían proteger a la gente, no ejercer violencia contra ella.

Me gusta pensar que, si yo hubiera estado en el lugar de esos oficiales, habría actuado distinto ese día. Me gusta pensar que habría alzado la voz.

Que habría dicho: «¡Alto!».

Pero llevo años estudiando la autoridad y el acto de desafiar. Y algo que he aprendido es que, a pesar de lo que creemos sobre nosotros mismos, con frecuencia seguimos la corriente incluso cuando sabemos que no deberíamos hacerlo, tanto en circunstancias triviales como en otras de vida o muerte. Estamos tan condicionados a obedecer —sobre todo en ciertos contextos— que puede que ni siquiera nos demos cuenta de que la situación exige desafiar... hasta que ya es demasiado tarde. Creemos que, dadas las circunstancias, actuaremos de forma correcta, pero entonces nos quedamos paralizados y confundidos, sin saber cómo reaccionar. No logramos poner en práctica nuestros valores.

Como la mayoría, me gusta pensar que soy el tipo de persona que habría quitado la rodilla de Derek Chauvin del cuello de George Floyd.

Pero ¿de verdad lo soy?

Cuando vivía en Pittsburgh, algunos años antes de aquel día en Mineápolis, fui a urgencias por un dolor torácico repentino: una punzada profunda justo en el centro del pecho. Nunca antes había sentido este dolor, y estaba preocupada.

En cuestión de minutos pasé por el área de triaje; una enfermera me llevó rápido a través de las puertas batientes hasta una sala de exploración. La doctora era una mujer joven, blanca y segura de sí misma; su bata blanca planchada con impecabilidad y su cabello corto y negro peinado con gran cuidado combinaban con su expresión seria y su actitud práctica y formal. Me escuchó el corazón y los pulmones, luego me hizo un electrocardiograma, sin encontrar nada fuera de lo normal. Me sentí aliviada y le dije que mi dolor estaba disminuyendo. Esperaba que me diera de alta, pero, en lugar de eso, me dijo que tenía que hacerme una tomografía antes de poder irme.

—¿Por qué? —pregunté.

—Solo para asegurarnos de que no se trate de una embolia pulmonar —dijo.

Gracias a mi formación médica, sabía que una embolia pulmonar —un coágulo de sangre en los pulmones— provoca un dolor agudo y punzante en el pecho, que corta el aliento al inhalar y exhalar. A eso lo llamamos «dolor torácico pleurítico», y yo no tenía ese síntoma. Estaba segura de que la tomografía no era necesaria: no tenía lo que esa prueba buscaba. Además, una tomografía me expondría a radiación ionizante que, en promedio, es unas setenta veces mayor que la de una radiografía. Aunque sigue siendo una dosis baja, cualquier exposición a radiación aumenta el riesgo de cáncer a futuro. ¿Por qué correr este riesgo sin una razón válida?

Además, como investigadora en toma de decisiones y ética médica, estoy familiarizada con lo costoso y perjudicial que puede ser el exceso de diagnóstico y tratamiento. Sé que, a veces, en medicina «menos es más». También creo en los principios fundamentales de la ética médica, incluidos la *no maleficencia* (no hacer daño) y la *autonomía* (libertad de elección). Creo que los pacientes no deberían someterse a procedimientos o tratamientos innecesarios solo porque «así se hacen las cosas».

Debí haber dicho que no.

Pero estaba acostada en una camilla de hospital, en una sala fría, mirando hacia las luces fluorescentes del techo. La doctora no me estaba pidiendo mi opinión, me estaba diciendo lo que iba a hacer. Y antes de que pudiera objetar, ya había desaparecido y alguien más me había llevado a la sala de tomografías. Delante de mí estaba el túnel de plástico del tomógrafo, con su plataforma elevada. Me senté sobre ella.

—Es solo una pequeña cantidad de radiación, ¿verdad? —le pregunté a la técnica en imagenología mientras preparaba el equipo, aunque ya conocía la respuesta.

—Bueno… —dijo, con cierta vacilación en la voz, antes de continuar con sus instrucciones.

No quería hacerme la tomografía. No la necesitaba.

Pero tampoco quería que el equipo médico pensara que desconfiaba de su criterio. No quería causar ni la más mínima incomodidad.

Así que, cuando la técnica me lo pidió, me recosté sobre la camilla, y la máquina se puso en marcha.

Mientras el tubo del tomógrafo zumbaba y hacía clic, me sentía desconcertada.

Sabía que la tomografía a la que me estaban sometiendo era innecesaria. Sabía que no se alineaba con mis valores. Sabía que podía ser potencialmente dañina.

Y aun así accedí. A pesar de mi conocimiento y de mi buen juicio, obedecí la indicación de la doctora.

¿Por qué?

Porque me dijo que lo hiciera.

Años después, al ver cómo se desarrollaba la cobertura mediática sobre la muerte de George Floyd, pensé en ese momento.

Ni siquiera pude desafiar la orden de una mujer sonriente con bata blanca.

¿Qué me hace pensar que podría haber detenido a un hombre con un arma?

Por supuesto, existe una diferencia enorme entre someterse a una tomografía innecesaria y permitir que maten a una persona. Que yo no lograra decir lo que pensaba resultó en una pequeña dosis de radiación que solo me afectó a mí. Pero el que Alex Kueng y Thomas Lane cumplieran con su protocolo contribuyó a la muerte innecesaria de un ser humano.

No puedo saber con exactitud qué pasó por la mente de esos oficiales novatos durante los nueve minutos y 29 segundos en que George Floyd estuvo tirado en el suelo. Pero en innumerables situaciones como la suya, la mía y muchas otras, cumplimos órdenes antes de tener siquiera tiempo de pensar. Si acaso tenemos un momento de duda, puede que nos preguntemos:

«¿Debo seguir con esto, aunque sienta que no está bien?».

Y en demasiadas ocasiones, con consecuencias tanto menores como graves, en decisiones que afectan a otros y en otras que solo nos afectan a nosotros mismos, la respuesta desafortunada es:

Sí.

Puede parecer impactante, pero como psicóloga organizacional, no me sorprende. Mi investigación me ha mostrado, una y otra vez, que los valores que alguien *cree* que posee son bastante diferentes de la forma en que en realidad *se comporta.* Experimento tras experimento, he aprendido que, para muchos de nosotros, la distancia entre quienes *pensamos* que somos y lo que en realidad *hacemos* es inmensa.

Y mis estudios muestran que, de hecho, es increíblemente difícil para la mayoría desafiar una orden, incluso una no dicha, ya sea de una figura de autoridad, de un igual o hasta de un desconocido. A pesar de nuestros ideales y de nuestras mejores intenciones, la mayoría de las veces elegimos la obediencia sobre la desobediencia, la sumisión sobre la disrupción, el cumplimiento sobre el acto de desafiar.

Esto ocurre *sin importar lo que esté en juego*, sin importar si la situación es de vida o muerte o si es ordinaria. Lo que une mi experiencia con la de los policías novatos —una pequeña y personal, la otra importante y con efectos de devastación que atravesaron a una familia y a una nación— es ese crucial *momento de acatar.* Y ese instante ocurre en todas partes: en cada lugar de trabajo, en cada hogar, en cada aula; se repite en todos los ámbitos de la sociedad, desde nuestras relaciones íntimas hasta nuestros sistemas de Gobierno.

El acto de desafiar es la excepción. La obediencia es la regla.

Pero no tiene que ser así.

❖ ❖ ❖

Dejé el Reino Unido y me fui a vivir a Estados Unidos en 2008; desde entonces se han visto algunas de las protestas cívicas más prolongadas en la historia de Estados Unidos. Desde Occupy Wall Street (Ocupa Wall Street) hasta Black Lives Matter (Las vidas negras importan); desde Colin Kaepernick hasta Emma González; desde la Marcha de las Mujeres hasta Standing Rock y las manifestaciones contra el uso obligatorio de cubrebocas durante la pandemia de COVID-19, los años que he pasado en Estados Unidos han estado marcados por escenas de resistencia abierta.

La gente ha marchado, ha levantado pancartas, se ha ido a huelga. Y lo ha hecho frente a un Gobierno cada vez más autoritario, un aparato de vigilancia en expansión y un entorno político muy polarizado. Las presiones, tanto legales como sociales, han hecho que el acto de rebelarse sea cada vez más complejo y, para algunas personas, más necesario que nunca.

Los movimientos sociales de mayor alcance pueden marcar la diferencia. Pero ¿qué ocurre con el acto de desafiar a pequeña escala?

Cada protesta está compuesta por miles de manifestantes individuales; cada línea de piquetes, por cientos de pancartas. Cada uno de esos individuos está tomando una decisión consciente de desafiar: de defender lo que cree, a pesar de los costos.

Como psicóloga, me interesan las motivaciones y las capacidades de estos actores individuales. ¿Qué les permite superar su renuencia o las presiones externas? ¿Qué los lleva a ignorar los costos sociales, las consecuencias materiales o incluso el riesgo para su integridad física? En otras palabras: ¿qué ocurre en nuestra mente cuando decidimos desafiar? ¿Qué pasa por la cabeza de mi hijo adolescente cuando le pido que haga la tarea antes de encender el Xbox… y hace *justo* lo contrario? ¿Una acción puede considerarse en realidad desafiante si se basa en las creencias o los deseos de otra persona? ¿Puede usarse en nuestra contra ese impulso de desafiar? Y, lo más importante: ¿Cómo decidimos cuándo decir «sí» y cuándo decir «no»?

Las respuestas a estas preguntas no solo se encuentran en las calles, en las cabezas de revolucionarios e iconoclastas, o dentro de las aulas universitarias, están dentro de cada uno de nosotros. Porque por cada gran momento desafiante colectivo, hay miles de actos pequeños: gestos desafiantes menores cuyo impacto —al menos de forma inmediata— no se percibe más allá de nuestra propia vida.

Tal vez sea un adolescente que se niega a participar en el acoso escolar en el patio de recreo.

Tal vez sea la única abogada del despacho que rechaza aceptar más carga laboral que sus colegas hombres.

Tal vez sea una persona joven que cuestiona a un miembro de la familia por hacer un comentario discriminatorio durante la cena.

Estos momentos no aparecen en los libros de historia, pero eso no significa que no sean reales, ni que esas pequeñas decisiones de desafiar no sean capaces de tener un enorme impacto social.

La verdad es que todo movimiento social comienza con una decisión individual. Y todos enfrentamos decisiones como la que encararon Alex Kueng y Thomas Lane aquel trágico día en Mineápolis. En nuestras familias, en nuestros trabajos y en nuestras relaciones; en casa y en la oficina; en las calles y en juntas escolares, a diario nos encontramos con situaciones que nos obligan a decidir:

- ¿Obedezco y cumplo las órdenes?
- ¿O desafío lo establecido?

La forma en que respondamos a esas preguntas no solo puede transformar nuestra propia vida.

También puede transformar el mundo.

Este libro trata sobre aprender a desafiar. Trata sobre cómo vivir en coherencia con nuestros valores. Sobre cómo evitar sentirte cómplice de una situación que de forma drástica va en contra de tus principios. Trata de lo que significa decir «sí», lo que significa decir «no» y lo que ocurre en ese momento crítico en el que hay que elegir entre ambos.

Como científica, me gusta empezar definiendo mis términos. Así que, antes de continuar, quiero explicar a qué me refiero cuando hablo del *acto de desafiar*.

En el mundo anglohablante, cuando la mayoría de las personas escuchan la palabra *desafiar* (en inglés, *defy*), piensa en *desobediencia*. El *Oxford English Dictionary* (OED) define *desafiar* como «resistir de forma abierta o con valentía»* y *desobediencia* (*disobedience*) como la «negativa a obedecer» y «actuar de manera desafiante».

Por lo general, no soy alguien que discrepe del OED. Después de todo, crecí en el Reino Unido. Pero como científica social y psicóloga, creo que esta definición tiene un alcance demasiado limitado.

Me gustaría proponer una nueva definición de *desafiar*, una que reconozca nuestra capacidad individual de actuar y nuestras acciones deliberadas.

> ***Desafiar* significa *actuar de acuerdo con tus verdaderos valores cuando hay presión para hacer lo contrario.***

Suena sencillo, pero como lo confirman años de investigación, es mucho más fácil decirlo que hacerlo.

Pocas personas se toman el tiempo para pensar a fondo cuáles son en realidad sus valores, a menos que alguien se lo pida explícitamente. Los valores no son hechos, ni creencias, ni metas u objetivos. No dependen de nuestras afiliaciones políticas ni religiosas, y no cambian cuando estamos en una situación diferente con distintas personas. Los valores a menudo se condensan en palabras únicas, como *honestidad*, *igualdad* y *compasión*. Son palabras con un enorme significado y un poder tremendo que notaríamos si pudiéramos ponerlas en acción todos los días.

Pero nuestras sociedades no están diseñadas para favorecer el acto de desafiar. No siempre se nos anima —o «se nos permite»— a actuar de acuerdo con nuestros valores. Desde pequeños se nos enseña a obedecer, y se nos dice que la obediencia es buena y la desobediencia es mala. Nadie nos da instrucciones en la misma línea sobre cómo desafiar.

---

* En el *Diccionario de la lengua española* de la Real Academia Española, una de las acepciones de *desafiar* tiene como sinónimos: «oponerse, enfrentarse, encarar». A lo largo del libro se utilizará esta palabra, *desafiar*, cuando sea claro que el significado es oponerse, pero también se utilizarán otras palabras cuando lo amerite la claridad del discurso. *[N. de la t.]*.

Por eso, con demasiada frecuencia, renunciamos a nuestro poder sin pensar. Decimos que «sí» y mentimos. No decimos que «no» cuando deberíamos.

Nos resistimos, de forma activa, a desafiar.

En mis investigaciones, encontré tres razones clave que explican por qué sucede esto:

1. Sentimos una enorme presión para aceptar lo que otras personas —ya sean figuras de autoridad, amistades, familiares o incluso desconocidos— quieren que hagamos.
2. La mayoría de las personas no entiende en realidad los conceptos de *acatar* y *desafiar.*
3. Cuando decidimos desafiar y actuar según nuestros verdaderos valores, no sabemos cómo hacerlo. Nos falta la capacidad para convertir nuestra oposición interna en acción externa.

Como resultado, nuestra vida se llena de un acatamiento silencioso, de momentos de aceptación casi automática del *statu quo.* Digo «casi» porque muchas veces sentimos cierta incomodidad en estos instantes en que asumimos nuestra obediencia o aceptación. Yo la sentí en la sala de exploración médica, cuando acepté una prueba que no quería. Quizá los policías novatos también la sintieron, a medida que transcurrían esos nueve minutos: una sensación de que algo no estaba bien, pero carecían de las herramientas para cambiarlo.

Es probable que tú también la hayas sentido: una especie de impotencia, una incapacidad involuntaria para actuar de acuerdo con tus propios valores, un *sí* que en realidad no es un *sí.* Puede manifestarse como tensión en la nuca, dolor de cabeza, un retortijón en el estómago, sudoración o un malestar general. Es natural querer deshacerse de ese sentimiento o ignorarlo.

Y, sin embargo, esa incomodidad es la clave de nuestra capacidad de desafiar. Es una brújula interna que nos guía de regreso a nuestros valores. Pero con frecuencia la ignoramos en favor de una obediencia generalizada: hacia figuras de autoridad, costumbres culturales o normas sociales imperantes.

Las fuerzas que conducen a acatar son más complejas de lo que parecen, aunque no son invencibles. Es posible que no siempre sepamos cómo desafiar.

Pero podemos aprender.

A menudo pensamos en el acto de desafiar como algo RUIDOSO, **audaz** y *sobresaliente* —o como algo violento, irascible y agresivo— o incluso como algo heroico, sobrehumano y fuera de nuestro alcance. Pero la verdad es que no tiene por qué ser ninguna de esas cosas. El acto de desafiar también tiene un lado más discreto y de pequeña escala, que puede tener impactos enormes en nuestra vida y en la de quienes nos rodean. No es solo para las personas valientes o extraordinarias: está disponible, y es necesario, para todos nosotros. Podemos desafiar de la forma que nos resulte más cómoda y natural, con menos ansiedad y angustia. Y mientras más lo practiquemos, más preparados estaremos para ese momento crítico cuando llegue.

Compartiré lo que he aprendido de numerosos estudios científicos, así como de mi viaje personal: el proceso de entrenarme para pasar de ser una «niña buena» que se adapta para no incomodar a alguien que puede desafiar cuando es necesario. También compartiré historias de personas de todos los ámbitos de la vida que han desafiado en formas inesperadas, a veces contra todo pronóstico.

Los costos de desafiar pueden ser significativos. Podemos perder nuestro trabajo, amistades o el apoyo de nuestra comunidad. Además, el acto de desafiar implica diferentes riesgos para diferentes grupos de personas. Las mujeres, las personas de color y otros grupos marginados, que cuentan con menos poder, se encuentran muchas veces en situaciones en las que necesitan desafiar con más frecuencia. Sin embargo, también enfrentan consecuencias desproporcionadas por hacerlo.

Pero, como muestran muchas de las historias aquí presentadas, los costos de acatar también pueden ser muy altos. Esto nos muestra que el acto de desafiar es algo que *todos* necesitamos hacer. Cuando traicionamos nuestros valores, nos afecta tanto en lo psicológico como en lo físico; corroe nuestra identidad, nuestro sentido del yo. Pero si logramos liberarnos de la cultura del acatamiento que nos rodea, podemos comenzar a crear nuevas posibilidades para nosotros y nuestras comunidades. En última instancia, la libertad de desafiar es la libertad de ser quienes somos en realidad.

Cuando comencé a escribir este libro, alguien me preguntó:

—¿Qué quieres que la gente haga después de leer tu libro?

Es una buena pregunta, pero ninguna de las respuestas que me sugirió al inicio embonaba del todo:

—¿Iniciar una revolución?

—Quizá, si la situación lo amerita.

—¿Salir a las calles?

—Cuando sea necesario.

—¿Crear entornos de trabajo mejores y más seguros y relaciones personales más satisfactorias?

—Definitivamente.

Pero lo que más me interesa es la primera ficha de dominó que cae, el punto de quiebre de toda protesta, por pequeña que sea: la *decisión* individual de desafiar, con todos los factores que la complican (psicológicos, culturales, sociales y políticos).

Desafiar no significa vivir en un estado permanente de rebelión amarga. Tampoco requiere grandes gestos. Ni siquiera implica un enfrentamiento directo.

No tienes que ser Mahatma Gandhi ni César Chávez, Marsha P. Johnson ni Malala Yousafzai. No tienes que participar de forma activa en una causa política. Y, en definitiva, no tienes que desafiar todo el tiempo.

Solo necesitas atreverte.

Atreverte a imaginar una vida vivida de acuerdo con tus verdaderos valores. Atreverte a recuperar tu capacidad de actuar. Atreverte a tomar decisiones que concuerden con tus principios más profundos, sin importar las presiones externas.

Este libro no trata sobre organización política. No es un manual de desobediencia civil. No es una historia de los movimientos de protesta ni un análisis del activismo social y político contemporáneo.

Trata sobre qué hacer cuando estás en un consultorio médico y te dicen que te hagas pruebas innecesarias.

Sobre cómo reaccionar cuando descubres que te pagan mucho menos que a un colega por hacer el mismo trabajo; y cómo evaluar los riesgos y beneficios de actuar al respecto.

Trata sobre cómo defenderte a ti mismo y a los demás cuando el resto de la sala guarda silencio.

Sobre cómo convertir tus mejores intenciones en acciones, sea cual sea la oposición.

Sobre cómo vivir tu única vida en concordancia con tus valores.

Trata sobre aprender a mover la rodilla.

PRIMERA PARTE

UN SÍ VERDADERO

1

PROGRAMADOS PARA OBEDECER

En 2012, cuando se celebraron los Juegos Olímpicos de Verano en Londres, estaba ansiosa por ver pasar la antorcha camino al estadio, así como la ceremonia de apertura. El día del recorrido, quedé con mi esposo de vernos en una esquina que estaba a unos cuantos pasos de nuestro departamento; yo llevaría conmigo a nuestro hijo, que entonces tenía 5 años. Imaginaba un paseo agradable por la tarde, seguido de un vistazo emocionante a la antorcha, sostenida en alto por uno de los atletas.

—Esto va a ser divertido —le dije a mi hijo, que no parecía convencido—. ¡Vas a ser testigo de la historia!

Aunque la caminata comenzó bien, a los pocos minutos se hizo evidente que llegar hasta allá sería un reto: hacía calor y él estaba cansado. Antes de que pudiéramos perder de vista nuestro edificio, ya arrastraba los pies. Un poco después, me pidió que lo cargara. Cuando me negué a hacerlo —pesaba demasiado—, se sentó de golpe en la banqueta.

—No quiero ir —me anunció, con sus grandes ojos cafés entrecerrados por el sol.

Le expliqué que los Juegos Olímpicos eran algo especial. Le dije que ver la famosa llama en nuestro propio vecindario era «una experiencia única en la vida». Pero a él no le importó.

—No quiero verla —respondió, sacando la barbilla—. Quiero irme a casa.

Lo jalé del brazo. Le hablé con firmeza. Incluso intenté cargarlo. Pero no logré avanzar con él más que unos cuantos pasos por la banqueta sofocante y llena de gente antes de tener que volver a dejarlo en el suelo. Estaba agotada, acalorada y frustrada. Íbamos a perdernos la antorcha.

—¿Por qué no puedes portarte bien? —le pregunté a mi hijo mientras caminábamos de regreso a casa.

Su única respuesta fue un encogimiento de hombros, terco y silencioso.

Nunca vimos pasar la antorcha. Más tarde, esa misma noche, la vi por televisión y mi esposo se rio cuando le conté el episodio.

—Suenas como una de esas personas —señaló—. ¿Te acuerdas de ellas?

Sí, claro que me acordaba. Poco después de que naciera nuestro hijo, con frecuencia me desconcertaba una pregunta que me hacían conocidos bienintencionados: «¿Se porta bien?».

Lo que en realidad querían decir era: «¿Tu bebé duerme cuando tú quieres que duerma? ¿Deja de llorar cuando tú se lo pides?».

En otras palabras: «¿Hace lo que *tú* quieres que haga? ¿Hace caso a lo que le piden?».

Como alguien fascinada por las acciones que desafían, esa ecuación moral que equipara obediencia y bondad siempre me ha resultado desconcertante. Llevaba años cuestionándola y resistiéndome a ella, no solo como académica, sino también como hija instruida con una educación estricta. A veces bromeaba diciendo que estudiaba el acto de desafiar porque mi infancia ya me había brindado una educación de primer nivel sobre cómo ser obediente.

Y, sin embargo, esa tarde en Londres me encontró de pie bajo el sol ardiente, suplicándole a mi hijo testarudo que se portara «bien»: que hiciera lo que *yo* quería que hiciera.

Eso fue lo que me quitó el sueño esa noche, mucho después de que acabara la ceremonia de inauguración y el resto de mi familia durmiera. Me equivoqué, debía haber sabido que acababa de repetirle la ecuación más simple y jamás cuestionada que otros me habían inculcado desde niña:

Acatar, cumplir, obedecer o hacer caso = bueno
Desafiar = malo

Desde pequeños nos enseñan que hay que obedecer.

La primera figura de autoridad con la que nos encontramos de forma habitual es una persona cuidadora —casi siempre uno de nuestros padres—, alguien cuya tarea es alimentarnos, ayudarnos a sobrevivir y darnos instrucciones que debemos seguir. Más tarde, los profesores suelen entrar en escena, quienes no solo nos enseñan a leer o a sumar, sino también a seguir los protocolos sociales del aula: sentarnos y quedarnos quietos, levantar la mano. Luego —como sabe cualquiera que haya pasado por la secundaria— existe una presión considerable por parte de nuestros compañeros para hacer todo como lo hacen los demás.

Este adiestramiento temprano tiene un efecto profundo en nosotros: psicológico, social e incluso neurológico. Cuando somos pequeños, nuestro cerebro crece a un ritmo sin precedentes, formando conexiones y estructuras neuronales que influirán en nuestra forma de comportarnos en los años venideros. La obediencia no es solo una técnica de supervivencia: también configura nuestra estructura neurológica y, de modo literal, moldea nuestro cerebro. Cuando nos recompensan por un comportamiento dócil u obediente, nuestro cerebro libera dopamina (el neurotransmisor que, entre otras cosas, facilita nuestra experiencia del placer). Si repetimos una y otra vez esos comportamientos, construimos las rutas neuronales asociadas con acatar y las fortalecemos. En cambio, el comportamiento desobediente y no recompensado no le brinda al cerebro la misma descarga de dopamina y, como resultado, es menos probable que esos comportamientos se repitan, por lo que esas rutas se debilitan o no se desarrollan.

También aprendemos muchos comportamientos por imitación: de nuestros padres y cuidadores, de nuestros maestros y otras figuras de autoridad, y de nuestros compañeros. En el ámbito psicológico, el valor de pertenecer a un grupo —repetir comportamientos, actitudes y acciones— se vuelve evidente antes, incluso, de terminar el kínder, y continúa moldeando nuestro comportamiento conforme seguimos creciendo y entramos de lleno en la comunidad.

El acatar está arraigado en nuestras costumbres, en nuestras leyes e, incluso, en la forma en que nos hablamos unos a otros. Y eso no es algo malo necesariamente. La sociedad civil se basa, en buena medida, en la expectativa de que cumplamos ciertas normas. Desde los límites de velocidad hasta las prohibiciones para fumar, pasando por los reglamentos de construcción o los códigos de conducta en el trabajo, vivimos en un mundo que funciona sobre la base del cumplimiento de normas.

Para que cualquier sociedad prospere, cierto grado de acatamiento es necesario: nos permite cooperar unos con otros. Los Gobiernos, las instituciones formales y las leyes posibilitan que vivamos en armonía a pesar de nuestras diferencias. Los códigos de cumplimiento y obediencia nos ayudan a trabajar juntos.

Pero un acatamiento inquebrantable también puede tener consecuencias catastróficas: para las personas, que pueden perder su sentido de autonomía, independencia e identidad; para los Gobiernos, que pueden caer en un autoritarismo paranoico y perseguir a sus propios ciudadanos, y con ello perpetuar las desigualdades, la pobreza y la injusticia; y para la humanidad en general, que requiere un delicado equilibrio entre la libertad y la restricción. Una sociedad sin ningún tipo de cumplimiento de normas es anarquía; una con cumplimiento absoluto es fascismo.

Las lecciones que muchos de nosotros aprendimos en la infancia son poderosas al extremo y van mucho más allá de nuestra vida individual. La fórmula *acatar = bueno, desafiar = malo* no solo mantiene a raya a los niños, sino que también moldea el mundo en el que vivimos: nuestras leyes, nuestros lugares de trabajo, nuestros hogares.

Y también nos moldea a *nosotros* como individuos. El entrenamiento en obediencia afecta la estructura de nuestro cerebro y nuestras conexiones neuronales. Afecta nuestra manera de pensar.

Entonces, ¿qué ocurre cuando queremos pensar diferente? ¿Cuando *necesitamos* hacerlo?

He dedicado gran parte de mi vida a tratar de responder estas preguntas, no solo pensando en el campo de la psicología, sino también para mí misma.

CRECER SIENDO BUENA

Cuando era niña, mi padre me dijo que mi nombre, *Sunita*, en sánscrito significa «buena». El *Dictionary of Sanscrit Names* (Diccionario de Nombres Sánscritos) dice que *Sunita* representa a «aquella que tiene una conducta o comportamiento bueno».

Aunque he pasado décadas estudiando por qué las personas desafían, siempre fui conocida por ser una hija y estudiante obediente. Hacía lo que me decían. Me levantaba cuando me lo indicaban. Me cortaba el cabello de la forma en que mis padres insistían. Era lo que los niños en la escuela de Yorkshire, Inglaterra, llamaban «matada» —prefería mis libros a otras actividades—, pero por mucho que disfrutaba dominar mis materias y recibir elogios por ser «buena», siempre quería saber la razón por la cual a otros les resultaba más fácil que a mí resistirse a la autoridad de nuestros maestros, padres y compañeros.

Crecí en el corazón del norte de Inglaterra, en la época posindustrial de los años ochenta. Nuestra pequeña casa de tres habitaciones estaba abarrotada: de gente, de amor y, a veces, de fricciones. El dinero era escaso y, como no teníamos familiares cercanos, muchas veces nos sentíamos aislados. Mis padres debieron de sentir la mayor presión. Mi madre se ocupaba sola de cuatro hijos todos los días, mientras aprendía un nuevo idioma y se adaptaba a otra cultura. Mi padre, que había obtenido su doctorado en metalurgia, la ciencia y tecnología de metales y aleaciones, trabajaba como profesor en la Universidad de Bradford, un trabajo para el cual estaba sobradamente cualificado, poco valorado y, en definitiva, mal pagado.

Ahora que soy académica, a veces pienso en él en aquellos primeros años: un hombre bajo, con lentes de marco metálico delgado, sus mejillas marcadas por cicatrices de viruela, y su saco de traje café apenas visible debajo del impermeable gris que usaba todos los días para ir al trabajo. Puedo verlo caminando con confianza por los pasillos de una universidad en la que muy pocas personas se parecían a él, y donde debía enfrentar humillaciones con una sonrisa y tragarse el dolor que le causaban. La valentía que eso requería, la determinación, me inspiran ahora.

Pero cuando era niña, mi padre me instruyó más que nada para que me mantuviera callada.

En muchos sentidos, mi padre era tradicional. Era la voz de la autoridad en nuestro hogar. Trabajaba todo el día y esperaba orden, tranquilidad y paz en casa. Con frecuencia parecía agotado y estresado, no solo por su trabajo, sino también por el peso de sus responsabilidades, por la presión de mantener a una familia de seis personas en un país desconocido. Mis tres hermanos mayores y yo intentábamos más que nada mantenernos fuera de su camino, y cuando papá nos decía qué hacer, obedecíamos.

Mi papá era estricto, y a veces sentía que sus reglas eran demasiado duras. Una vez me sacó de la cama en medio de la noche para que practicara la flauta porque no había pasado los treinta minutos obligatorios de ese día tocando mis escalas.

Sus reglas eran estrictas por una razón: tenían el objetivo de darles a sus hijos perspectivas más amplias que las que él había logrado obtener por pura fuerza de voluntad. Es una dinámica que resulta familiar para muchos hijos de inmigrantes de primera generación, que cargan con el amoroso peso de las altas y, a menudo, duras expectativas de sus padres. Él y mi madre habían sacrificado todo por nosotros. En específico, por nuestra educación.

Los padres de mi madre murieron en un accidente cuando ella era bebé. Como huérfana y como mujer en la India, recibió poca inversión en su educación, y muchas veces me decía cuánto habría querido tener la experiencia educativa que yo estaba recibiendo —y gratis—

en el Reino Unido. Para mis padres, la educación era mucho más que exámenes y títulos, significaba libertad, respeto y un boleto hacia la autosuficiencia.

Mi obediencia no se debía solo a las reglas de mi padre. Como hija de inmigrantes indios, entendía bien los riesgos de sobresalir. Sabía que éramos diferentes y que habíamos aterrizado en un lugar que no siempre nos recibía con los brazos abiertos. Escuché insultos racistas y registré gestos vulgares de los alumnos mayores; noté las miradas fijas de otros compradores cuando entrábamos a una tienda departamental; sentí los empujones y codazos de adultos en la calle y, aunque por supuesto era imposible, todo lo que yo quería era pasar desapercibida.

Cuando tenía 9 años, mi papá me compró unos calentadores de color rojo brillante —una extravagancia inesperada en nuestra casa modesta— y, aunque aprecié el gesto, quería cambiarlos por unos de color negro, menos llamativo. Como eso no fue posible, pasé un día insoportable en la escuela tratando de ocultar mis piernas con el abrigo.

Mis padres querían que fuera «buena»: que obedeciera y no cuestionara a la autoridad. Pero también querían que fuera independiente y autónoma, y mi padre luchaba con todas sus fuerzas para darme las oportunidades que mi madre nunca tuvo durante su infancia en la India; esas que él mismo había peleado casi con los puños para conseguir, tanto en la India como en el Reino Unido.

A veces esto parecía una contradicción. Sobre todo porque el sistema educativo inglés en sí no fomentaba la independencia ni mucho menos el acto de desafiar. En mi secundaria, por ejemplo, se aceptaba el castigo corporal, al menos de forma implícita. Una vez fui testigo de cómo un maestro golpeaba a un alumno por haberle llevado algo en una taza de plástico sucia. Mientras llovían los golpes, el niño estaba tan obsesionado con el supuesto «error» que gritó aterrado, no por un golpe más fuerte de lo usual, sino porque vio que la taza en cuestión caía del escritorio del profesor y se rompía en el suelo.

—Oh, no —jadeó entre sollozos—. La taza...

En un ambiente escolar tan punitivo, aprendí desde el inicio que la mejor forma de evitar el castigo era sonreír y hacer lo que te pedían.

Cuando golpearon a ese chico, yo no intervine. Observé la paliza a una distancia segura, asomándome por la pequeña ventana de la puerta. Cuando ya no pude soportarlo, aparté la mirada y me alejé.

Unos días después, vi a ese mismo maestro en la tienda de la esquina cerca de mi casa. Me sobresalté y sentí miedo, pero él me saludó de modo caluroso, sin saber que yo lo había visto golpear a un alumno. Según mi comprensión infantil, creí que esa amabilidad se debía a que yo era «buena», y que si alguna vez me volvía «mala» —si me rebelaba, si desobedecía o hacía algo más que lo que se esperaba de mí—, entonces me trataría como a ese niño.

Durante la mayor parte de mi infancia, intenté de forma desesperada no convertirme en ese niño. Estudiaba mucho. Sacaba buenas calificaciones. No les respondía mal a mis padres, no me metía en problemas, y en general evitaba hacer cualquier cosa que pudiera empañar la imagen que mis padres y maestros tenían de mí: la de una joven inteligente, trabajadora y obediente, encaminada a estudiar Medicina.

Ser «buena» estaba en la raíz de mi nombre. Era algo con lo que tenía que cumplir. Y, en gran medida, lo hice.

OTRO LADRILLO EN LA PARED

Cuando cumplí 13 años, mis padres me enviaron a una escuela católica para niñas. Aceptaban a un porcentaje de alumnas no católicas, y mi papá sentía que la calidad de la educación ahí sería mejor que en la escuela pública a la que había estado asistiendo.

Como la mayoría de las escuelas de Inglaterra, St. Joseph's tenía uniforme: falda azul marino y blusa a cuadros en azul y blanco, con un suéter rojo encima.

—Cuando las miro —solía decir nuestro director en la asamblea matutina obligatoria— me gusta contemplar un mar rojo.

Esa frase me hacía entrecerrar los ojos. Durante las asambleas, en mi cabeza tarareaba el coro de Pink Floyd, y visualizaba a los niños del video musical, todos con uniformes escolares idénticos y marchando al mismo paso: «*All in all, we're just another brick in the wall*» («Después de todo, no somos más que otro ladrillo en la pared»).

La niña que alguna vez se había opuesto a destacar con unos calentadores de color rojo brillante ahora se sentía incómoda con una maestra que insistía en que todas debíamos lucir iguales. En el exterior, yo todavía era dócil y obediente. Pero en mis adentros, sin duda, algo estaba cambiando y cada vez me fascinaban más las personas rebeldes, desafiantes o que simplemente no encajaban.

Dos semanas después de iniciado el ciclo escolar de otoño, Clara hizo su primera aparición en la escuela. Llegó retrasada por diez minutos, con un flequillo café asimétrico y largo, con estilo, que le caía sobre los ojos y una sorprendente sombra oscura en los párpados. Entró en el salón de actos y se dirigió a un espacio cerca de la parte de atrás. Era la única alumna que no llevaba puesto el suéter rojo reglamentario. Serena y despreocupada por su incapacidad para pasar inadvertida, destacaba como una cabellera blanca sobre el mar rojo del director, un ladrillo de color diferente en la pared de nuestra escuela. Me cayó bien de inmediato.

Al poco tiempo nos hicimos amigas, aunque de forma improbable. A primera vista, teníamos poco en común. Yo usaba tenis; Clara usaba tacones. Sus padres no eran estrictos como los míos: su papá no estaba presente, y me parecía que su mamá la dejaba ir y venir cuando quería. Aunque era inteligente y tenía opiniones matizadas sobre política y cultura, a Clara en realidad no le importaban la escuela y sus estudios tanto como a mí.

Pero compartíamos algo fundamental: ambas destacábamos. Yo era una de las pocas estudiantes no blancas en la escuela, y Clara, aunque sí lo era, también resultaba ajena: la chica nueva, proveniente de Hastings, en el sur de Inglaterra, con un acento diferente al de todas las demás. Cuando llegamos, ninguna de las dos conocía a otra chica en la escuela.

Clara me parecía adulta, y no solo porque fumaba cigarros durante los recesos. Segura y madura, parecía moverse por el mundo guiada por lo que ella —y nadie más— quería para sí misma. Yo admiraba su capacidad desafiante para ser ella misma, sin importar lo que dijeran los demás. Ella no era rebelde solo por serlo. Simplemente parecía saber quién era.

¿No podía ser un poco más como ella? En definitiva, lo intenté (y obtuve resultados predecibles).

Inspirada por los constantes comentarios de Clara sobre lo bien que se sentía encender el primer cigarro de un paquete de Benson & Hedges, metí de contrabando en mi mochila un par de cigarros que me dio. En casa, robé un cerillo de la cocina y cerré la puerta de mi cuarto. Puse mi casete de «Close to Me», de The Cure, mi banda favorita. Luego, abrí la ventana de mi cuarto y me recargué en el escritorio, donde ya había terminado mi tarea de álgebra. Encendí el cigarro e inhalé. Fue una sensación ceniza y calurosa, nada parecido a la experiencia glamorosa que había imaginado, pero le di otra calada tentativa, esforzándome por habitar este nuevo personaje, más interesante, y que creía que era más maduro.

Me sentí rebelde durante unos cinco segundos, el tiempo que tardó el olor del humo en llegar al resto de los habitantes de nuestra pequeña casa semiadosada.

—¿Qué huele tan horrible? —escuché que decía mi hermano desde abajo—. ¿Algo se está quemando?

A los pocos minutos, pude oír al resto de mi familia, abajo, tratando de averiguar qué era ese olor. ¿Alguien estaba *fumando*?

Presa de pánico y con las manos temblorosas, apagué el cigarro en el alféizar de cemento de mi ventana abierta y luego lo dejé caer al suelo. Ahora era evidente para todos de dónde procedía el humo. Podía sentir su incredulidad respecto de que la persona que fumaba fuera *Sunita*. Que había sido yo quien se había portado mal. Yo, cuyo nombre significaba «obediente, cumplida, buena».

La vergüenza me invadió, así como el miedo a enfrentar la ira de mi padre. No me atreví a salir de mi cuarto. Decidí acostarme temprano antes que enfrentar a nadie. Pasé la noche dando vueltas y vueltas en la cama, sin poder dormir.

A la mañana siguiente, cuando bajé a desayunar antes de ir a la escuela, mi padre ya estaba sentado en la mesa. Al verlo, mi corazón se aceleró. ¿Cómo me iba a castigar? ¿Por qué no había entrado corriendo a mi cuarto para sermonearme la noche anterior? ¿Lo haría ahora?

Pero me sorprendió. No levantó la voz. Mientras servía la leche en su cereal, solo dijo en voz baja:

—¿Sabes? A ti nunca te gustó el olor del cigarro. ¿Recuerdas que siempre querías que nos sentáramos en el nivel inferior del autobús?

Cuando era niña, en Inglaterra todavía se podía fumar en el piso de arriba del transporte público, y yo siempre insistía en sentarnos en el nivel inferior, donde estaba prohibido hacerlo.

—Lo recuerdo —respondí.

Ese fue el final de la conversación. Mi padre no me gritó ni me reprendió, como yo temía. Y eso fue porque sabía que no lo necesitaba. Ese día me dio una lección importante, una que he llevado conmigo a lo largo de mi vida y de mi trabajo de investigación: Desafiar no se trata de imitar a otra persona. Se trata de actuar de acuerdo con tus propios valores.

Fumar le funcionaba a Clara. Aunque ella sabía que no era saludable, lo hacía de todas formas. No porque intentara ser como otra persona, sino porque lo disfrutaba. Lo hacía por ella misma.

Yo había intentado ver si también podía disfrutarlo, si podía unírmeles a ella y las otras chicas en los recesos, cuando sacudían cenizas con una despreocupación practicada.

Había intentado ser como las demás. Pero esa no era yo.

Y por primera vez en mi vida, esa mañana mi padre me estaba diciendo algo con un matiz distinto. No era que yo tuviera que personificar el significado sánscrito de mi nombre: *Buena*.

Solo tenía que ser Sunita.

Tenía que ser yo misma.

LUCHAR CONTRA NUESTRA PROGRAMACIÓN

Mi educación me había brindado una clase magistral sobre cumplimiento de reglas, pero al crecer, algunas de esas viejas restricciones comenzaron a desaparecer.

A los 16 años fui a una escuela en otra ciudad para cursar el sexto grado y presentar mis exámenes de nivel A,[1] y los dos años que pasé allí fueron muy diferentes de cualquier educación que hubiera recibido antes: no había uniforme escolar, ni asambleas religiosas, ni reglas estrictas sobre la hora de entrada o salida.

En casa también hubo un cambio inesperado: mis padres se volvieron más indulgentes. Mi papá me permitió irme de vacaciones a Tenerife con Clara y su hermana mayor. De repente, podía salir a bailar. Vi a The Cure tres veces. El verano antes de ir a la universidad, trabajé como barman en un «pub de obreros» en un pequeño pueblo cerca de Huddersfield. También comencé a frecuentar un club nocturno de Bradford, al lado de la universidad, llamado Tumblers: bromeábamos con ese nombre diciendo que uno entraba ahí por un leve tropiezo y luego salía cayéndose a tropezones de borracho.[2] La edad legal para beber en Inglaterra era, y sigue siendo, 18 años.

Y lo más sorprendente: mi padre incluso me llevaba y me recogía en la madrugada.

—Al menos así sé dónde estás —solía decir, mientras se detenía junto a la banqueta.

La seguridad era la condición de mi libertad.

Mis padres estaban empezando a tratarme como a una adulta independiente. Escuchaban mis opiniones sobre política y música, aunque no las compartieran; les desagradaba, en particular, The Cure.

---

[1] Los exámenes de nivel A (avanzado) del General Certificate of Education (o Certificado General de Educación) en el territorio británico (salvo Escocia) y algunos países del Commonwealth equivalen a las materias de segundo y tercer grado de preparatoria. *[N. de la t.].*

[2] La palabra *tumble*, en inglés, significa «tropezarse y también caerse». De ahí el juego de palabras. *[N. de la t.].*

Me dejaban usar la ropa que yo prefería, y peinarme de una manera que estoy segura de que a Robert Smith le habría encantado, pero eso hacía que mi madre saliera corriendo detrás de mí cada vez que yo salía de casa, con el cepillo en la mano, diciendo que debía haber olvidado algo.

Estos cambios fueron bienvenidos, pero también algo desconcertantes. Ya podía expresarme, pero todavía necesitaba el permiso de mi padre para quedarme en casa de una amiga, ir a conciertos o trabajar en el pub.

Incluso el inicio de mi carrera profesional fue resultado de cumplir con las expectativas. Mis padres, mis maestros y mi comunidad me decían que, a pesar de mis dudas, la medicina era «lo mejor que podía hacer». Tenía las calificaciones, ¿qué más podía hacer? Así que, a los 18 años, dejé Yorkshire y me dirigí a la Universidad de Edimburgo para estudiar en la Facultad de Medicina, que, como la mayoría de las universidades del Reino Unido en ese entonces, ofrecía un programa combinado de licenciatura y posgrado de cinco años.

De repente, tuve que aprender a navegar en un mundo que no necesariamente estaba limitado por los valores de mis padres. Había interiorizado muchas de las lecciones sobre cumplimiento de reglas que me había enseñado mi educación, y ahora, al ingresar a la universidad, tenía que descubrir por mí misma cuáles eran mis propios valores y cómo podía vivir de acuerdo con ellos en un mundo con diferentes restricciones, peligros y límites.

Quizá no sea sorprendente, entonces, que durante mi tercer año en la universidad me haya tomado un año fuera de la Facultad de Medicina para estudiar Psicología. Descubrí una atracción hacia la lectura y el estudio de la obediencia, la autoridad y la rebeldía. Había muchos trabajos al respecto, pero quizá ninguno fue tan influyente como el del psicólogo social Stanley Milgram.

Milgram llevó a cabo sus ahora infames experimentos en la Universidad de Yale a principios de la década de 1960, justo cuando concluía el juicio de Adolf Eichmann por crímenes cometidos durante el Holocausto. Como hijo de inmigrantes judíos de Europa del Este,

Milgram quería saber si la excusa que los nazis repitieron una y otra vez durante los juicios de Núremberg —«Solo estaba siguiendo órdenes»— podía considerarse una realidad psicológica fuera del contexto del genocidio del régimen.

Para ponerlo a prueba, les dijo a los participantes del estudio que formaban parte de un experimento sobre aprendizaje y memoria. A estos voluntarios, asignados como «maestros», un «experimentador» les daba la instrucción de leer en voz alta una serie de pares de palabras a un «alumno», quien estaba en una habitación separada, atado a lo que parecía ser una silla eléctrica. El trabajo del alumno era recordar los pares de palabras cuando se le indicara. Si daba una respuesta incorrecta, el experimentador le ordenaba al maestro que le administrara una descarga eléctrica. Estas descargas aumentarían de voltaje con cada error, desde unos 15 volts, relativamente inofensivos, hasta unos peligrosos 450.

Lo que los maestros de este estudio no sabían era que, de hecho, estaban participando en un estudio que trataba sobre la autoridad y la obediencia o el seguimiento de órdenes. Tampoco sabían que, a pesar de los golpes que se oían en la pared del alumno, en la habitación contigua no se administraba ninguna descarga eléctrica. Tanto el alumno como el experimentador eran actores. Lo único que los participantes sabían era que un hombre con bata gris de técnico les ordenaba infligir descargas a otra persona.

Sin importar lo que los participantes dijeran —y tampoco cómo protestaran, hicieran muecas o amenazaran con abandonar el experimental—, el hombre insistía en que administraran voltajes cada vez más altos con cada respuesta equivocada.

Cada vez que un maestro se rehusaba a continuar —y varios lo hicieron—, el experimentador recurría a una serie de cuatro indicaciones progresivas. Estas eran:

1. «Por favor, continúe» o «Por favor, siga».
2. «El experimento requiere que usted continúe».

3. «Es absolutamente imprescindible que continúe».
4. «No tiene otra opción; debe continuar».

Si después de la cuarta frase el profesor aún se negaba, el experimento se daba por terminado. De lo contrario, las descargas continuaban aumentando hasta llegar a los 450 volts, una intensidad suficiente para herir de gravedad a un humano o, incluso, matarlo.

Antes del experimento, Milgram le pidió a un grupo de psiquiatras que predijeran qué porcentaje de participantes seguirían administrando castigos más allá de los 150 volts, el décimo nivel de descarga. Los psiquiatras estimaron que la mayoría no continuaría más allá de este punto y que menos del 4% seguiría administrando descargas por encima de los 300 volts, punto en el cual el alumno comenzaba a golpear la pared y dejaba de responder por completo.

Según los psiquiatras, solo una persona entre mil se atrevería a accionar la palanca hasta dejarla sobre la leyenda «Peligro: descarga severa» para aplicar 450 volts, el máximo permitido.

Pero no ocurrió así.

Los resultados del experimento sorprendieron al propio Milgram.

Todos los participantes de su estudio accionaron la palanca hasta 150 volts.

Todos los participantes accionaron la palanca hasta 300 volts.

Y un asombroso 65% de los participantes accionó la palanca hasta el nivel mortal de 450 volts.

La primera vez que leí el estudio de Milgram quedé absorta, pero no me sorprendió. Cuando crecí, durante los años de Thatcher, había visto imágenes en la televisión de las huelgas de los mineros, y cada segmento de noticias de la noche mostraba tomas de piqueteros siendo golpeados por policías a caballo. El Destripador de Yorkshire estaba prófugo, y ya había asesinado a 13 mujeres en Bradford y sus alrededores, mi ciudad natal. Recuerdo haber visto sus rostros en la portada del periódico que descansaba en la mesita de centro de nuestra sala, y escuchar en las noticias de la BBC advertencias dirigidas a las mujeres: no salir después del anochecer, no beber en bares públicos, no llamar la atención de ninguna forma. Habiendo visto de cerca la forma en que la autoridad podía manifestarse como violencia, y cómo la desobediencia muchas veces se equipara con el peligro, entendía muy bien por qué los sujetos de la prueba de Milgram obedecieron al experimentador.

Pero Milgram no solo se sorprendió con sus resultados, sino que también le provocaron repulsión. Poco después del ejercicio, escribió una carta a la Fundación Nacional de Ciencias en la que decía:

> Hace algún tiempo, en un momento de ingenuidad, me pregunté si en todo el territorio de Estados Unidos un Gobierno cruel podría encontrar suficientes imbéciles morales para cubrir los puestos necesarios en un sistema nacional de campos de exterminio, como los que existieron en Alemania. Ahora empiezo a pensar que bastaría con reclutar al equipo completo en New Haven.

A partir del experimento de Milgram, es fácil concluir que nuestra predisposición a obedecer la autoridad anula incluso nuestros instintos morales más básicos. Estamos de tal forma entrenados para cumplir con lo establecido, para pensar que *acatar = bueno*, *desafiar = malo*, que podemos llevar a cabo acciones inmorales si alguien nos ordena hacerlo. Milgram presentó a sus participantes como obedientes o desafiantes. Una proposición binaria simple: los maestros le suministran una descarga eléctrica al alumno, o no lo hacen. El estudio es memorable debido a esta división tajante.

Pero mientras analizaba a fondo el estudio de Milgram, también me llamó la atención algo más. En su análisis, señaló «la aparición regular de risas nerviosas». De los cuarenta sujetos originales, 14 se reían o sonreían mientras se les ordenaba aplicar lo que creían que eran descargas eléctricas dolorosas. Milgram consideró que esta «señal inesperada de tensión» estaba «por completo fuera de lugar, era incluso extraña».

A mí me resultó completamente familiar.

Recordé cómo me sentí al presenciar la paliza que le daban a otro estudiante hace tantos años, y no fue solo miedo a la autoridad o una tendencia a obedecer. Sentí algo más: tensión, un sentimiento de incomodidad, una sensación en la boca del estómago.

No quería abandonar a mi compañero de clase que estaba recibiendo una paliza. No quería ser solo una espectadora, pero permanecer en silencio era para lo que me habían «entrenado», aunque supiera que estaba mal.

Milgram notó que muchos de sus sujetos se mostraban nerviosos, en especial cuando eran muy fuertes las descargas que creían estar administrando. Sudaban, tartamudeaban, se mordían los labios, gruñían, lo que indicaba extrema inquietud y ansiedad.

Me di cuenta de que era posible que estos sujetos fueran como yo: *querían* decir «no».

De hecho, algunas veces incluso lo hicieron, o lo intentaron. Algunos de los participantes que al final fueron clasificados como «obedientes», en realidad intentaron negarse a aplicar las descargas. A veces se quedaban en silencio. A veces dudaban antes de apretar el botón. A veces maldecían o interrumpían el experimento para preguntarle al alumno si se encontraba bien.

En ocasiones, incluso pidieron que el experimento se detuviera, pero reanudaron las descargas en cuanto el experimentador les dijo que tenían que continuar. Me pareció muy claro: *Estas personas «obedientes» estaban tratando de desafiar la instrucción, pero no lo consiguieron.*

Los participantes que mostraban señales físicas de malestar, los que le preguntaban al alumno si estaba bien y los que le decían al experimentador que querían parar, indicaban que no eran obedientes a ciegas. De hecho, muchos de ellos estaban intentando resistirse a algo que sabían que estaba mal.

¿Cuántas veces había intentado yo decir «no» a una petición injusta de un profesor, o a una orden demasiado estricta de mi padre, solo para enterrar mis sentimientos y hacer, de todas formas, lo que me pedían? ¿Cuántas veces me había tragado una objeción ante un comentario racista, o había seguido la voluntad de la multitud solo para evitar una escena o para que los demás se sintieran cómodos?

¿Y cuántas veces había casi lastimado la palma de mi mano con las uñas, o me había mordido la mejilla hasta casi hacerme una herida, en lugar de actuar de acuerdo con lo que sentía que era lo correcto?

Cuando era estudiante universitaria, no tenía el lenguaje para hacerlo. Pero me parecía que los sujetos de los experimentos de Milgram no eran tan simples como a veces se les retrata. Pueden no haber sido desafiantes en apariencia, pero tampoco eran solo «imbéciles morales», como los llamó Milgram, que solo seguían órdenes sin pensar. Estaban en algún punto intermedio, atrapados entre su programación para cumplir órdenes y una desnutrida voluntad de desafiar órdenes que sabían que eran incorrectas.

Esas sonrisas extrañas, esas risas nerviosas, nunca me abandonaron, ni siquiera cuando terminé la carrera de Psicología y regresé a la escuela de Medicina, tal como todos esperaban. Incluso mientras hacía mis rondas como médica residente, pensaba en las palmas sudorosas de los participantes de Milgram, empujando la palanca para aplicar descargas.

En los años transcurridos desde que leí por primera vez sus resultados —después de más de dos décadas de investigación en Psicología— he llegado a la conclusión de que el acto de *desafiar* y el de *acatar* no son categorías binarias, sino que existen en un espectro. El acto de desafiar no es solo un estado, sino un proceso que abarca distintos grados de comprensión, cuestionamiento y acción.

La verdad es que la mayoría de nosotros es como los sujetos de los experimentos de Milgram. Igual que ellos, estamos programados para cumplir con lo que se nos pide: nos han entrenado para ello durante toda la vida. Si estuviéramos en un laboratorio de un campus de la Ivy League y nos pidieran aplicar descargas eléctricas, podríamos tener la esperanza de que nos negaríamos. Pero la realidad más probable es que nos pareceríamos más a esas docenas de personas que sudaban, tartamudeaban y sonreían nerviosas, desgarradas entre dos valores en conflicto: obedecer a la autoridad o no dañar a otra persona.

Y el hecho de que aprietes el botón de la descarga eléctrica no significa que haya sido una decisión fácil, ni que tu código moral no se opusiera a ello.

No lograr desafiar a la autoridad no nos convierte en monstruos. Ni siquiera nos hace obedientes en absoluto.

Nos hace humanos y nos coloca perfectamente en la posición necesaria para cambiar la forma en que actuamos.

2

LA TENSIÓN ES TU FORTALEZA

Con frecuencia comienzo mis clases de posgrado en Negocios con un experimento mental. Imagina que formas parte de un equipo de ingenieros que intenta romper el récord de velocidad terrestre. Tú y tus colegas han pasado años diseñando, construyendo y haciendo pruebas a un vehículo propulsado por cohetes llamado Luciérnaga, que parece un lápiz metálico gigante. Al llegar a su máxima velocidad, será capaz de superar la barrera nunca antes registrada en tierra: 1 228 kilómetros por hora.

El Luciérnaga llamó en gran medida la atención de los medios, en parte porque tiene competencia: un equipo rival de ingenieros produjo el Halcón, un vehículo similar que, según afirman, es todavía más rápido. Tú crees que el Luciérnaga es superior, con la misma pasión con la que los ingenieros del otro equipo creen que el Halcón es el mejor. Para resolver el asunto de qué vehículo es en realidad el más veloz, ambos equipos realizarán pruebas de velocidad en conjunto, y pondrán a competir a sus vehículos en una carrera en las salinas de Utah, Estados Unidos. Será la primera carrera televisada de este tipo.

No solo está en juego ganarse un lugar en los libros de registro de los récords mundiales, sino que también hay un premio en efectivo de diez millones de dólares y un contrato lucrativo con una de las mayores empresas automotrices para el equipo ganador. La victoria implicaría el éxito de tu carrera profesional (y la de tu equipo), te brindaría una fama considerable y aseguraría el valioso financiamiento que tu equipo necesita.

La carrera es mañana y todo tu equipo —los técnicos, los directivos y el conductor— se encuentra apiñado en los remolques para protegerse del sol cegador del desierto, esperando con ansias la carrera matutina.

Todo va por buen camino, excepto por un problema. En ocasiones, los conductos de combustible de caucho del Luciérnaga han tenido fugas durante las pruebas. Tú crees que el problema podría deberse a los altos niveles de humedad, y el pronóstico del día siguiente en Utah es que será una mañana con una humedad fuera de lo normal: 85%. Nunca se han probado los conductos con niveles superiores al 75 por ciento.

Justo antes de la reunión final previa a la carrera, le comunicas tu preocupación al equipo directivo.

—Según el pronóstico del tiempo, mañana habrá 85% de humedad —les informas—. Es como si estuviéramos en Florida. Nunca pensamos que aquí encontraríamos condiciones como esas.

El director del equipo, que ha estado todo el día hablando por teléfono con las cadenas de televisión para coordinar la ubicación de las cámaras y el acceso de los periodistas, te lanza una mirada intensa.

—¿Eso qué significa?

—Bueno, nunca hemos probado los conductos de combustible por encima del 75%, así que no lo sé.

—¡Ustedes, los ingenieros! —exclama el director con fastidio—. Llevo toda la tarde hablando por teléfono con el presidente de la NBCUniversal; el gobernador de Utah llegará en un vuelo dentro de una hora, ¿y *ahora* me dices que no sabes si el auto va a funcionar?

—Dame treinta minutos y reviso los datos —respondes.

Reúnes y examinas con rapidez todos los registros de las pruebas anteriores del Luciérnaga en las que hubo fallas en los conductos de combustible, y documentas los niveles de humedad en esos días. Analizas la relación entre la humedad y las fugas.

No hay ningún patrón. Los conductos del Luciérnaga han tenido fugas en condiciones de alta humedad, pero también en condiciones donde esta ha sido baja, la típica para esta época del año en Utah.

Elaboras una gráfica con los datos y se la presentas al equipo directivo en la reunión final previa al lanzamiento. Todos se muestran aliviados.

—Entonces, ¿no hay evidencias de que vayan a tener fugas? —pregunta el director ejecutivo.

—Correcto. No hay evidencias de que los conductos de caucho del combustible vayan a fallar —anuncias. Dudas un momento y luego continúas—: Pero tampoco hay evidencia de que *no* lo harán.

El director ejecutivo suspira.

—Vamos a someterlo a votación. Yo digo que lo intentemos.

La decisión de competir se basa en el consenso del equipo. Pero sabes que si alguien vota que no, la carrera se cancelará, el Halcón ganará, y tú y tus colegas perderán millones de dólares, un contrato lucrativo y un sitio en los libros de récords.

Estás considerando tu voto. No tienes evidencia concluyente de que haya un problema. Pero estás tenso. El problema de la fuga de combustible debe solucionarse o, de lo contrario, podría provocar una explosión.

—¿Quién vota por seguir adelante? —pregunta el director.

Una a una, las manos se levantan. Todo el equipo está de acuerdo y quiere proseguir con la carrera por la mañana.

Tú eres el único que no ha votado. Tu corazón late con fuerza. Hay gotas de sudor en tu frente. Tu mano está a la altura del pecho, en apariencia flotando entre el sí y el no.

¿Qué haces?

¿LISTO PARA CORRER?

Si votaste por seguir adelante con la carrera…

Lamento informarte que acabas de votar a favor del lanzamiento del desafortunado transbordador espacial Challenger.

Este escenario se basa en la situación que enfrentaron los ingenieros de Morton Thiokol, la empresa aeroespacial que la NASA contrató para ayudar a construir los propulsores de cohetes para su programa de transbordadores espaciales. En los últimos meses de 1985, a cinco ingenieros de Morton Thiokol les preocupaba que pudiera haber problemas con los grandes sellos de caucho —llamados juntas tóricas— de los cohetes aceleradores de combustible sólido del Challenger. No estaban seguros de cómo se comportarían las juntas tóricas en un clima inusualmente frío. Cuando se pronosticaron temperaturas gélidas para la noche anterior al lanzamiento de la nave, programado para enero, les preocupó de tal modo que recomendaron por los canales oficiales que la NASA pospusiera el lanzamiento.

Los ingenieros de Thiokol no tenían evidencia empírica de que las juntas tóricas funcionaran bien por debajo de los 11.66 °C. Pero el problema era que tampoco tenían pruebas —o al menos eso creían— de que las juntas tóricas *fueran a fallar*. Habían examinado datos de temperatura de lanzamientos previos en los que no habían funcionado bien las juntas tóricas, pero los resultados no eran concluyentes.[1]

Así que la NASA, por diversas razones —tal vez por la enorme cantidad de publicidad que recibió la tripulación, que incluía a la primera maestra en el espacio, o por el momento del lanzamiento, próximo al informe sobre el estado de la Unión del presidente Reagan—, presionó a Morton Thiokol para que revocara su recomendación y aprobara el lanzamiento.

Así lo hicieron y el resto es historia. Ese día murieron los siete tripulantes, en uno de los desastres más catastróficos en la historia de la exploración espacial.

En los años que han transcurrido a partir de entonces, hemos aprendido mucho sobre el proceso de toma de decisiones que llevó al desafortunado lanzamiento del transbordador espacial. Y lo que más me llama la atención de las declaraciones de los ingenieros es lo mucho que hablan de la *tensión* que sintieron ante la decisión de

---

[1] Un modelamiento posterior del desempeño de las juntas tóricas que examinó todos los lanzamientos —tanto cuando funcionaron *bien* como cuando *fallaron*— reveló con claridad que las temperaturas más frías aumentaban el riesgo de falla.

realizar el lanzamiento. Una y otra vez, hablan de su angustia, su temor, su creciente aprensión a medida que se acercaba la fecha. Los ingenieros sintieron una presión enorme por aprobar el lanzamiento. Sabían que la NASA no quería escuchar un «no» y se sintieron divididos entre sus preocupaciones por la seguridad del lanzamiento y la clara presión de sus superiores para silenciar sus preocupaciones.

Como resultado, cuando la NASA presionó a los ingenieros para que revocaran su dictamen sobre la seguridad del lanzamiento —y cuando los altos mandos de Morton Thiokol, en una llamada aparte, capitularon para aprobar el lanzamiento—, estos se sintieron profundamente incómodos. Enojados. Alterados.

—¿Cómo demonios pueden ignorar esto? —gritó Roger Boisjoly, el ingeniero principal del grupo de trabajo que investigaba los efectos del frío en las juntas tóricas, durante una teleconferencia con la NASA la noche anterior al lanzamiento.

Bob Ebeling, el primero de los ingenieros en expresar su preocupación, estaba tan seguro del desastre que, la mañana del lanzamiento, condujo abatido hasta las oficinas de Morton Thiokol en Utah y golpeó el tablero con los puños.

—El Challenger va a explotar —contó su hija que le anunció—. Todos van a morir.

Allan McDonald, director del proyecto Space Shuttle Rocket Motor de Thiokol en el momento del desastre, testificaría más tarde ante el Congreso sobre su preocupación de que el lanzamiento fuera inseguro y que debía posponerse.

Estos ingenieros sentían que algo no estaba bien. Y la presión por parte de la NASA para revertir su recomendación de no lanzar intensificó su malestar. Lo que sintieron fue una inquietud profunda: una tensión entre lo que creían que era seguro (no lanzar el transbordador) y lo que sabían que la NASA quería (lanzarlo). Y, a pesar de la falta de datos empíricos concluyentes —y con un riesgo considerable para sus carreras—, no intentaron ocultar esa tensión ni ignorarla. La expresaron con claridad.

Después del desastre del Challenger, y tras testificar ante el Congreso sobre sus esfuerzos por detener el lanzamiento, Roger Boisjoly se encontró en esencia vetado del sector y poco después renunció. Bob Ebeling se jubiló. Solo Allan McDonald permaneció en Morton Thiokol, donde se convirtió en un firme defensor de la toma de decisiones éticas. Aunque estos hombres no lograron convencer a la NASA de posponer el lanzamiento —y lamentaron, hasta el final de su vida, no haber hecho más por detenerlo—, nunca se arrepintieron de haber alzado la voz.

Por lo general, solo una persona —o un pequeño grupo— se atreve a alzar la voz, como ocurrió con los ingenieros de Morton Thiokol. Con mayor frecuencia, los seres humanos tendemos a seguir la corriente en situaciones como esta. Cuando comparto un caso similar al escenario con el que abrí este capítulo, casi todos los equipos de estudiantes en mis clases votan a favor de la carrera. A veces, todos los miembros del grupo votan por el sí. Sin embargo, muchas veces hay disidentes iniciales, a quienes después convencen de decir que sí o pierden ante la mayoría que vota por el sí.

Cuando yo era estudiante, lo más probable es que habría seguido a la mayoría. En aquel entonces, al formarme como médica, había seguido el camino que me habían trazado desde la infancia. Al entrar a la escuela de negocios, tomé una nueva dirección, pero de muchas formas todavía estaba cumpliendo con la visión y las expectativas que otros tenían sobre mí. Pasaría un tiempo más antes de abrirme camino hacia la investigación que tanto me sentía impulsada a explorar. Y algunos pasos más antes de que yo misma me parara frente a un salón de clases.

En aquel entonces, si me hubiera encontrado con la historia del Luciérnaga y el Halcón, es posible que habría pensado que era demasiado peligroso seguir adelante con la carrera. Tal vez habría sentido la misma tensión que algunos de mis alumnos expresan al tomar su decisión de competir.

Pero yo, como ellos, no habría sabido qué hacer con esa tensión.

DENTRO DEL PROCESO DE DECISIÓN

«Confía en tu instinto».

«Sigue tu corazonada».

«¿Cuál es tu reacción visceral?».

Como psicóloga, siempre me han preocupado estas frases. Implican una confianza irreflexiva en las reacciones instintivas, una especie de enfoque de la vida como «el primer pensamiento es el mejor», que no deja espacio para una reflexión más matizada. Y si bien el microbioma de nuestro intestino grueso es, de hecho, una parte importante de nuestra fisiología, a veces sobreestimamos hasta qué punto debería influir en nuestras decisiones. Una «reacción visceral» instintiva proviene, con frecuencia, de experiencias pasadas, que algunas veces son relevantes para el contexto actual y otras son por completo irrelevantes.

En el caso del Challenger, Allan McDonald mencionó ante el Congreso su «corazonada» de que algo andaba mal con el lanzamiento. Pero sería un error consignar su malestar a la misma esfera emocional que, por ejemplo, el nerviosismo de alguien con miedo a volar antes de un vuelo trasatlántico. Lo más probable es que su instinto fuera el producto de lo que los psicólogos llaman «intuición experta»: un proceso cognitivo acelerado, producto de un alto grado de experiencia y conocimiento, miles de repeticiones y un entorno estable que proporciona retroalimentación inmediata. McDonald y los demás ingenieros habían pasado años desarrollando y estudiando la física que regía su cohete. Si sentían que algo «no cuadraba», esa sensación era, en muchos sentidos, producto de un pensamiento, una práctica y una experiencia previas y profundas. Cuando tu «instinto» te habla, puede ser una intuición experta, pero también pueden ser tus prejuicios. Ser capaz de distinguir entre ambos es fundamental.

La intuición experta requiere al menos tres condiciones para desarrollarse y ser acertada: un entorno predecible, retroalimentación inmediata e inequívoca y práctica repetida. Un gran maestro de ajedrez que parece anticipar el siguiente movimiento de su oponente se basa, con frecuencia, en una intuición experta: ha experimentado, muchas veces, esa misma situación. Puede prever las consecuencias de cada jugada o patrón de jugadas. Y ha estado practicando durante años, a veces durante la mayor parte de su vida. Cuando tiene una «corazonada» sobre qué hacer, es su intuición experta, nutrida por años de experiencia, pensamiento, planificación, práctica y reconocimiento.

Pero la mayoría de las veces, las condiciones para que surja la intuición experta no están presentes. Casi siempre, en situaciones que requieren desafiar, nos enfrentamos a una nueva decisión, una que nunca antes habíamos tenido que tomar. No podemos confiar a ciegas en nuestro instinto. Podemos escucharlo —porque puede señalar información importante—, pero también necesitamos evaluarlo y saber cuándo ignorarlo. Es posible que Allan McDonald y los demás ingenieros se hayan basado en su intuición experta para informar sus preocupaciones por la seguridad del cohete. Pero también tuvieron que afrontar una nueva situación. Y lo que me interesa de los ingenieros de Thiokol no es tanto su intuición experta sobre las juntas tóricas, sino la *tensión* que sintieron al verse presionados a guardar silencio sobre sus preocupaciones.

La tensión aquí no tiene que ver con la comprensión intuitiva de los ingenieros de Thiokol de que el lanzamiento no era una buena idea, basándose en años de experiencia con las juntas tóricas, aunque eso es importante. Esta tensión nace del deseo de los ingenieros de expresar su opinión, y de sostenerla, en un ambiente donde se esperaba que guardaran silencio. Se trata de la tensión de estar atrapado entre esas dos fuerzas opuestas: entre lo que los ingenieros querían hacer (lo que sabían que era correcto) y la presión de la NASA para que cedieran, abandonaran sus preocupaciones y cumplieran con un deseo de realizar el lanzamiento. Es la misma tensión que yo sentí cuando me alejé después de ver cómo golpeaban a un compañero de clase; la misma que parecían mostrar los participantes del experimento de Milgram cuando se les pidió que continuaran aplicando descargas eléctricas a otro ser humano. Es probable que sea la misma tensión que tú has sentido cuando quieres alzar la voz, pero no sabes cómo hacerlo.

Quizá alguien en tu oficina contó un chiste a expensas de otra persona. Todos se ríen, pero tú sientes que deberías decir algo (solo que no sabes con exactitud qué).

Quizá seas testigo de acoso sexual en el metro. Un hombre le dice obscenidades a la mujer que está a su lado y, aunque ella intenta ignorarlo, su voz se te queda grabada en los oídos.

Tal vez tu jefe te pidió que omitas un paso importante. Lo que te está sugiriendo podría ser ilegal y, aunque asegura que nadie se enterará, tú no te sientes en paz.

Esa es la tensión que surge cuando estamos atrapados entre fuerzas opuestas: entre nuestra programación para obedecer y nuestro deseo de actuar de acuerdo con nuestros valores. Y es una tensión a la que con frecuencia nos resistimos. No se siente bien. No se siente clara. Y cuando no somos conscientes de lo que indica, intentamos ignorarla.

POR QUÉ NOS RESISTIMOS A RESISTIRNOS

Cuando utilizo el estudio de caso con el que comienza este capítulo —¿competir o no competir?—, mis alumnos no votan de inmediato a favor de seguir adelante. En cambio, les plantean preguntas a sus compañeros de equipo que revelan dudas: ¿los datos muestran en verdad lo que creemos que muestran? ¿Es suficiente la falta de evidencia concluyente como para anular los beneficios de una carrera exitosa?

La tensión muchas veces se manifiesta como *duda*. Quizá eso fue lo que sintieron algunos de los sujetos del experimento de Milgram, preguntándose: «¿Está bien esto en realidad? ¿Es seguro? ¿De verdad debería estar haciendo esto?».

La tensión también puede manifestarse como *ansiedad*. Milgram lo observó: sujetos que reían nerviosos, sudaban y murmuraban. Sin duda, los ingenieros de Thiokol perdieron el sueño en su decisión de recomendar posponer el lanzamiento del Challenger.

Pero ni la ansiedad ni la duda capturan por completo lo que experimentamos en esos momentos en los que estamos decidiendo si vamos a desafiar o no.

Puedes sentir ansiedad al pensar en desafiar, por ejemplo, y aun así no tener dudas de que es lo correcto.

Pero también podrías sentir que la duda sobre cómo comportarte ante una situación te consume sin que se manifieste como ansiedad.

Esto se debe a que la duda y la ansiedad son síntomas de algo más general: una tensión que surge de una arraigada *resistencia a la resistencia.*

Debido a que se nos enseña a obedecer desde una edad muy temprana, cuando el acto de desafiar se convierte en una posibilidad, nos resistimos a él de forma activa. Sentimos una tensión entre lo que se nos pide que hagamos y lo que en realidad queremos hacer. Entre lo que se nos dice que es correcto y lo que sabemos que sí lo es.

Esa resistencia a la resistencia se puede sentir como un puñetazo en el estómago, un cosquilleo en el pecho o un tartamudeo nervioso en los labios. Puede manifestarse como una tensión cognitiva, algo que surge de nuestra conciencia y nos incomoda. Esta sensación puede ser sumamente útil, pero como suele parecerse a la ansiedad, la duda o el malestar, es más probable que lo veamos como un obstáculo: una señal de debilidad o de falta de confianza.

Por eso, cuando albergamos dudas sobre una situación, con frecuencia las ocultamos en favor de una certeza que parece más autorizada. Nos tragamos nuestra tensión para evitar conflictos, hacer que nuestra vida sea un poco más fácil o evitar el ridículo o que nos juzguen. Aceptamos las cosas solo por cortesía, para apaciguar al agresor o para no hacer una escena. Nos convencemos de que tal vez los demás saben más que nosotros.

Entonces votamos junto con todos los demás en la reunión del trabajo para aprobar un nuevo presupuesto, aunque no estemos seguros: *Si todos los demás piensan que este es el camino a seguir, es probable que sea cierto.* Nos subimos al coche después de salir del bar con el resto del grupo, aunque el conductor se haya tomado un par de copas: *De seguro está bien.*

Cuando sentimos ansiedad ante lo que se nos pide que hagamos, con frecuencia ignoramos nuestra tensión, asumiendo que algo en *nosotros* debe estar mal.

Es fácil racionalizar que no podamos hacer respecto a algo, o que no «vale la pena» sentir esa tensión, esa duda, esa ansiedad.

Y al hacerlo, ignoramos una de las herramientas más potentes de nuestro cerebro para tomar decisiones sobre el acto de desafiar.

USA TU TENSIÓN

Jeffrey Wigand creyó que podía lograrlo.

Como científico con un doctorado en bioquímica que había pasado décadas trabajando en salud y biotecnología, no estaba exactamente en la posición ideal para convertirse en el próximo vicepresidente de investigación y desarrollo en una empresa tabacalera. Pero en una encrucijada de su carrera profesional, necesitaba trabajo y había oído rumores de que la empresa estaba intentando crear un cigarro más seguro. «Tal vez», pensó, «podría trabajar dentro de la industria tabacalera para hacerla más segura y saludable». Tal vez podía ver su labor como otro reto en el ámbito de la salud, y pisar a la vez ambos lados de una línea divisoria imaginaria entre ser un hombre de empresa y un investigador independiente. En cierta medida, su decisión de aceptar el trabajo le provocó incomodidad, pero, con un poco de gimnasia mental y un sueldo de seis cifras —el mayor de su carrera—, pensó que podría superarla.

Al principio, todo marchaba bien. Wigand y su familia se mudaron a Louisville, Kentucky, la ciudad natal de su esposa. Compraron una casa grande y hermosa, e inscribieron a sus hijas en escuelas privadas de alto nivel. La vida era un torbellino de cenas de empresa, salidas a jugar golf los fines de semana y eventos de caridad. Para haber sido un hombre que había saltado dentro y fuera de la montaña rusa corporativa durante gran parte de la década anterior, y que había desarraigado a su familia y desestabilizado sus finanzas cada ciertos años, parecía que por fin había encontrado la ansiada estabilidad y comodidad para los Wigand.

A los pocos meses, el científico se desilusionó.

El laboratorio que heredó en Brown & Williamson estaba en ruinas, más parecido a un aula obsoleta de química de una preparatoria que a un centro serio de investigación. Brown & Williamson ni siquiera contaba con un toxicólogo o un físico en plantilla, profesionistas necesarios para estudiar tanto la seguridad química de los productos de tabaco como sus propiedades inflamables. Muy pronto, Wigand empezó a darse cuenta de que el problema no era solo una negligencia benigna. Más bien, su empleador intentaba obstaculizar de forma activa su investigación. Las menciones a carcinógenos y aditivos nocivos en los cigarros comenzaron a desaparecer de las minutas de las reuniones de investigación. Indagaciones importantes sobre los posibles efectos secundarios nocivos del tabaquismo tenían la costumbre de desaparecer para irse a laboratorios en el extranjero y nunca más se volvían a ver. El malestar inicial que tenía Wigand respecto a su empleo empezó a crecer.

Wigand comenzó a sentir que era imposible realizar la investigación para la que creía que lo habían contratado. Empezó a temer que aunque pudiera hacer ese trabajo, lo ignorarían. Tenía razón, pues cuando acudió a Thomas Sandefur, presidente de Brown & Williamson, le dijo de forma tajante que dejara de intentar desarrollar un producto más seguro. Hacerlo expondría a la empresa a un enorme escrutinio: si fabricaban un cigarro «más seguro», entonces tendrían que admitir que sus otros productos eran peligrosos.

Entonces, Wigand cambió de estrategia. En lugar de crear un cigarro más seguro, comenzó a investigar el papel de diversos aditivos químicos en el tabaco de la empresa. Los principales eran el glicerol, que mantenía húmedo al tabaco durante el empaquetado, y la cumarina, que ayudaba a darles un sabor dulce a algunos tabacos. El glicerol era, por lo general, inofensivo, pero al quemarse en un cigarro, su composición química cambiaba de tal manera que podía actuar como carcinógeno. Y descubrió que la cumarina provocaba tumores cancerígenos en los hígados de ratones de laboratorio.

Cuando Wigand llevó estas graves preocupaciones a sus superiores, no solo no lo elogiaron, sino que lo reprendieron. Las observaciones que hacía la empresa sobre su trabajo comenzaron a incluir frases como «dificultad para comunicarse», y sus supervisores intentaron presentarlo como alguien demasiado directo con sus opiniones. Al final, después de cuatro años en la empresa, lo despidieron. Y luego, tras quejarse de su paquete de indemnización con un antiguo colega, demandaron a Wigand con el pretexto de que había violado su acuerdo de confidencialidad. Desesperado por conservar el seguro médico que una de sus hijas necesitaba —la cual padecía espina bífida—, lo obligaron a llegar a un acuerdo que implicaba firmar un contrato de confidencialidad aún más estricto y prolongado.

Wigand estaba furioso por haber sido despedido. Más aún: se sentía consternado por la magnitud del engaño en el que la industria tabacalera estaba inmersa (no solo con él, sino con los consumidores estadounidenses). Durante décadas, sus directivos habían afirmado que la nicotina no era adictiva, que fumar cigarros no causaba cáncer y que sus productos no podían ser los culpables de los innumerables problemas de salud (cardiopatías, enfisema...) que aquejan cada año a millones de fumadores.

Wigand no tenía dudas: sabía que todo eso eran mentiras. Y lo más importante, sabía que su empresa tenía la *intención* de engañar al público respecto a la seguridad de sus productos. Su despido —y los esfuerzos explícitos por silenciarlo— eran prueba suficiente.

Wigand deseaba que el público supiera lo que él sabía. Pero sentía una profunda tensión entre exponer a Brown & Williamson y enfrentar las inmensas consecuencias personales y familiares que implicaría hablar. Ya había perdido su trabajo y le aterraba perder también la cobertura médica, que dependía de la firma del acuerdo de confidencialidad. Cuando un productor del programa *60 Minutes*, de CBS, se le acercó para preguntarle sobre lo que sabía, Wigand sintió el deber de hablar, pero le preocupaba hacerlo público y que quedara un registro. Durante casi dos años, vaciló, dividido entre su deseo de decir la verdad y el temor por la seguridad de su familia y la suya. Sin embargo, el malestar de Wigand no se disipaba con el silencio. Al contrario: su tensión solo aumentaba.

Lo que ocurrió después se convirtió en la base de una de las acciones de denuncia de irregularidades más importantes del siglo XX, así como de la trama de la película de Michael Mann de 1999, *El informante*. En un inicio, Wigand fue un consultor anónimo para la CBS y ayudó a descifrar un tesoro de documentos que un asistente legal había filtrado desde Philip Morris, otra gigantesca empresa tabacalera. Luego declaró ante el fiscal general del estado de Misisipi, como parte de una demanda interpuesta por tres estados contra la industria del tabaco. Mientras tanto, los productores de *60 Minutes* intentaban convencerlo de que aceptara que le hicieran esa entrevista en la televisión en horario estelar, para contarle al país, con todas sus letras, lo que sabía.

Su antiguo empleador, Brown & Williamson, se enteró de estos planes y lanzó una campaña de alta presión para obligarlo a guardar silencio sobre su experiencia en la empresa. Contrataron a una agencia de relaciones públicas para buscar información negativa sobre Wigand y difundirla en la prensa.

Wigand comenzó a recibir amenazas de muerte. Un día encontró una bala en su buzón. Las llamadas telefónicas amenazadoras a su casa hacían menciones siniestras sobre la seguridad de sus hijos. Su matrimonio se desmoronó. Su familia se fracturó. Empezó a beber en exceso.

Pero, al final —tras batallas legales y meses de incertidumbre—, millones de personas en todo Estados Unidos vieron a Jeffrey Wigand hablar con Mike Wallace en *60 Minutes*. Fue una entrevista trascendental en la historia del periodismo televisivo: la primera vez que un antiguo empleado de alto rango de la industria tabacalera detallaba en público lo peligrosos que podían ser los cigarros. Después de esa entrevista, las empresas tabacaleras ya no podían afirmar que los cigarros no causaban cáncer, que la nicotina no era adictiva o que los aditivos del tabaco no representaban riesgos para la salud. Tampoco podían alegar que durante décadas no habían tenido conocimiento de estos hechos.

Wigand se convirtió en uno de los denunciantes más eficaces de la historia de Estados Unidos. Su testimonio fue uno de los eventos decisivos en la campaña para frenar el tabaquismo. Tuvo enormes efectos en la salud pública. Al final, 46 estados demandaron a las mayores empresas tabacaleras del país, y en 1998 se alcanzó un acuerdo histórico: las grandes tabacaleras acordaron pagar más de 206 000 millones de dólares durante los siguientes 25 años, además de aceptar restricciones severas en su publicidad, mercadotecnia y en las promociones que realizaban para el tabaco.

Casi por sí solo, Jeffrey Wigand puso de rodillas a la industria tabacalera. En los años posteriores a su entrevista, el descenso del consumo de cigarros, que ya había durado décadas, se aceleró de modo vertiginoso.

Sin duda, Wigand salvó muchas vidas, pero las consecuencias para él fueron enormes. Su denuncia le costó el trabajo, el matrimonio y la privacidad. Las campañas de desprestigio de la industria tabacalera exhibieron ante la opinión pública sus defectos personales: su alcoholismo, sus problemas de ira, su tensa relación con la familia. Los efectos negativos sobre su salud mental fueron considerables.

Pero diez años más tarde, cuando Mike Wallace lo entrevistó por segunda vez en *60 Minutes*, Jeffrey Wigand parecía estar en paz:

—No recuerdo haberme sentido tan feliz en mucho tiempo, Mike —afirmó—. Engordé un poco, mi cabello está un poco más canoso, pero todos los días sé que hice algo que marcó la diferencia para otro ser humano.

Cuando comprendemos la tensión como lo que es —la expresión sintomática de nuestra resistencia a la resistencia, profundamente codificada— entonces podemos empezar a usarla como una herramienta. La tensión interna es tu cerebro y tu cuerpo que te dicen que puede ser necesario desafiar. Pero eso no lo hace fácil. Ir en contra de lo que otros esperan de ti suele tener consecuencias.

Si actúas movido por esa tensión, es posible que parezcas irracional ante los demás, o incluso ante ti mismo.

Podría hacerte parecer «emocional» o «problemático».

Podría costarte tu trabajo, o una relación.

Pero no importa si lo vives como una sensación de hundimiento, un puñetazo en el estómago, una punzada de conciencia o un nudo en el estómago —ya sea que se sienta como ansiedad, duda o incluso malestar físico— *presta atención a tu sensación de tensión.*

Escucharla también puede hacer que tu oficina sea más segura para tus compañeros de trabajo.

Podría proteger a esa mujer en el metro de una agresión grave.

Podría evitar que tu empresa enfrente problemas legales y que tú o tu jefe terminen en la cárcel.

Y más allá del ámbito inmediato de tu decisión, tu tensión podría inspirar mayores cambios: una sociedad menos racista, espacios públicos más seguros para las mujeres y un mundo empresarial más comprometido con el trato ético.

La tensión es la señal que el cerebro nos da cuando queremos desafiar, incluso *antes* de saber que queremos hacerlo. Es el sistema nervioso haciendo sonar la alarma para anunciar que algo no está del todo bien, que acatar sería traicionar nuestros verdaderos ideales, al tipo de persona que en el fondo queremos ser.

Y es cuando nuestra tensión es más fuerte cuando el acto de desafiar puede ser más necesario. La verdad es que, cuando nos sentimos divididos entre obedecer a otros o desafiarlos, nuestra resistencia a la resistencia *es* una señal de que algo está mal.

Pero no es que algo esté mal en nosotros: algo está mal en la situación.

Cuando mi doctora me recomendó una tomografía innecesaria, me sentí incómoda y tensa. Estaba dividida entre lo que yo quería hacer y lo que la doctora quería que hiciera. Sentí los primeros indicios del acto de desafiar: esa sensación de malestar e incomodidad. Lo reconocí y traté de expresarlo en preguntas sobre la cantidad de radiación, esperando que la técnica me preguntara si quería continuar. Pero eso no funcionó, y terminé accediendo a lo que se esperaba de mí.

Intenté ignorar mi tensión, pero sucedió algo extraño. A medida que la máquina capturaba imágenes de los vasos sanguíneos de mis pulmones —imágenes que yo sabía que no revelarían nada—, solo me sentí más incómoda. La tensión no se disipó: solo me hizo sentir peor por haber cedido ante la presión.

Ese incidente me enseñó a no ignorar mi tensión, sino a escucharla.

La tensión representa tu capacidad de actuar, tu elección, tu poder. Si no sintieras tensión, te sentirías cómodo solo obedeciendo o cumpliendo órdenes. Es tu fortaleza frente a la tiranía de la obediencia no examinada; una alerta diseñada para ayudarte a identificar lo que te importa, para enfocar tu atención y vivir de acuerdo con tus valores.

Podrías *sentir* tu tensión como una debilidad personal, pero no lo es. Es un poder con la posibilidad de transformar el mundo. Incluso el acto de desafiar de una sola persona puede evitar una catástrofe o ayudar a millones, como ocurrió con Jeffrey Wigand.

Su acto de desafiar comenzó con una tensión, y estuvo presente desde el comienzo mismo de su contratación en Brown & Williamson. De hecho, estuvo ahí antes, incluso, de que aceptara el trabajo. El científico que había en él sabía que trabajar para la industria tabacalera lo pondría en una posición comprometedora. Había una tensión fundamental entre su identidad como hombre de ciencia y su trabajo como empleado de una empresa tabacalera, entre sus valores y los objetivos de la organización.

Esa tensión fue el comienzo de un proceso para desafiar lo que se le ordenaba.

Durante años intentó reprimir su malestar. Luchó contra él.

—Solía llegar a casa hecho un manojo de nervios —le comentó a *Vanity Fair*—. Mis hijos me preguntaban: «Oye, papá, ¿tú matas gente?». No me gustaban algunas de las cosas que veía. Me sentía incómodo. Me sentía sucio.

Lo que Wigand describe, en momentos vulnerables como este, es la parte del acto de desafiar que la mayoría de las personas aprende a ocultar: los sentimientos de debilidad, de vergüenza, de vacilación, que preceden al momento de rehusarse, de asumir una postura, de convertirse en héroe.

«Me sentía incómodo. Me sentía sucio».

Al final, el doctor Wigand no ignoró su tensión.

La sintió. La escuchó.

Y luego, la convirtió en acción.

3

CONOCE TU SÍ VERDADERO

El 9 de abril de 2004 comenzó como cualquier tarde común de viernes en el McDonald's de Mount Washington, Kentucky: las freidoras siseaban, las hamburguesas crepitaban en las parrillas y las cajas registradoras marcaban su ritmo mecánico al abrirse y cerrarse. No había indicios de que la vida de algunos de sus empleados estuvieran a punto de cambiar para siempre.

Donna Summers, subgerente del restaurante, estaba en la oficina administrativa, un espacio desordenado. Tenía poco más de 50 años, el cabello canoso cortado a la altura de los hombros y lentes finos de armazón metálico. Hacía poco se había comprometido con un hombre diez años menor que ella llamado Walter Nix.

Alrededor de las cinco de la tarde sonó el teléfono. Una voz masculina y grave se identificó como oficial de policía. Le informó a Summers que se había denunciado un robo en el restaurante y que la sospechosa era una empleada. El «oficial Scott» describió a una adolescente, de unos cuarenta kilos y cabello castaño oscuro.

Summers pensó que la descripción coincidía con Louise Ogborn, pero le costaba creer que Ogborn fuera capaz de robar. Louise era una estudiante de último año de preparatoria, responsable, que pronto iría a la universidad y trabajaba turnos extra para ayudar a mantener a su madre enferma. No tenía antecedentes de deshonestidad, robo ni mala conducta.

Pero el oficial Scott insistió: la joven había tomado el bolso de una cliente y también estaba siendo investigada por tráfico de drogas.

Afirmó que la «oficina corporativa» estaba al tanto y que tenía a la gerente de la tienda, Lisa Siddons, en la otra línea telefónica. Refiriéndose a códigos policiales específicos y leyes estatales, le explicó que la situación era grave. Dijo que, mientras hablaban, agentes de la policía estaban en camino al restaurante, pero que no quería darle tiempo a la sospechosa para escapar ni destruir la evidencia. Summers tendría que ayudarlo a retenerla.

Y así lo hizo. Llamó a Louise Ogborn a la oficina trasera de la tienda —un espacio lleno de cosas, sin ventanas, apenas lo suficientemente grande para un escritorio y una silla— y cerró la puerta con llave.

Durante las siguientes tres horas, bajo las duras luces fluorescentes y la vigilancia constante de una cámara de seguridad, Summers hizo todo lo que el hombre en el teléfono le indicó.

Primero, el oficial Scott dijo que se tendría que realizar un cateo sin ropa para asegurarse de que Ogborn no estuviera ocultando en ella misma nada de contrabando.

Summers obedeció. Le pidió a su empleada que se quitara toda la ropa y se la entregara. Sacudió cada prenda antes de doblarla con cuidado y colocarla en una bolsa de plástico. Aunque hacía frío en la oficina, lo único que Ogborn pudo usar para cubrirse fue su propio delantal negro de empleada, el que, por lo general, llevaba en la caja registradora.

Cuando Ogborn comenzó a llorar, Summers la consoló, abrazando su cabeza contra su pecho. El cateo sin ropa le parecía exagerado, pero mientras llegaba la policía, necesitaba vigilar a Ogborn, tal como le había indicado el oficial Scott.

Sin embargo, Summers también tenía que regresar a sus labores: comenzaba la hora pico de la cena. El oficial le pidió que buscara a otra persona para que se hiciera cargo de la vigilancia.

Summers llamó a la oficina a un cocinero, Jason Bradley, de 27 años. Cuando Bradley vio a Ogborn, encogida y llorando en la oficina trasera, se quedó atónico. Habló de forma breve con el oficial Scott por el teléfono inalámbrico de la oficina, mientras caminaba inquieto de un lado al otro sobre el piso de azulejo. Cuando el oficial Scott le indicó que le pidiera a Ogborn que se quitara el delantal para asegurarse de que no escondía nada, Bradley repitió la orden en voz alta para que el oficial Scott y Ogborn pudieran escucharla, pero al mismo tiempo, hizo contacto visual con la adolescente aterrada y sacudió la cabeza, indicando que no quería que ella lo hiciera en realidad.

Bradley le devolvió el teléfono a Summers.

—Esto es una reverenda tontería —dijo, molesto.

—No puedes decirle a nadie lo que está pasando —advirtió Summers, repitiendo como perico lo que el oficial Scott le había indicado, mientras Bradley regresaba a la freidora.

La noche estaba ya en pleno apogeo y el restaurante se estaba llenando de clientes hambrientos. La fila serpenteaba hacia la puerta y los comensales comenzaban a impacientarse. Summers le dijo al oficial Scott que no podía disponer de ningún otro trabajador para vigilar a Ogborn.

—¿Está usted casada? —preguntó el oficial Scott.

—Estoy comprometida —respondió Summers. A pesar de todo lo que había ocurrido esa tarde, ella soltó una risita alegre.

—¿Confía en él?

—Sí —respondió ella.

—Llame a su prometido.

Walter Nix ni siquiera trabajaba en McDonald's. De 42 años, divorciado y padre de dos hijos, era exterminador de plagas, más familiarizado con eliminar bichos e insectos de los edificios que con servir hamburguesas y papas fritas. Corpulento, calvo y con una barba de chivo fina como un lápiz, era conocido por su trato amigable y no amenazante. Entrenaba equipos juveniles de beisbol y asistía a la iglesia con regularidad.

Y, sin embargo, durante las siguientes dos horas y media, Nix no se limitó a vigilar a Louise Ogborn. Obedeciendo las instrucciones del hombre en el teléfono, la sometió a una variedad cada vez más horripilante de abusos psicológicos, físicos y sexuales.

En el restaurante, Summers, Bradley y el resto de los empleados continuaron friendo papas, llenando bolsas de papel con hamburguesas humeantes con queso y tomando pedidos en medio del bullicio nocturno. Ninguno de ellos era consciente de lo que Nix le estaba haciendo a Ogborn en el cuarto trasero, lejos del clamor rutinario de una franquicia de comida rápida.

Cuando el oficial Scott le dijo al fin a Nix que podía irse, este se subió a su auto y de inmediato llamó a un amigo.

Con la voz entrecortada, confesó:

—Hice algo terriblemente malo.

Por inverosímil que parezca esta situación, entre 1994 y 2004, el hombre que se hacía pasar por el oficial Scott —que a veces utilizaba otros nombres o se identificaba como gerente corporativo— llevó a cabo un engaño similar más de 70 veces en negocios de todo el país. A veces, los gerentes y empleados engañados tardaron horas en darse cuenta de que el hombre al otro lado de la línea no era quien decía ser. Pero hasta que eso sucedía, aceptaban sus crecientes demandas.

Obedecieron al «oficial» en un Burger King de Fargo, Dakota del Norte. Siguieron órdenes en un Applebee's De Davenport, Iowa. Cumplieron con las peticiones en un Taco Bell de Fountain Hills, Arizona.

El éxito prolongado de esta estafa podría parecer solo otro ejemplo de cómo estamos programados para cumplir con lo que se espera de nosotros, de lo difícil que puede resultar rehusarnos, incluso cuando una acción va en contra de nuestro sentido común o nuestros propios valores, en especial cuando las órdenes provienen de personas en una posición de poder.

Pero no se trata solo de lo difícil que es decir que no. Se trata de cómo nuestro «sí» puede volverse en nuestra contra.

ACATAR NO ES CONSENTIR

Cuando un policía te pide ver tu identificación, por lo general se la entregas, aunque no hayas hecho nada malo. El agente de seguridad en el aeropuerto necesita catearte, así que extiendes los brazos como estrella de mar. Cuando el gimnasio al que te inscribes quiere que llenes una forma, es probable que la firmes sin ver la letra pequeña (donde los liberas de cualquier responsabilidad en caso de muerte o mutilación). Aceptas las reglas y, en muchos casos, eso no representa un problema. Pero a veces puede dejarte con la sensación de que no tuviste elección.

Cumplir con lo que se espera de nosotros es «seguir la corriente». El cumplimiento es una reacción y, por lo general, impuesta: por alguien más, por un sistema, por un entorno. No tiene que haber una presión explícita: podemos acatar por pasividad, por aceptación, por hábito o porque nos sentimos presionados. Es un sí que no lo es en realidad.

Cuando accedí a hacerme una tomografía que no necesitaba, solo hice lo que la doctora quería que hiciera. Pero mientras yacía en el tubo del escáner, escuchando el zumbido de las piezas mecánicas sobre mi cabeza, en definitiva, no sentía que estuviera haciendo algo que había elegido. Cumplí con lo que se me pidió, pero no di mi consentimiento.

El consentimiento es radicalmente diferente del acatamiento. Es *una autorización analizada a profundidad, que es una expresión activa de nuestros valores más profundos*. El consentimiento es poderoso y proviene de nuestro interior. Representa nuestro Sí Verdadero.

Como médica de formación, considero que la definición médica de «consentimiento informado» es un marco útil para comprender este concepto. El consentimiento informado busca garantizar que no se vulneren los derechos y la autonomía de los pacientes. Requiere cinco elementos: *capacidad*, *conocimiento*, *comprensión*, *libertad* y *autorización*.

Capacidad implica tener conciencia, habilidades cognitivas o competencia para tomar decisiones. En términos generales, se refiere al estado mental de una persona: ¿es consciente de su entorno y de la situación en la que se encuentra? Alguien cuyo estado mental está alterado por drogas, alcohol o enfermedad carece de capacidad.

Conocimiento se refiere a los hechos de la situación misma. Una persona a la que le mintieron carece de conocimiento. Lo mismo le ocurre a una persona a quien se le ocultó información vital (por ejemplo, los efectos secundarios nocivos de un medicamento experimental o el hecho de que la casa que está comprando se encuentra en una zona de inundaciones).

Comprensión es la manera en que una persona procesa la información que se le proporciona. Sin comprensión, la recepción de información es irrelevante. El hecho de que un banquero te proporcione cientos de páginas de material impreso sobre una hipoteca que estás solicitando no significa que comprendas que el préstamo de alto riesgo que acabas de solicitar tiene una tasa de interés excesiva que no podrás pagar.

Libertad significa que tu decisión es voluntaria y tienes la opción de decir que no. La elección es tuya de forma exclusiva, sin coerción ni presiones indebidas.

Por último, la *autorización* implica una decisión activa y explícita que afirme «sí» o «no». En otras palabras, el consentimiento válido requiere un «sí» consentido, no un mero ceder de modo pasivo.

El consentimiento verdadero, en cualquier situación, debe contener estos cinco elementos. Si falta uno solo, entonces, por definición, el consentimiento no es válido. Y si alguno de ellos se ve comprometido, incluso una autorización verbal, un «sí» dicho en voz alta, no es un consentimiento válido, porque una persona a quien se le negaron la capacidad, el conocimiento, la comprensión o la libertad para decir que no, no puede dar un Sí Verdadero.

El caso del engaño en McDonald's es un estudio ejemplar sobre los peligros de acatar órdenes y sobre cómo se puede utilizar la autoridad para privar a una persona de la capacidad de decir «no». Aquella tarde de viernes, en un McDonald's de Kentucky, Louise Ogborn fue una clara víctima de abuso y coerción. Protestó una y otra vez cuando le ordenaron que se quitara la ropa. Con lágrimas en los ojos, suplicó a sus captores, diciendo que no había hecho nada malo.

A Ogborn la engañaron: no tenía conocimiento ni comprensión de lo que ocurría. Fue coaccionada de forma psicológica e intimidada de manera física, atrapada en una habitación sin su ropa. No pudo elegir cómo la trataban. No sintió que pudiera decir que «no», ni ante su gerente Donna Summers, ni ante Walter Nix, ni ante el supuesto oficial Scott.

—Tenía miedo porque para mí eran una autoridad superior —dijo más tarde—. Temía por mi seguridad porque pensaba que estaba en problemas con la ley.

La situación fue diferente para Summers y su prometido, Nix. Ellos tenían más poder que Ogborn y corrían menos peligro. Pero a ellos también los engañó el oficial Scott. A ellos también les faltaba conocimiento, y sin este no puede haber verdadera comprensión. Nix se dio cuenta, demasiado tarde y después de irse, de que algo estaba muy mal y de que tal vez lo habían engañado. Solo Jason Bradley, el cocinero, se negó a participar en las demandas del oficial Scott. Pero aun así, no le hizo saber de forma abierta al oficial Scott que no estaba cumpliendo con sus órdenes. Y, aunque estaba furioso con su jefa y con la situación, de todas maneras obedeció las órdenes de Summers de guardar silencio y no pudo evitar que la situación progresara.

Summers y Nix en verdad creían que el oficial Scott era un agente de policía. El hombre podía describir a Louise Ogborn. Sabía el nombre de la gerente de Summers, Lisa Siddons, así como los de otros miembros del personal corporativo de McDonald's. Sus referencias a la ley y a procedimientos policiales parecían legítimas. Summers incluso pensaba que podía oír una radio de la policía al fondo durante las llamadas.

Los agentes de policía hacen cumplir la ley. Exigen cumplimiento y obediencia. Ni Summers ni Nix creían que podían negarse. Y por ello, no lo hicieron. Autorizaron el abuso cometido por el oficial Scott, pero esa autorización se basaba en premisas falsas.

Lo que ocurrió ese día con la gerente y sus empleados fue, sin lugar a dudas, no consensuado.

Lo que lo vuelve tan inquietante es que la mayoría de sus acciones también fueron sin duda actos de obediencia.

SOMOS BUENOS PARA PREDECIR EL CONSENTIMIENTO, PERO MALOS PARA ANTICIPAR LA OBEDIENCIA

Si yo te pidiera que hicieras una predicción de cómo le responderías a un hombre que por teléfono te ordena hacerle un cateo sin ropa a uno de tus empleados, supongo que me dirías que colgarías el teléfono de inmediato.

Pero ¿lo harías?

Décadas de investigación en psicología sugieren que existe una gran diferencia entre lo que pensamos que haríamos en situaciones como el experimento de Milgram, la llamada telefónica que Donna Summers recibió ese día en McDonald's o la catástrofe del Challenger, y lo que *de hecho* hacemos. Resulta que somos muy buenos prediciendo si daremos o no nuestro consentimiento, pero somos terribles a la hora de anticipar si *obedeceremos* o no.

El acto de acatar no requiere el mismo nivel de deliberación ni los cinco elementos del consentimiento. Muchas veces solo nos deslizamos hacia él sin reflexionar, guiados más por nuestra programación para obedecer que por nuestros ideales. O bien acatamos a regañadientes, sabiendo muy bien que no queremos hacerlo, solo porque no sabemos cómo desafiar.

Dos psicólogas, Julie Woodzicka y Marianne LaFrance, plantearon tres preguntas a un grupo de mujeres universitarias, que creían estar en una entrevista de trabajo para ser asistentes de investigación de un profesor:

- «¿Tienes novio?».
- «¿La gente te considera atractiva?».
- «¿Crees que es importante que las mujeres usen sujetador en el trabajo?».

Ya le habían preguntado a otro grupo de mujeres de la misma población qué harían si en una entrevista les hicieran las preguntas anteriores. Estas mujeres predijeron que se sentirían enojadas y rechazarían la pregunta, confrontarían al entrevistador o abandonarían la entrevista. Pero el estudio reveló que, cuando las mujeres fueron el objetivo real de estas preguntas de acoso en una entrevista de trabajo, ninguna las rechazó ni salió de la sala.

Las personas muchas veces experimentan «brechas empáticas» al tratar de predecir cómo responderían o deberían responder ellas mismas, u otros, ante una situación emocional distinta de su situación actual. Las mujeres en la entrevista real dijeron que no sintieron enojo en ese momento, como el otro grupo de mujeres había imaginado que sentirían. En cambio, reportaron haber tenido miedo, sin saber hacer otra cosa más que sonreír, incómodas.

Sonreír en una situación de acoso puede parecer contradictorio, pero tiene sentido si consideramos que no todas las sonrisas reflejan verdaderos sentimientos positivos. Aunque las personas con alto poder —las que tienen poder o un estatus social, o aquellas que forman parte de grupos de identidad dominantes— tienen más probabilidades de sonreír cuando se sienten inclinadas a ello, las personas con menos poder —las que tienen un estatus social más bajo, menos jerarquía o pertenecen a grupos marginados— con frecuencia sienten la obligación de sonreír, sin importar cómo se sientan.

Un colega se refirió una vez a mi «sonrisa de cocodrilo», que muestro cuando me encuentro en situaciones en las que no me siento cómoda obedeciendo, pero siento que no tengo muchas opciones. Como cuando se espera que haga de secretaria en las reuniones, *otra vez*. O que trabaje el fin de semana, *otra vez*. O que responda de modo cortés a las preguntas de mi jefe sobre mi «raza exótica», *otra vez*. Es un pequeño gesto instintivo: las comisuras de mis labios se elevan apenas, formando la silueta de una sonrisa forzada. Mi sonrisa reflexiva en situaciones difíciles es una respuesta innata, moldeada por años de condicionamiento social que me enseñaron la importancia de parecer conciliadora, servicial y complaciente.

La sonrisa de cocodrilo es una estrategia de supervivencia, una estrategia que las mujeres, en particular, suelen utilizar como señal de apaciguamiento. Es producto de la forma en que se ha asumido nuestra obediencia durante milenios, dando siempre por sentado nuestro consentimiento y, aunque no indica necesariamente que hayamos consentido muchas veces se interpreta como tal. Es un escudo que dice:

- «No represento una amenaza».
- «Jugaré bajo tus reglas».
- «Cedo».
- «Cumplo».

El consentimiento es el hermano gemelo del acto de desafiar. Es igual de poderoso y, en potencia, es revolucionario. Pero no siempre se le trata como tal. Los cinco elementos del consentimiento —la capacidad, el conocimiento, la comprensión, la libertad y la autorización para tomar una decisión— representan un ideal. Es un ideal que he perseguido desde que lo conocí por primera vez en el ámbito médico. Y también es un ideal que, en particular en mi carrera como médica, rara vez he visto realizado.

Muy a menudo, los pacientes carecen del conocimiento o la comprensión de un procedimiento, o se sienten tan intimidados por el propio médico o el entorno hospitalario que no se atreven a hacer preguntas o a rechazar un tratamiento. Y así la autorización, aunque de modo técnico se obtiene mediante una firma en un formato, se convierte en un gesto vacío. Marcar una casilla en un formulario médico parece una forma de consentimiento falsa, en especial cuando la persona tiene prisa, no entiende, no puede leer la letra pequeña o no sabe cuáles son las otras opciones. Como médica, estas situaciones me resultaban inquietantes, pero no me sorprendían del todo. Como paciente, yo misma obedecí y me sometí a una tomografía que no quería. También he firmado en muchos formularios después de una larga lista de párrafos que no tuve el tiempo ni la energía para leer con atención.

Existe una diferencia abismal entre los elementos declarados del consentimiento informado y su implementación en el mundo. Incluso un sistema que supuestamente está diseñado para empoderar el consentimiento puede, a veces, empujar a las personas hacia el simple cumplimiento. Y las políticas que pretenden proteger a los pacientes terminan favoreciendo con frecuencia solo a las instituciones. Incluso de niña, entendía que un «sí» no significaba mucho si sentías que no podías decir que no.

Quizá recuerdes el lema «No es no». Durante décadas, fue la consigna dominante para referirse al consentimiento, cuyo objetivo era poner fin a las agresiones sexuales en las escuelas, en los campus y en nuestras casas. El problema, como hemos visto en este capítulo, es que el no muchas veces no parece posible en situaciones de coerción y abuso.

A partir de la primavera de 2013, varias mujeres demandaron a Bikram Choudhury, fundador del Bikram Yoga, por violencia física, agresión sexual, acoso, violación y privación de la libertad. Las mujeres afirmaban que el influyente yogui —creador de una práctica muy popular de «yoga caliente», en la que los participantes ejecutan una serie de 26 posturas en una habitación que, a menudo, alcanza casi los 38 °C— utilizaba sus populares retiros y sesiones de entrenamiento para seducir, acosar y presionar a sus alumnas para tener relaciones sexuales.

Algunos miembros de la comunidad de yoga de Bikram preguntaron por qué las mujeres a las que él agredió no se marchaban, por qué seguían asistiendo a sus seminarios y entrenamientos; por qué, después de ser agredidas, algunas incluso lo besaban en la cabeza y con cortesía le decían: «Buenas noches, señor». Estas son preguntas comunes entre quienes solo han anticipado, pero no vivido, tales situaciones. ¿Por qué no te quejaste antes? ¿Por qué esperaste tanto antes de revelar el abuso? Los observadores de sillón muchas veces atacan a las víctimas con estas mismas preguntas, usando sus propias respuestas predichas como vara para medir todas las demás. Pero como muestran las investigaciones, nuestras respuestas anticipadas rara vez coinciden con nuestras acciones reales en esas situaciones.

Para las víctimas de agresión, la respuesta es clara: cuando alguien te arrebata el consentimiento, resulta muy difícil hacerte valer. Una vez que alguien te quita tu Sí Verdadero, puede ser difícil decir tu No Verdadero. La complejidad de ser traicionado por alguien en quien confiabas, en un lugar que debía ser seguro, conduce a la duda de uno mismo, la negación y las racionalizaciones. Te sientes violentado, pero te dicen que lo malinterpretaste.

En situaciones como esta, decirte a ti mismo que diste tu consentimiento, en lugar de admitir que solo acataste, es una forma de decir que estás bien. Que no te violentaron.

En un ensayo ilustrado de 2014, titulado «Advertencia de desencadenante: desayuno», la autora anónima explica por qué le preparó el desayuno a su violador por la mañana. Necesitaba creer una historia diferente: que estaba en una relación romántica, que la otra persona era confiable y maravillosa. Ella razonó: «Si podía prepararle el desayuno —huevos, tocino, pan tostado—, podía fingir que nunca sucedió».

Necesitaba creer que la persona con la que había salido era moral y que en realidad no la había agredido, porque aceptar la otra realidad era devastador.

SÍ, CARAJO

El consentimiento no solo es importante en la medicina o en las relaciones sexuales. También es crucial al firmar contratos, al autorizar detenciones o cateos injustificados por parte de la policía, al participar en investigaciones o al proporcionar información personal. Es importante en todas nuestras interacciones personales: en el trabajo, en casa y en la sociedad.

Una amiga mía tiene un dicho que utiliza para evitar hacer lo que algunos investigadores llaman «tareas no promocionables»: labores que le restan tiempo a un trabajo importante, ese que sí se reconoce y se premia. Las tareas no promocionables pueden incluir organizar la fiesta de fin de año en la oficina, aunque seas analista financiero; formar parte de un comité aunque esté más allá del alcance normal de tu trabajo; o incluso limpiar la sala al final de una reunión.

Por supuesto, hay muchos trabajos en los que este término no se aplica porque hay pocas oportunidades de ascenso, si es que hay alguna. Los trabajadores de comida rápida como Louise Ogborn, por ejemplo, tienen poco poder y pocas oportunidades de desarrollo, y trabajan en entornos en los que se espera —y, de hecho, se exige— obediencia total, tanto dentro como fuera de sus funciones formales.

Pero en entornos laborales donde sí existen posibilidades reales de ascenso, con frecuencia se espera que algunos empleados realicen tareas no promocionables y otros no. A pesar de que consumen tiempo y esfuerzo, y aunque alejan a la persona de su verdadero trabajo, muchas terminan cumpliéndolas sin paga ni reconocimiento.

Puede resultar difícil negarse. Pero para cualquiera al que se le pida que realice una tarea no promocionable, el consejo de mi amiga es: «No digas que *sí* a menos que sea un "sí, carajo"».

Por simple que sea este consejo, se basa en una idea que me suena muy certera: *el consentimiento real muchas veces se siente bien.* Y un «sí, carajo» puede ser un excelente punto de referencia para comprobarlo contigo mismo y asegurarte de que estás entusiasmado de forma genuina con una oportunidad o de que no estás comprometiendo tus valores para complacer a otra persona. Sin embargo, esta no es la única consideración para el consentimiento.

El consentimiento aún debe cumplir con los cinco requisitos: capacidad, conocimiento, comprensión, libertad y autorización. Y una comprensión en verdad transformadora del consentimiento reconocería que el lema de mi amiga es mucho más fácil de seguir para unas personas que para otras. Las mujeres y quienes pertenecemos a otros grupos marginados con frecuencia escuchamos que deberíamos decir «no» más seguido, como si hacerlo fuera sencillo. Pero decir «no» puede resultar difícil. Las mismas personas a las que con mayor frecuencia se les pide que hagan tareas no promocionables muchas veces ya aprendieron que decir «no» trae consecuencias.

A veces nuestro «no» provoca ira y castigo. A veces simplemente no se acepta porque el consentimiento no era en realidad lo que la persona quería. Lo que deseaba ver era el resultado (el acto de acatar), no el consentimiento. La pregunta era, en realidad, una orden.

Y hay muchas razones por las que tiene sentido «acatar de forma consciente»: por seguridad económica, física o emocional. A veces las consecuencias del acto de desafiar son demasiado graves, o la situación demasiado peligrosa, y entonces tal vez no tengamos muchas opciones para determinar nuestro Sí Verdadero. En esos contextos, puede ser que debas mostrar tu sonrisa de cocodrilo y ceder... por ahora.

UNA PERSPECTIVA DISTINTA

En aquel McDonald's de Kentucky, Donna Summers no supo hasta horas después, al revisar las grabaciones de las cámaras de seguridad, hasta qué punto su prometido, Walter Nix, había torturado a Louise Ogborn. Hasta entonces, creía que Nix solo había estado vigilando. Después de que salió de la franquicia de comida rápida, el oficial Scott —aún en la línea telefónica— le pidió a Summers que buscara a otro hombre para sustituirlo.

Si a Summers le pareció extraño que ya hubieran pasado casi tres horas sin que la policía llegara, no lo dijo. Si le pareció extraño que el oficial Scott solo pidiera hombres para vigilar a Ogborn, no lo cuestionó. En cambio, regresó tranquila al restaurante en busca de otro empleado. El único que encontró fue Thomas Simms, el encargado de mantenimiento, un hombre de 58 años que parecía abuelo, que por casualidad se encontraba en el restaurante en su día libre comiendo un postre y tomando café.

Summers le pidió a Simms que la acompañara a la oficina y luego le entregó el teléfono.

El oficial Scott le repitió lo mismo que les había dicho a Jason Bradley y a Walter Nix: Ogborn debía quitarse el delantal para asegurarse de que no estuviera ocultando nada.

Thomas Simms se alarmó de inmediato. Como recién llegado a la situación, no había escuchado las razones para detener a Ogborn ni las crecientes demandas del oficial Scott.

Todo lo que vio en la parte trasera de su lugar de trabajo era a una joven aterrada y semidesnuda, lo bastante menor como para ser su nieta.

—Sigue cubriéndote con el delantal —le dijo.

Simms le devolvió el teléfono a Summers.

—Algo no está bien aquí —le comentó—. Esto está mal.

Solo entonces empezó a desmoronarse el engaño. Quizá fueron las palabras de Simms las que activaron las sospechas, o quizá fue la calma momentánea entre la clientela lo que le permitió a Summers reflexionar sobre las peculiares solicitudes. Y de repente, la mente de Donna Summers se llenó de preguntas.

¿Por qué no había llegado la policía? Ya habían pasado horas, y la estación más cercana estaba a solo un kilómetro y medio de distancia.

¿Por qué era necesario que Ogborn fuera vigilada por hombres?

¿Por qué Lisa Siddons, su gerente, había aprobado un trato tan extraño hacia una empleada?

Summers dejó el teléfono de la oficina y usó su celular para llamar a Siddons, a quien el oficial Scott decía tener en la otra línea.

—¿De qué estás hablando? —preguntó Siddons—. No he hablado por teléfono con nadie. He estado dormida toda la tarde.

El corazón de Summers se hundió. Con lentitud se llevó el teléfono de la oficina a la oreja.

La línea estaba muerta.

Durante más de tres horas, Summers había sido cómplice involuntaria del «oficial Scott». Thomas Simms tardó un minuto en poner fin a toda la terrible experiencia. Su sensación de incomodidad atravesó la atmósfera de acatamiento que el oficial Scott había logrado construir.

—Yo sabía que esto estaba mal y, para empezar, nunca habría entrado ahí si de verdad hubiera sabido lo que estaba pasando —señaló Simms más tarde ante el tribunal.

Simms vio y entendió la situación con mucha más claridad que Summers. Al igual que Bradley, él no fue reclutado desde el inicio por el oficial Scott y no sentía la misma presión por complacer a un oficial o colaborar en la captura de una presunta «ladrona». También era su día libre. No estaba uniformado y le estaba haciendo un favor a Summers cuando dejó su postre y la siguió a la oficina para ayudarla con algo que era por completo ajeno a sus funciones habituales.

En contraste, Summers ya había acatado órdenes, lo que hacía aún más difícil empezar a cuestionarlas en ese momento.

El acto de desafiar en el momento muchas veces llega temprano, o no llega en absoluto. Puede resultar difícil dejar de obedecer una vez que ya empezaste. Para hacerlo se requiere, por lo general, una perspectiva nueva o diferente o tomarse el tiempo para realizar una deliberación activa sobre los elementos del consentimiento.

APLICAR LOS ELEMENTOS DEL CONSENTIMIENTO

Cuando alguien te pide que hagas algo de lo que no estás seguro, el primer paso es hacer una pausa. No digas «sí» o «no» de inmediato.

Las presiones para obedecer son con frecuencia más intensas cuando son más inmediatas. Todos hemos vivido el «cierre forzado» del concesionario de automóviles o del vendedor por teléfono.

Por eso es fundamental, al tomar una decisión que requiere tu consentimiento, tomarse algo de tiempo y espacio para pensar. Incluso unos pocos segundos para tomar un «descanso» en la situación —ir al baño, contestar una llamada, darte la vuelta— pueden marcar la diferencia y brindarte la oportunidad de hacerte las siguientes preguntas, alineadas con los cinco elementos del consentimiento:

- ¿Tengo la *capacidad* para tomar esta decisión?
- ¿Tengo el *conocimiento* necesario para tomar esta decisión?
- ¿*Entiendo* lo que se me está pidiendo y las consecuencias de decir «sí»?
- ¿Tengo la *libertad* de decir «no»?

Si tu respuesta a todas estas preguntas es *sí*, ahí es cuando sabes que estás listo para responder de verdad:

- ¿Doy mi consentimiento para esto?

Si tu respuesta es afirmativa, entonces puedes *autorizar* (el quinto elemento) tu consentimiento informado y válido: puedes dar tu Sí Verdadero. Si es negativa, puedes expresar tu negativa informada.

Responder estas preguntas —o incluso solo intentarlo— puede cambiar la forma en que dices que sí. También puede influir en cómo los demás piden un «sí». Y estos cambios son necesarios y vitales para construir un mundo en el que el consentimiento no se dé por sentado. Un mundo en el que respetemos la autonomía de los demás, incluso cuando la voz de la autoridad diga lo contrario.

El cambio no es fácil. Pero comienza con la comprensión de las verdades individuales:

- Mi acatamiento no debe confundirse con mi consentimiento.
- Mi consentimiento no debe darse por sentado.
- Solo yo puedo otorgar un Sí Verdadero.

La diferencia entre *acatar* y *consentir* nunca es una mera cuestión de semántica. Es un paso crucial en el camino hacia el acto de desafiar:

Para que el «no» sea de verdad no, necesitamos saber cuándo el «sí» es sí.

4

LIBÉRATE DE LA INFLUENCIA

A los pocos meses de mi primer trabajo como médica en el Western General Hospital de Edimburgo, Escocia, recibí una invitación para reunirme con un asesor financiero en una consulta gratuita. Recuerdo bien ese encuentro. Parecía bastante importante y se llevó a cabo en la elegante sala de juntas del hospital (aunque, siendo parte del Servicio Nacional de Salud del Reino Unido, siempre preocupado por el presupuesto, no era tan lujosa como uno podría imaginar).

Como médica joven en una agotadora rotación clínica, pasaba noche tras noche en la sala de guardias, ubicada en los fríos pisos superiores del edificio victoriano de la torre del reloj que albergaba las salas a mi cargo. Sin muebles, oscura y con la calefacción en un nivel muy bajo, la gran habitación albergaba una única y estrecha cama de metal, que rechinaba tanto que uno podía creer con facilidad que había estado ahí desde la fundación del hospital como asilo para pobres, en 1868. Las moscas muertas cubrían el hueco de la escalera poco iluminado, y crujían bajo mis zapatos mientras yo subía los escalones en las primeras horas de la mañana, después de completar mi ronda final. La mayoría de las noches, cuando el pitido de mi localizador me despertaba, yo estaba temblando y rígida debido a un sueño irregular. Después de lo que parecían solo unos segundos de descanso, me encontraba de nuevo circulando por la vieja escalera de piedra que conducía a las salas de abajo, para volver a entrar en calor con solo el esfuerzo físico de apurarme para atender una urgencia o comenzar las rondas matutinas.

Como médica recién graduada, durante mi primer año después de haber obtenido el título, estaba cansada todo el tiempo, con exceso de trabajo y mal pagado. No estaba muy segura de qué se podía discutir sobre mis finanzas, pero acepté la reunión por curiosidad. A la hora señalada, después de haber completado un turno de treinta horas, entré en una sala que ni siquiera sabía que existía en el hospital. Me hundí profundamente en un sillón suave y cómodo, admirando la sensación de la gruesa alfombra azul bajo mis zapatos, tan distinta al piso frío y duro del resto de las salas del hospital. Mientras esperaba al asesor financiero, comencé a relajarme. Casi me quedo dormida.

Pero entonces se abrió la puerta y entró un hombre llamado Dan. Alegre, guapo y vestido con un elegante traje a la moda, me saludó con una gran sonrisa que me recordó a los amigables representantes farmacéuticos que nos visitaban en las salas. A diferencia de mí, él lucía descansado y recién bañado.

—¡Buenas tardes! —saludó, mientras yo luchaba por levantarme para estrecharle la mano, con mis pies adoloridos—. Vamos a hablar sobre tus finanzas y lo que podemos hacer con ellas.

—Claro —respondí—. No estoy segura de cuánto hay que decir; soy bastante nueva y mi salario no es alto en particular.

—Ninguna cantidad es demasiado pequeña —aclaró Dan, riendo—. La inversión consiste en construir para el futuro.

Dan era encantador y tenía una actitud positiva. Me tomó en serio y me hizo muchas preguntas sobre mis gastos, mi salario y mis metas a futuro. Me escuchó con atención y estableció una buena conexión conmigo.

Después de poco menos o poco más de una hora —una cantidad que me pareció exagerada para hablar sobre mis ingresos disponibles limitados—, Dan me recomendó que invirtiera en un fondo mutuo en particular. También se ofreció a escribirme un informe detallado sobre cuánto de mi salario debía ahorrar cada mes. Además, me contactaría de nuevo en una semana. Todo esto, sin costo alguno.

Quedé impresionada y no podía creer mi suerte. ¿Por qué haría todo esto por mí gratis?

—¿Y tú qué ganas con esto? —solté de pronto.

Dan sonrió y apenas se recargó en su silla.

—Por supuesto, no existe tal cosa como un almuerzo gratis —señaló—. Recibiré una comisión si inviertes en el fondo que te estoy recomendando.

Abrí los ojos con sorpresa. De hecho, había recibido varios «almuerzos gratis» por parte de representantes farmacéuticos en esos primeros días de mi carrera, cuando por lo demás subsistía más que nada con frijoles y pan tostado. Siempre me pareció extraña la forma en que los representantes podían agasajar a los médicos con regalos y cenas elegantes. Una vez miré con asombro cómo uno de ellos ordenó una botella de vino dulce de ochocientos dólares en una cena grupal, la cual abrió justo antes de dar una breve charla sobre un nuevo medicamento. En otra ocasión, un médico experimentado con el que trabajaba me dijo que esos obsequios eran una recompensa justa para una profesión que —al menos en el Reino Unido— no recibía bonos anuales ni coches de la empresa. Por eso, dijo, mientras se llenaba los bolsillos con plumas y libretas con el logo de una farmacéutica que habían quedado por casualidad en un carrito del hospital, él siempre aprovechaba cuando podía.

Aunque ese médico me dijo que esas plumas no afectaban la forma en que escribía sus recetas —y aunque me dije a mí misma que la copa de vino no afectaba la mía—, parecía imposible que tales obsequios no vinieran con condiciones que no afectaran la forma en que los médicos tomaban decisiones sobre los tratamientos.

O cómo los asesores financieros impulsaban fondos mutuos.

Durante la hora anterior, había pensado que Dan me estaba dando buenos consejos. Me parecía un buen tipo. Me cayó bien. La situación había sido amistosa y normal, incluso relajante. Me divertí bastante.

Pero ahora que se reveló su motivo oculto, ya no confiaba tanto en él. Sin embargo, tampoco *quería* que él notara mi desconfianza. De hecho, me sentí *más* presionada para seguir su consejo, solo para evitar mostrarle mi desconfianza.

Y no solo eso: también sentía cierta presión por parecer amable. Ahora que sabía lo que él podía ganar si yo elegía ese fondo, me parecía de mala educación negárselo. En esencia, le estaría diciendo que sabía que perdería dinero por mi culpa y que me importaban más mis propias finanzas que las suyas.

¡Lo cual, por supuesto, habría sido cierto! Yo no me había reunido con Dan para darles un impulso a *sus* finanzas, sino para mejorar las mías.

Y, sin embargo, mientras estaba sentada en el lujoso sillón, con los ojos nublados por la falta de sueño y una taza de té tibio sobre la mesa junto a mí, no me sentía así.

INDEPENDENCIA CONTRA INTERDEPENDENCIA

Lo que ahora sé —y no sabía entonces— es que, aun cuando todas las condiciones para el consentimiento parecen estar presentes, de todas formas podemos tropezar con algunas fuerzas sociales muy poderosas que juegan con nuestras emociones y con nuestras ansiedades sobre lo que otras personas esperan de nosotros, lo que disminuye nuestra sensación de libertad para elegir. Una y otra vez, mi investigación ha demostrado el poderoso papel de otras personas en nuestras decisiones.

En la vida diaria, con frecuencia sentimos un conflicto entre elegir nuestras preferencias individuales y priorizar los deseos de los demás. Aunque algunas culturas occidentales, en especial la de Estados Unidos, resaltan la importancia de ser independiente y afirmarse uno mismo, las personas todavía sienten el impulso de atender a los demás y ser aceptadas por ellos.

Los psicólogos Hazel Markus y Shinobu Kitayama describieron dos formas diferentes en las que podemos concebirnos a nosotros mismos. Una es la visión *independiente* ideal, en la que celebramos nuestra unicidad, nuestra libertad de acción y nuestra capacidad de actuar.

La otra es nuestra identidad social o interpersonal, la visión *interdependiente* ideal, que nos define en relación con los demás y nos motiva a mantener las normas sociales y la armonía por encima de actuar según nuestros deseos internos.

Nuestro yo independiente quiere que actuemos según nuestras creencias personales, sin importar el contexto. Nuestro yo interdependiente, en cambio, nos dice que consideremos los efectos que nuestras acciones tienen en los demás, que contemplemos sus consecuencias sociales.

Estos dos ideales que sostenemos —el del yo independiente y el del yo interdependiente— por lo general están en tensión. Constantemente estamos en la persecución de un ideal u otro, y ninguno de los dos es alcanzable en su totalidad. Después de todo, son ideales, no realidades que puedan alcanzarse.

La verdad es que siempre estamos conectados con los demás, al mismo tiempo que contenemos dentro de nosotros nuestras propias creencias, preferencias y valores. Si bien muchos factores externos dificultan el acto de desafiar, este conflicto interno entre nuestros deseos en guerra —ser fieles a nosotros mismos, pero también estar vinculados de manera respetuosa con nuestro entorno social— es una de las restricciones básicas y más poderosas frente al acto de desafiar. Puede llevarnos a seguir malos consejos. Puede hacernos complacer a personas que buscan aprovecharse de nosotros. Y a veces incluso puede confundirnos acerca de lo que en realidad deseamos o cómo queremos comportarnos.

Ese día con el asesor financiero, me sentí dividida: entre lo que quería para mí y cómo sentía que debía comportarme con Dan.

Reconocí esa sensación. La había sentido antes. Muy seguido. De hecho, hubo momentos en mi vida en los que lo sentí todos los días, desde la mañana hasta la noche, erosionando con lentitud mi sentido del yo mientras priorizaba de manera constante los intereses de otras personas por encima de los míos.

Esta sensación es una de las formas en que se manifiesta nuestra resistencia a la resistencia. Pero es algo más específico que eso. Experimenté esta emoción con tanta frecuencia a lo largo de mi vida que decidí investigarla en mi trabajo. Hoy la llamo «ansiedad por insinuación»: la inquietud, preocupación o aprensión que la mayoría sentimos al dar a entender una opinión negativa sobre otra persona, sobre todo cuando esa persona está presente. Pero el nombre de este sentimiento surgió años después de que reconociera por primera vez su poder.

EL PODER DE LA INSINUACIÓN

La ansiedad por insinuación es una de las razones por las que no alzamos la voz en la parte trasera de un taxi al notar que el conductor toma una ruta que con toda claridad es más larga. Es una de las razones por las que damos nuestro consentimiento a los barberos o estilistas con la cabeza y decimos: «Sí, está perfecto, gracias», aunque el corte de cabello haya sido mediocre. Y es una de diversas razones por las que no nos quejamos de preguntas ilegales o poco éticas en entrevistas o de las transgresiones inapropiadas de otras personas en el trabajo.

La ansiedad por insinuación nos impulsa a actuar en contra de nuestros valores o preferencias con tal de no herir los sentimientos de otra persona. No queremos *insinuar* que pensamos que esa persona es parcial, corrupta o sencillamente incompetente. Por eso, con frecuencia accedemos a obedecer con una sugerencia, guardamos silencio o aceptamos malos consejos, solo para que la misma persona que nos hace daño, nos genera un costo o nos pone en riesgo, pueda «guardar las apariencias».

En mi reunión con el asesor financiero, no quería que Dan supiera que ya no creía que a él le importaban mis intereses (que en realidad estaba más motivado por su comisión que por mi bienestar financiero). De forma instintiva privilegié los sentimientos de la otra persona. Esto es comprensible. Todos compartimos un deseo innato de conectar y mantener relaciones armoniosas, algunos más que otros.

Ese deseo de armonía hace que muchas veces evitemos avergonzar a los demás insinuando que son algo distinto de lo que deberían ser.

Mi investigación ha demostrado que la ansiedad por insinuación es, de modo extraordinario, poderosa y común. Inunda nuestras relaciones laborales, familiares e incluso con desconocidos. Es probable que hayas sentido ansiedad por insinuación, aun cuando no supieras su nombre.

Pero una vez que sabes qué buscar, puedes reconocer cómo surge en numerosas y diferentes situaciones. Siempre que hablo sobre la ansiedad por insinuación, mis colegas y amigos comparten una historia tras otra de sus experiencias.

Un colega me contó una experiencia que tuvo al remodelar su departamento. Él y su pareja, ambos apasionados por cocinar, habían diseñado la cocina de sus sueños. Tomaron en cuenta con gran meticulosidad cada centímetro del espacio de la encimera, cada gabinete y cada repisa.

Pero cuando se reunieron con el proveedor al que habían contratado para hacer las renovaciones, este les dijo que el fregadero tendría que cambiar de lugar.

La siguiente ocasión en que el contratista vino a su casa, ambos estaban presentes y estaban decididos a decirle al contratista el lugar exacto donde querían el fregadero. Pero cuando lo hicieron, y el contratista insistió una vez más en que sería mejor colocarlo donde él recomendaba, terminaron cediendo y aceptaron a regañadientes.

—No quería insinuar que él no sabía hacer su trabajo —me explicó mi colega—. Era increíblemente difícil estar en desacuerdo con él. Ahora, cada vez que veo el fregadero en esa posición tan incómoda, tiemblo de coraje.

Mi amigo Rick, que sufría de dolor lumbar, decidió ir a que le dieran lo que pensaba que sería un masaje sereno y relajante. Pero la experiencia fue insoportable de principio a fin. Cada vez que el masajista le clavaba su codo afilado en la espalda con una fuerza que aplastaba los músculos, Rick contenía los gritos de dolor. Quería hablar, decirle al masajista que estaba ejerciendo demasiada presión, pero algo lo hacía dudar. Incluso cuando terminó el masaje, Rick no dijo nada sobre lo doloroso que había sido. Solo salió cojeando de la habitación, pagó la cuenta y, con un leve gesto de aprobación, incluso dejó propina.

Cuando Rick llegó a casa, después de un viaje en metro que también fue doloroso, le contó a su esposa lo que había sucedido.

—Eso no es normal —comentó ella—. ¿Por qué no dijiste nada?

—No lo sé —respondió Rick—. Me sentí incómodo. No quería que pensara que estaba haciendo un mal trabajo.

—¿Entonces preferiste que te lastimara a herir sus sentimientos? —preguntó ella, incrédula.

—Exacto —afirmó.

Si la ansiedad por insinuación puede impedir que nos opongamos a un masaje que de modo innecesario es doloroso, es fácil ver cómo puede desempeñar un papel en otras formas de contacto no deseado. Esta sensación en particular es poderosa y paralizante y, es más, no se limita a acciones que afectan solo a nuestro propio cuerpo. La ansiedad por insinuación también puede impedirnos alzar la voz cuando está en juego la salud o la seguridad de otras personas.

Según una encuesta realizada en 2012, es común y preocupante que los miembros de tripulaciones en vuelos comerciales no digan nada cuando notan que sus superiores —pilotos, técnicos o personal con mayor rango— cometen un error. El estudio, que encuestó a más de 1 700 miembros de tripulación, mostró que solo comunicaban la mitad de las veces cuando notaban un error. Una encuesta anterior, de 2005, encontró que solo uno de cada diez profesionales de la salud —muchas de ellos enfermeras— se sentía cómodo diciendo lo que pensaba al observar que un colega cometía un error o tomaba un atajo.

Estos silencios pueden provocar incidentes que tienen el potencial de ser peligrosos. Pero incluso cuando no está en juego la vida de nadie, la ansiedad por insinuación puede tener un efecto perjudicial en nuestros lugares de trabajo, nuestras relaciones y nuestra salud.

En el ámbito laboral, donde se espera que la cordialidad sea importante, puede resultar difícil en extremo ir en contra de la opinión popular o decir algo que pueda implicar que nuestros colegas no están actuando de buena fe. En su libro *Cómo piensan los profesores. El curioso mundo de la evaluación académica por dentro*, la socióloga de Harvard Michèle Lamont cita a una académica negra, recién incorporada a un comité de asignación de fondos, que objetó la forma en que sus colegas discutían el caso particular de un investigador. Ella sentía que se basaban principalmente en chismes para tomar su decisión, y quería hablar en defensa del aludido, pero descubrió que no podía.

—Lo único que no pude hacer es lo que quería hacer —señaló—. Es decir, desafiarlos de forma directa… Pero como acababa de conocer a estas cuatro personas, no quería cuestionar su integridad.

Ella no quería dar a entender que sus colegas estaban siendo parciales de modo indebido. Se sintió presionada a tragarse sus objeciones, presión que es probable que solo se haya visto intensificada por su condición de mujer de color en una habitación que, por lo general, estaba llena de hombres blancos.

Esta experiencia es común en diversas disciplinas, profesiones y una amplia variedad de entornos. Nadie quiere dar a entender que sus amistades, colegas o familiares son prejuiciosos, corruptos, incompetentes o de mente cerrada. De manera más concreta, nadie quiere que esas personas *piensen* que *nosotros* pensamos mal de ellas. El resultado es una especie de farsa de buenas intenciones, en la que una especie de cortesía condicionada sofoca con frecuencia la expresión sincera de lo que en realidad creemos. De esta manera, la ansiedad por insinuación ayuda a preservar el *statu quo*.

ÓRDENES MÉDICAS Y UN VIAJE EN *FERRY*

La ansiedad por insinuación puede ser un sentimiento cotidiano, pero también es un mecanismo poderoso que nos impide afirmarnos, alzar la voz o rechazar malos consejos. Al principio de mi investigación, mis colegas y yo nos propusimos estudiar los efectos de las revelaciones sobre conflictos de interés, como el que viví con mi asesor financiero en el hospital. Por lo general, estas revelaciones de conflictos de interés tienen el propósito de aumentar la transparencia: entre un asesor financiero y un cliente, entre un vendedor y un comprador, o entre un médico y un paciente. La idea es que los receptores de dicha información puedan tomarla en cuenta en sus decisiones (por ejemplo, desestimar consejos una vez que saben que su asesor puede tener una segunda intención).

Pero estábamos interesados en cualquier efecto no deseado de este tipo de políticas. ¿Cómo afectan las revelaciones *en realidad* la forma en que las personas toman decisiones? ¿Se sintieron los demás como yo me sentí cuando me enfrenté con la revelación de Dan sobre su comisión? ¿La transparencia mejora o empeora la situación para quien recibe el consejo?

En una serie de experimentos, les pedimos a las personas que imaginaran que eran un paciente que visitaba a su médico. En todos los casos, el médico les daba los mismos consejos sobre qué hacer. Pero algunos de estos «pacientes» también escuchaban una revelación sobre un conflicto de intereses que tenía el médico: este recibiría una comisión u otro beneficio si el paciente hacía lo que le aconsejaba.

Los resultados mostraron que las personas confiaban menos en su médico cuando se revelaba el conflicto de intereses. Hasta aquí, todo iba bien: podría decirse que el objetivo de dichas revelaciones es disminuir la confianza.

Sin embargo, al mismo tiempo, esas personas también sentían *mucha* mayor presión para hacer lo que el médico les aconsejaba. La revelación del conflicto de intereses dejaba a los pacientes en una posición ambigua: por un lado, confiaban menos en su médico, pero, por otro, sentían más presión para seguir sus consejos.

Los pacientes pueden decidir rechazar las recomendaciones médicas por varias razones: podrían preocuparse por los efectos secundarios de un nuevo medicamento o pueden querer seguir con un tratamiento que recibieron en el pasado. Pero enterarse del conflicto de intereses del médico no hizo que fuera más fácil ni más claro para los pacientes de nuestro experimento tomar su decisión. Lo hacía más difícil, porque convertía una decisión del paciente sobre su propia salud en una que también incluía preocuparse por enviar una señal de desconfianza a su médico. Rechazar el consejo equivalía a llamar «farsante» al médico. En lugar de funcionar como una advertencia, como se supone que debería, la revelación se convertía en una carga para aquellos a quienes se suponía que debía proteger.

Muchas veces sentimos ansiedad por insinuación cuando dudamos de la calidad del consejo de alguien, en especial cuando esa persona es una figura de autoridad o se supone que tiene experiencia. Podríamos no confiar en ellos, pero como son expertos, nos sentimos presionados a ocultar nuestras dudas. En nuestros estudios, el que los pacientes siguieran o no el consejo de su médico dependía de qué fuerza pesaba más: la presión que sentían por la ansiedad por insinuación o la cantidad de confianza que perdían sobre el médico. En otras palabras, sus dos *yo* ideales —el independiente y el interdependiente— entraban en conflicto. Divididos entre el deseo de actuar según sus propias preferencias y la resistencia a enviar una señal negativa al médico sobre la validez de su recomendación, los pacientes de nuestro estudio se sentían ansiosos y atrapados entre la espada y la pared.

Al final, muchos siguieron consejos en los que no confiaban, solo para evitar mostrarle desconfianza a su médico, una figura de autoridad que se suponía que se preocupaba por ellos de modo genuino.

La ansiedad por insinuación es comprensible cuando se supone que alguien sabe más y se preocupa por nuestro bienestar. Pero ¿qué ocurre cuando el consejo proviene de un desconocido sin experiencia evidente? Eso debería ser bastante fácil de desestimar, ¿verdad?

En un estudio que realizamos a bordo de un *ferry* en Long Island, con poco más de 250 participantes, descubrimos que la respuesta sigue siendo «no».

Un hombre blanco de mediana edad, vestido con traje y corbata, se acercaba a los pasajeros para pedirles que respondieran una breve encuesta a cambio de cinco dólares. Cuando lo hicieron, les ofreció dos opciones: tomar el billete de cinco dólares que tenía en la mano o participar en una lotería misteriosa en efectivo donde podían tener la oportunidad de ganar más. Se les advertía que la lotería pagaba entre cero y diez dólares, pero que, en promedio, ofrecía menos de cinco dólares.

De manera abrumadora, dadas solo las dos opciones, la gente prefirió el dinero en efectivo: solo el 8% de los encuestados optó por la lotería misteriosa. Pero el comportamiento de los pasajeros cambió cuando el hombre del traje empezó a ofrecer consejos. Cuando solo aconsejó a las personas para que eligieran la lotería, el número de personas que lo hicieron se duplicó con creces, hasta el 20%. Y más aún: cuando el hombre reveló que recibiría un bono si los participantes elegían la lotería, el porcentaje se duplicó de nuevo, alcanzando un 42 por ciento.

Cuando se les preguntó, los participantes admitieron que, si bien confiaban menos en el hombre una vez que conocieron sus motivos ocultos, también sentían una mayor presión para seguir su recomendación. No querían que él —un completo desconocido— pensara que creían que su consejo era malo o estaba sesgado.

Y, aunque no lo habíamos previsto, descubrimos una diferencia notable entre géneros: las personas que sintieron presión para seguir el consejo del hombre fueron todas mujeres. Hay muchas explicaciones posibles para esto, y la mayoría apunta a las formas en que las dinámicas sociales cambian según quién eres. Quizá las mujeres sintieron más presión para mostrarse dóciles y complacientes con el hombre. O tal vez esperaban una mayor benevolencia de su «consejero» que los hombres, por lo que descartar el consejo aumentó su ansiedad por insinuación.

Esto nos muestra que la ansiedad por insinuación es poderosa, pero con frecuencia es más intensa para algunas personas que para otras, y en algunas circunstancias más que en otras. Si puede resultar difícil rechazar el consejo de un desconocido cualquiera en quien no confiamos, imaginemos las dificultades que podemos tener con aquellos que creemos que se preocupan por nosotros: médicos, colegas, amistades y familiares.

Como tantas otras presiones que ponen en conflicto nuestro yo independiente y nuestro yo interdependiente, la ansiedad por insinuación nos silencia y nos mantiene sumisos u obedientes. Pero no es el único proceso psicológico poderoso que puede ponernos en contra de nuestro propio buen juicio.

LA PRESIÓN DEL DISCURSO DE VENTA

El «efecto del discurso de venta» es otro factor psicológico que se manifiesta en situaciones que son más transaccionales. Cuando estás por comprar un automóvil, por ejemplo, sabes que el sueldo de un vendedor depende de su habilidad para venderte uno. Si bien la ansiedad por insinuación es común en situaciones en las que esperamos que la otra persona priorice nuestros intereses —como en el consultorio médico—, el efecto del discurso de venta surge cuando esperamos cierto interés en sí mismo por parte de aquellos que nos aconsejan. Más que no estar dispuestos a enviar señales de desconfianza o desaprobación, sentimos presión por no parecer duros, ingratos o poco cooperativos. Tanto la ansiedad por insinuación como el efecto del discurso de venta estuvieron presentes en las mujeres que escucharon al «asesor» masculino del estudio del *ferry* revelar su conflicto de intereses. Al igual que la ansiedad por insinuación, el efecto del discurso de venta sofoca nuestra oposición, al convencernos de que los sentimientos y los intereses de otra persona son más importantes que los nuestros.

Para investigar más a fondo el efecto del discurso de venta, mis colegas y yo invitamos al público a participar en un experimento a bordo de un laboratorio móvil de ciencias del comportamiento: un camión grande que estacionábamos en lugares concurridos del centro de Pittsburgh, Pensilvania.

Durante mis años de doctorado, pasé cientos de horas dentro de ese camión, dirigiendo experimentos. Los fines de semana, mi esposo traía de visita a nuestro hijo pequeño, a quien le fascinaba el rugido del motor del vehículo, así como los colores brillantes y los logotipos pintados en los costados: computadoras verdes, muñecos de palitos de color naranja y las palabras «Research to go» (Investigación para llevar) en grandes letras. Varios años después, al ver una foto de este camión, mi hijo lo reconoció de inmediato y dijo emocionado:

—¡Mamá, tú vivías ahí!

Aunque en aquel entonces él era demasiado pequeño para participar en nuestros experimentos, la mayoría de las personas que pasaban por ahí no lo eran. Cualquier persona mayor de 18 años podía jugar para ganar premios fáciles a cambio de solo unos minutos de su tiempo. Nuestro experimento era algo parecido a un juego de feria; pero, a diferencia de la mayoría de las actividades que uno encuentra en una kermés o en un malecón, los premios eran mucho más fáciles de ganar.

Desde nuestro brillante camión de datos, ofrecíamos con alegría a los transeúntes la posibilidad de participar en una de dos loterías, que, con una notoria falta de imaginación, llamamos A y B. Cada lotería ofrecía premios diferentes. Una vez que los participantes elegían una de las dos, solo tenían que lanzar los dados. Cada número correspondía a un premio específico: barras de chocolate, tarjetas de regalo o refrescos.

Era fácil ver cuál de las dos loterías era la mejor opción. La A ofrecía premios con un valor esperado más del doble que los de la B. Cuando les pedíamos a las personas que eligieran entre ambas sin darles consejo alguno, el 98% prefería la lotería A (véase la fig. 1).

Mientras los participantes se concentraban en los premios que podían ganar, a mí me interesaba más cómo la presencia de otra persona dándoles consejos —en particular consejos contradictorios— cambiaba su elección de lotería. Para explorarlo, seleccionamos al azar a algunos participantes para que desempeñaran el papel de «asesores», y a otros, el de «seleccionadores». Los primeros tenían que dar a los segundos su recomendación por escrito sobre si debían elegir la lotería A o la B.

Número	Dado A	Dado B
[1]	Tarjeta de regalo de 20 dólares de Amazon	Chocolate Milky Way
[2]	Tarjeta de regalo de 5 dólares de Options	Tarjeta de 5 dólares de Barnes & Noble
[3]	Chocolate Snickers	Chocolate Mr. Goodbar
[4]	Refresco de Walmart	Refresco Coca-Cola
[5]	Tarjeta de 5 dólares de Dunkin' Donuts	Tarjeta de 5 dólares de Starbucks
[6]	Chocolate Toblerone	Tarjeta de regalo 5 dólares de Gap

Figura 1. Ejemplo de las loterías con lanzamiento de dado

Pero había una trampa. A los asesores se les informó que ellos mismos obtendrían una bonificación solo si su seleccionador elegía la lotería B, que era menos valiosa. Es decir, tenían un incentivo claro para recomendarle al seleccionador una opción con premios de menor valor. Los asesores eran un poco como pregoneros de feria, tratando de convencer a la gente para que eligieran su juego. Sin embargo, la diferencia era que la mitad de ellos tenían que informar a sus seleccionadores sobre este conflicto de intereses escribiendo una declaración en la parte superior de su recomendación escrita. Sería como si el encargado de uno de esos juegos de lanzar aros tuviera que revelar que se beneficia más si te convence de jugar en una versión del juego con premios menores. La otra mitad de los asesores recibió instrucciones de no revelar su conflicto de intereses.

Yo tenía curiosidad por ver si la gente seguiría los obvios malos consejos de un desconocido y si la declaración escrita hacía que fuera *más* o *menos* probable que siguieran ese consejo sesgado.

Los resultados fueron sorprendentes.

Cuando los asesores recomendaron la lotería B, menos valiosa (lo cual, como era de esperarse, hicieron en su mayoría) sin decir nada sobre su incentivo, cerca de la mitad de los seleccionadores siguió ese mal consejo y eligió la lotería B. Eso ya era bastante preocupante. Pero cuando los asesores recomendaron la lotería B y además informaron a los seleccionadores sobre su conflicto de intereses, el nivel de acatamiento se disparó al cielo: más del 80% de los seleccionadores eligió la opción menos valiosa.

Este nivel de acatamiento fue sorprendentemente alto. ¿Por qué las personas estarían *más* inclinadas a seguir un mal consejo cuando saben que su asesor tiene un motivo oculto para dar esa recomendación?

Aunque confiaban menos en su asesor cuando sabían que existía un conflicto de intereses, los seleccionadores afirmaron que se sentían mucho más incómodos al rechazar la recomendación del asesor en su presencia. Se sentían presionados a no perjudicar a su pregonero de feria. Entonces, aunque el consejo era evidentemente malo, y no confiaban en el desconocido que lo ofrecía, la mayoría lo siguió. Esta vez no hubo diferencia entre géneros: tanto hombres como mujeres sucumbieron por igual al efecto del discurso de venta.

Para ser claros, este efecto no se debía a un cálido altruismo por parte de los seleccionadores (aunque tal vez a ellos les gustara pensar que sí), ni tampoco era una recompensa a sus asesores por su aparente «honestidad». En un experimento de seguimiento, les dimos a los seleccionadores la oportunidad de cambiar de opinión respecto a su elección —esta vez a solas, sin que el asesor estuviera presente— y el porcentaje de personas que eligió la opción menos valiosa se precipitó: del 88 al 50%. Este resultado fue uno de los más reveladores de toda la serie de experimentos, pues evidenció cómo la simple presencia física de otro ser humano puede suprimir nuestras preferencias reales.

No solo seguimos los consejos cuando son buenos. A menudo los seguimos cuando son malos, incluso cuando *sabemos* que es obvio que son malos, para evitar mostrarnos como no cooperativos ante los demás.

La sensación que tuve aquel día en la sala de juntas del hospital —de no querer expresar desconfianza hacia mi asesor financiero— es un ejemplo clásico de ansiedad por insinuación. Pero esta se acrecentó con la presión que sentí de no negarle su comisión: el efecto del discurso de venta. Juntos, estos dos mecanismos pueden formar un coctel poderoso que nos hace decir «sí» cuando en realidad no lo deseamos.

Entonces, ¿cómo podemos combatirlo?

5

RECUPERA TU PODER

Cuando era una joven médica en aquella elegante sala de juntas del hospital, temía tener que decirle al asesor financiero que no quería invertir en su fondo. Él estaba sentado al otro lado de la mesa, expectante, listo para darme los formularios para que los firmara. ¿Qué pensaría si yo rechazaba su consejo?

Por suerte, no tuve que averiguarlo. Justo cuando el silencio entre nosotros empezaba a volverse realmente incómodo, mi localizador comenzó a sonar.

—Lo siento —le dije—. Tengo que ver a un paciente.

Dan pareció algo decepcionado, pero se recuperó con una rápida sonrisa.

—No hay problema —respondió—. Puedo enviarte por correo todos los materiales que discutimos hoy y tú puedes decidir qué te gustaría hacer. Aquí tienes mi tarjeta.

Nos dimos la mano y nos despedimos en buenos términos. Y en cuanto salí de la sala de juntas y mis pies dejaron atrás la lujosa alfombra azul para cambiarla por el frío azulejo estéril del pasillo del hospital, tuve una sensación de alivio.

Los documentos de Dan llegaron de forma puntual, tres días después de nuestra reunión. Pero esa semana, mientras recorría los pasillos del hospital con la espalda adolorida por haber pasado otra noche en la cama de metal chirriante de la sala de guardia, me di cuenta de lo poco adecuado que era invertir el poco dinero que tenía en un fondo mutuo. Y como no tenía que decírselo a Dan de forma directa

—ya que no estaba en la misma habitación que él, ni tenía que insinuar que era deshonesto, ni preocuparme por privarlo de una comisión—, me resultó fácil rechazar su consejo.

Dejé los papeles sobre una mesa junto al teléfono durante unas semanas, y luego los tiré a la basura.

EL PODER DE UNA PAUSA

No había planeado resolver la situación con el asesor financiero saliendo de la sala para tomar mi decisión más tarde. Solo sucedió por casualidad.

Pero la forma en que resultó, aunque inadvertida, revela una solución sencilla para mitigar las presiones que he descrito. Tomar una pausa y mantener cierta distancia —tanto física como psicológica— es una forma eficaz de disminuir el efecto de la ansiedad por insinuación, del discurso de venta y de tantas otras barreras que nos impiden actuar conforme a lo que nuestro yo independiente ideal desea hacer en realidad.

En mis estudios de escenarios médicos, los «pacientes» experimentaban significativamente menos ansiedad por insinuación cuando se les informaba del conflicto de intereses de su médico —quien recibiría una compensación si seguían su consejo— de forma indirecta, mediante una nota del «director de la clínica médica» entregada por una recepcionista. Y en los estudios de lotería, los seleccionadores sentían mucho menos el efecto del discurso de venta cuando podían tomar su decisión en privado, lejos de sus asesores.

Esto se debe a que la ansiedad por insinuación y el efecto del discurso de venta dependen del poder de la interacción social. Si esa interacción desaparece o se debilita, también disminuye nuestra ansiedad por parecer desconfiados o poco colaborativos. No podemos enviar una señal negativa si la otra persona no está presente para recibirla.

Si un vendedor de automóviles te dice que no necesitas decidir ese mismo día —que te tomes el fin de semana para pensarlo—, es mucho más probable que resistas la tentación de comprar un coche que no puedes pagar. Si, a pesar de que un agente inmobiliario insiste en que presentes de inmediato una oferta alta por una casa, te das un tiempo para pensar lejos de la presión, es menos probable que te apresures a comprar una propiedad sobrevaluada. Y si tu nuevo dentista te recomienda de manera inesperada cambiarte todas tus amalgamas y que te extraigan las muelas del juicio, tomar la decisión lejos de la silla del dentista —tal vez después de buscar una segunda opinión— podría evitarte un tratamiento costoso e innecesario.

En el hospital, cuando me llamaron para que volviera a la sala, ya no tenía que mirar a Dan mientras decidía qué hacer. Mi preocupación por enviarle la señal de un juicio negativo importaba mucho menos en su ausencia. Lo que importaba más eran las cifras de mi presupuesto mensual. Y, bajo la fría luz gris de una tarde húmeda de Edimburgo, era evidente que no necesitaba invertir dinero con él.

Cuando nos sentimos presionados para cumplir y quedar bien, el mejor momento para tomar una decisión no es en ese instante. Para preservar la capacidad de dar un Sí Verdadero o un No Verdadero, debemos reducir al mínimo el grado en que estas presiones sociales afectan nuestras decisiones. Decir «no» a un mal consejo es más fácil cuando creamos un espacio entre nosotros y la persona que lo da.

Si queremos superar estas presiones sociales para que obedezcamos, la distancia entre tú y la otra persona no siempre tiene que ser física. Aumentar la distancia psicológica también puede funcionar, si salir de la situación no es posible. Una de las formas más sencillas de lograr esa distancia psicológica es hablarnos a nosotros mismos —aunque sea en silencio—, como si fuéramos otra persona: un amigo de confianza, un mentor o incluso otra versión de nosotros.

Por ejemplo, como joven médica que se sentía presionada para invertir frente a Dan, yo podría haber cerrado los ojos para preguntarme: «Sunita, ¿esto tiene sentido para ti? ¿De verdad quieres hacer esto?».

El diálogo interno en tercera persona puede sonar trivial y, por supuesto, es mucho más fácil hacerlo en privado que frente a otra persona, pero las investigaciones muestran que hablar con nosotros mismos, aunque sea breve, nos ayuda a regular nuestras emociones para tomar mejores decisiones.

Lo mismo ocurre con solo nombrar lo que sentimos. Cuando sabemos que lo que estamos sintiendo es ansiedad por insinuación o el efecto del discurso de venta, es más fácil reconocer la situación por lo que es en realidad.

Al recordar los elementos del consentimiento informado, podemos determinar si en verdad nos sentimos libres para decir que no. Superar la ansiedad por insinuación y el efecto del discurso de venta no depende de tu inteligencia, tu bondad, tu valentía ni de si eres extrovertido. Todos, sin importar el género, la edad o la personalidad, podemos sucumbir a estas presiones. Es natural querer mantener la armonía en nuestras relaciones, pero a veces nos enredamos tanto en ser corteses que olvidamos quiénes somos.

El malestar que surge de estos procesos psicológicos es con frecuencia nuestro primer indicador de que se necesita resistencia en una situación. Esa tensión es una señal de advertencia. Cuando la sentimos, la identificamos y la nombramos, podemos reconocer lo que está sucediendo: nuestro yo ideal independiente está en tensión con nuestro yo ideal interdependiente. Podemos abrazar ese conflicto para vernos tal y como somos en realidad: ni por completo independientes ni por completo dependientes de nuestro entorno social.

Hay algo profundamente humano en esa tensión, en ese deseo simultáneo de ser fieles a nosotros mismos y estar en sintonía con los demás. Y también hay algo valioso: estas sensaciones también pueden empujarnos a examinar una vez más cómo nuestras decisiones afectan a los demás. Tal vez no te gustaría vivir en una sociedad en la que todos actuaran solo de acuerdo con sus propios intereses y deseos. Como dice el dicho —con frecuencia atribuido al juez de la Suprema Corte, Oliver Wendell Holmes, Jr.—: «Mi derecho a balancear el puño termina donde comienza la nariz del otro». Algunas de las presiones que he descrito, esas sensaciones incómodas, lo son por una razón: nos recuerdan que nuestras decisiones tienen consecuencias para otras personas. A veces, podemos optar por renunciar a algo por el bien de otra persona o de un colectivo más amplio. El punto es que te haces *consciente de que es una elección*, y te sientes empoderado y capaz de decir «no».

POR DEFECTO ACATAMOS, PERO NO ES NUESTRO DESTINO

Lo recuerdo como si fuera ayer: tenía 7 años y mi madre y yo volvíamos del supermercado, empujando nuestro desvencijado carrito lleno de víveres. Nuestro camino habitual a casa era a través de un *snicket* (así llamamos a los callejones en West Yorkshire). Ese día nos confrontó un grupo de cinco o seis adolescentes, el tipo de chicos que mi madre llamaría «bribones».

—¡Regrésense a su país! —nos gritó uno de ellos, y los demás se reían.

Un par de chicos intentó bloquear nuestro camino.

Mi reacción fue instantánea: no decir nada, evitar el contacto visual y tener la esperanza de, al menos, eludir una confrontación directa. Me sujeté del brazo de mi madre, bajé la mirada y traté de hacer una maniobra para pasar rápido junto a ellos.

Durante buena parte de mi vida, mi madre parecía ser el modelo del cumplimiento de las reglas y la obediencia. Tranquila, generosa y siempre atenta, hacía toda la limpieza, las compras, cocinaba y lavaba la ropa para toda la familia, preocupada todo el tiempo por sus hijos.

Yo también me preocupaba por ella. Incluso cuando era niña, sentía la necesidad de protegerla y de resguardar la manera que navegaba en un mundo que era nuevo para ella, criando a cuatro hijos en un país que no era el suyo. Un lugar donde, al principio, no hablaba el idioma ni conocía a nadie. Una mujer pequeña, vestida con sari, su cabello siempre recogido con cuidado en una sola trenza, no era exactamente abanderada de lo que, por lo general, consideramos el «acto de desafiar».

Y, sin embargo, ella podía (y todavía puede) sorprenderme.

En ese momento en el callejón, se soltó de mí y, con una firmeza que me dejó pasmada, puso el carrito en posición vertical. Su rostro se frunció con determinación, una mano en la cadera en una especie de pose de poder. Es una mujer pequeña, de 1.47 m de altura como máximo, pero de repente se veía más alta.

—¿Cómo que regresemos? —preguntó con una inusual voz clara y fuerte.

—Ya, vámonos, mamá —le susurré.

—¿Ah, sí? Muy listos, ¿no? —dijo, mirando a los chicos hacia abajo.

Los chicos parecían acobardados ahora, y cruzaban sus miradas entre ellos. Ninguno respondió.

—Creen que son tan fuertes —continuó mi madre—. Muchachos grandes y rudos, ¿verdad?

Entonces uno de los chicos murmuró:

—Vámonos.

Y se dispersaron.

Mi mamá siguió caminando a través del callejón, con la cabeza en alto, el sari verde ondeando detrás de ella con la brisa. Me quedé paralizada durante unos segundos y luego corrí para alcanzarla y caminar a su lado.

Mi madre hacía ese trayecto sola dos veces por semana. Y aunque de vez en cuando entraba a la casa murmurando enojada para sí misma, siempre asumí que era porque estaba frustrada con nuestro carrito de compras, difícil de maniobrar. Pero era claro que aquello había sucedido antes. Ella se había encontrado con esos niños, o personas como esos niños, durante años. Y ese día, algo cambió. Estaba cansada de ceder. Llegó a su límite y alzó la voz.

Jamás imaginé que mi madre regañaría a un grupo de pandilleros callejeros. Estaba tan lejos de su comportamiento normal, que ni siquiera me parecía dentro del ámbito de lo posible. Ella siempre me había parecido una persona dócil: alguien que se esforzaba por ceder ante los demás, que no era agresiva ni asertiva, que siempre se mantenía callada y atendía las necesidades de quienes la rodeaban. La había encasillado de modo perfecto en una definición binaria: las personas obedientes y las personas desafiantes.

Pero me equivoqué. Ese día aprendí que no es tan sencillo, que el acto de desafiar a veces viene de quienes menos esperas. Y que, aunque con frecuencia parece una reacción instantánea, su desarrollo —del sentimiento a la intención y luego a la acción— puede tomar mucho tiempo.

El acto de desafiar de mi madre fue una sorpresa para mí. Pero no creo que a ella la haya sorprendido: estaba preparada para hacerlo.

EL ACTO DE DESAFIAR ES UNA PRÁCTICA, NO UNA PERSONALIDAD

Cuando comencé a escribir este libro, mi editora me pidió que nombrara a alguien a quien siempre hubiera considerado un «modelo de lo desafiante», alguien de mi vida que encarnara el espíritu de lo que significa desafiar. Nadie me vino a la mente de inmediato, y después de unos días me di cuenta de que no pensaba en una persona, sino en un conjunto de acciones desafiantes. La imagen de mi madre reprendiendo a esos muchachos en el callejón de Yorkshire está grabada en mi memoria con una claridad sorprendente. E igual de imborrable es una historia sobre mi padre. Aunque durante mi infancia él era la figura de autoridad dentro de casa, en mi opinión, también era el epítome del cumplimiento y la reserva silenciosa fuera de casa.

Cuando empecé la preparatoria en St. Joseph's, del otro lado de la ciudad, no había una ruta directa desde nuestra casa. Tenía que tomar un autobús, caminar unos minutos hasta otra parada y tomar un segundo transporte. Un viaje de ida y vuelta de cuatro autobuses diarios representaba un gasto importante.

Siguiendo las instrucciones de mi padre, solicité al consejo municipal un pase de transporte subsidiado. Parecía un simple trámite, ya que todos los niños que conocía y que tenían que viajar para ir a la escuela lo habían obtenido.

Unas semanas después, llegó por correo una carta para mí. La abrí en la sala, rodeada de gente y del bullicio de mis hermanos, y leí el veredicto en voz alta:

—Su solicitud para el pase de autobús ha sido rechazada.

Mi papá pareció sorprendido y me pidió que repitiera lo que había dicho.

—Su solicitud para el pase de autobús ha sido rechazada.

Me pidió ver la carta y luego la miró de modo fijo durante un largo tiempo. No dijo una palabra.

Más tarde esa noche, después de que me fui a dormir, comenzó a preparar un argumento para demostrar por qué yo merecía ese pase. Trabajó en ello por las tardes, después de su jornada laboral, durante casi un mes. Y en la siguiente reunión del consejo municipal, lo presentó.

Ojalá hubiera podido estar ahí para verlo ese día. Mi padre nunca había asistido a una reunión del consejo municipal y no podía imaginarlo hablando en una. Pero escuché la historia más tarde: cuando llegó su turno de hablar, mi padre se puso de pie, con sus notas en la mano, y expuso con pasión cada uno de sus puntos clave. Después de unos minutos, guardó sus notas con cuidado en el saco, cuando decidió que ya no las necesitaba. Alegó que la negativa a otorgarme el pase de autobús contradecía los ideales de la sociedad británica, las responsabilidades del Estado hacia sus ciudadanos, «y quizá las leyes del país», añadió con un giro retórico, lo cual hizo sonreír a uno de los miembros del consejo.

El consejo municipal no estaba acostumbrado a tanta pasión y defensa de los ideales cívicos. De manera cortés, le agradecieron su intervención y le informaron que comunicarían su decisión en su debido momento.

Cuando unas semanas más tarde recibí el pase de autobús, supe lo que mi padre había hecho por mí. La imagen de ese hombre inmigrante frente al gran panel de rostros blancos del consejo municipal, resonó en mí como una campana. Me sentí orgullosa y liberada: una estructura burocrática que parecía tan inamovible y opuesta a nosotros podía ser impugnada con éxito. Esa vez, no tuvimos que aceptar el destino que nos había tocado.

Las acciones positivas y desafiantes de mi madre y mi padre que presencié en mi niñez se quedaron conmigo. Destacan con claridad, como mi amiga Clara entrando al salón de actos de la escuela sin el suéter rojo del uniforme. Estas experiencias me hicieron darme cuenta de que el acto de desafiar no es un rasgo de carácter inherente ni una identidad consistente. Uno puede ser desafiante un día y obediente al siguiente. Desafiar es una acción, un comportamiento variable que depende de la situación. Del mismo modo en que no existen personas «buenas» o «malas» en esencia —sino acciones morales o inmorales—, tampoco hay personas por completo desafiantes ni por completo obedientes. El movimiento entre el acto de acatar y el acto de desafiar está siempre en marcha. Pero esos momentos desafiantes, ya sea que los veamos en los demás o en nosotros mismos, tienen el poder de cambiar la esencia de nuestro sentido del *yo*, de nuestra identidad: lo que entendemos, lo que valoramos y lo que percibimos como posible. Moldean nuestras ideas sobre el tipo de sociedad en la que queremos vivir.

Es posible que esto no fuera lo que mi editora esperaba cuando me pidió que nombrara un modelo a seguir que fuera desafiante. Pero esta idea me resulta profundamente liberadora. Significa que el acto de desafiar es posible para cualquiera, incluso para quienes se consideran obedientes o sumisos. Podríamos estar programados para cumplir con lo que se espera, pero no estamos atrapados en eso.

El acatamiento puede ser nuestra tendencia, pero, como un músculo, podemos fortalecer nuestra capacidad de desafiar. Cuando comprendemos las presiones que nos llevan a acatar, y cuál es en realidad nuestro Sí Verdadero, entonces podemos empezar a actuar de otra manera. Requiere comprensión, conciencia de uno mismo, esfuerzo y práctica, pero podemos deshacer la idea de que *acatar = bueno, desafiar = malo.*

Podemos aprender a reconocer las situaciones en las que el acto de acatar es malo y el acto de desafiar es, en cambio, *bueno.*

Podemos reconfigurar nuestra programación.

SEGUNDA PARTE

UN NO VERDADERO

6

ENCUENTRA TU NO VERDADERO

El 1.° de diciembre de 1955, una costurera de una tienda departamental abordó un autobús en la ciudad de Montgomery, Alabama. Se sentó en la sección del medio, junto a un hombre negro que ocupaba el asiento de la ventana y frente a otras dos mujeres negras sentadas al otro lado del pasillo.

En la tercera parada, el autobús se llenó tanto que ya no quedaban asientos disponibles en la parte delantera, y un hombre blanco se vio obligado a permanecer de pie. Al ver esto, el conductor se dirigió a los cuatro pasajeros negros sentados en la primera fila de la sección intermedia para que cedieran sus asientos. Como el autobús estaba lleno, los cuatro tendrían que ponerse de pie para que un solo hombre blanco pudiera sentarse.

Al principio, nadie se movió. Entonces, después de que el conductor insistiera más, tres de los pasajeros se levantaron e hicieron caso a lo que el hombre les ordenó.

Pero la costurera permaneció en su fila y se deslizó hacia el asiento junto a la ventana.

El conductor caminó por el pasillo hasta llegar a ella.

—¿Te vas a levantar? —preguntó.

—No —respondió ella.

—Bueno, voy a hacer que te arresten —amenazó el conductor.

—Puedes hacerlo —respondió ella.

Años más tarde, en su autobiografía, Rosa Parks escribiría:

> La gente siempre dice que no cedí mi asiento porque estaba cansada, pero eso no es cierto. No estaba cansada físicamente, o no más cansada de lo habitual al final de un día de trabajo. No era vieja, aunque algunas personas tienen esa imagen de mí en aquel momento. Tenía 42 años. El único cansancio que tenía era el de seguir cediendo.

Hay una razón por la que a los alumnos de primaria de todo Estados Unidos se les enseña la historia de Rosa Parks. Su acción es un ejemplo de libro de texto del acto de desafiar: con principios, con mucho en juego y un catalizador eficaz para un cambio duradero. Su negativa a ceder el asiento ese día en Alabama contribuyó a desencadenar el boicot de autobuses de Montgomery, una de las acciones masivas que definieron el Movimiento por los Derechos Civiles. Sin embargo, con frecuencia me sorprende *cómo* habla la gente de este ícono desafiante.

Crecí en el Reino Unido, lejos de Alabama, y no recuerdo haber aprendido sobre Rosa Parks en la escuela; leí su libro cuando era adulta. Pero siempre me ha sorprendido el malentendido de que ella no quería levantarse de su asiento porque estaba cansada. Un artículo de *Los Angeles Times* sobre Parks, escrito en 1965 con motivo del décimo aniversario de su negativa a levantarse, enfatiza cómo estaba «agotada por completo» después de una larga jornada de trabajo. Incluso su obituario en *The New York Times*, en 2005, se refirió a Parks como la «matriarca accidental del movimiento por los derechos civiles».

Pensar en Rosa Parks de esta manera reduce su acción a las circunstancias, como si todo lo que sucedió ese día fuera cuestión de azar. Minimiza su papel en la historia, transformando una postura deliberada y con principios en una mera cuestión de dolor de pies.

También diluye lo que creo que es más interesante sobre su acto de desafiar: todo lo que la condujo hasta ese momento.

Rosa Parks no se volvió desafiante de la noche a la mañana. Como revela el libro de Jeanne Theoharis, *The Rebellious Life of Mrs. Rosa*

Parks (La vida rebelde de la señora Rosa Parks), su vida estuvo marcada por lo que con frecuencia llamaba «una historia de vida de rebeldía». La madre de Rosa, Leona McCauley, una maestra, encarnaba un espíritu de autodeterminación. Una vez, en un incidente que Rosa recordaría el resto de su vida, su madre se negó de forma cortés a moverse de lugar cuando un conductor de autobús le indicó que no podía sentarse junto a un hombre blanco.

—La voy a sacar del autobús —amenazó.

—No lo hará —respondió la madre de Rosa en voz baja.

El conductor regresó a la parte delantera del autobús y ahí terminó todo.

Aunque tímida, la joven Rosa no era una persona sumisa: cuando era niña, su actitud resuelta a veces le traía problemas. En una ocasión, mientras caminaba a casa desde la escuela, un niño blanco en patines la empujó hacia la calle. Rosa se sacudió el polvo y de inmediato lo empujó de vuelta, y el niño cayó al piso. La madre del chico amenazó con llamar a la policía, pero dio marcha atrás cuando Rosa le explicó que solo se estaba defendiendo de un ataque que ella no había provocado. Su abuela le dijo que tenía que cambiar su actitud frente a las personas blancas, o «te lincharán antes de que cumplas 20 años».

Entonces, Rosa aprendió a pisar, como ella decía, «la cuerda floja de Jim Crow»: las leyes que imponían la segregación racial. Ella obedecía para sobrevivir, como le enseñó su abuela, pero al mismo tiempo preservaba su sentido del *yo* como persona autónoma e independiente, como le enseñó su madre.

A los 19 años se casó con Raymond Parks, un barbero autodidacta y activista diez años mayor que ella, que luchaba por liberar a los muchachos Scottsboro: nueve adolescentes negros acusados falsamente de violación, y sentenciados a prisión y muerte por jurados integrados exclusivamente por hombres blancos en Alabama. Raymond y sus compañeros activistas les llevaban comida a los nueve jóvenes encarcelados, repartían folletos, recaudaban dinero e ideaban nuevas estrategias para dar a conocer la difícil situación de los jóvenes. Rosa pronto se unió a esas reuniones, tan secretas que nadie usaba su nombre real, y tan peligrosas que en la mesa de la casa de Rosa y Raymond con frecuencia había armas de fuego para protegerse.

Dos compañeros activistas de Raymond fueron asesinados por sus actividades, pero eso no disuadió al resto. Siguieron luchando. En 1943, Rosa acompañó a Raymond a una reunión local de la Asociación Nacional para el Progreso de las Personas de Color (NAACP, por sus siglas en inglés). Como era la única mujer presente ese día, le pidieron que tomara notas y luego la eligieron como secretaria de la sección, ya que era «demasiado tímida para decir que no». Ocupó esa posición de liderazgo durante los siguientes 14 años, en los que recorrió el estado para ayudar a personas negras a registrarse para votar y para presionar a la policía para que investigara crímenes contra mujeres negras, que con tanta frecuencia ignoraban. Se reunió con personas encarceladas de modo injusto, asistió a seminarios sobre estrategias de derechos civiles e interactuó con compañeros activistas, entre ellos un joven Martin Luther King Jr.

Es engañoso, entonces, pensar en Rosa Parks solo como una costurera cansada. En realidad, era una figura clave en los círculos activistas de Montgomery, reconocida por su fortaleza de carácter y su tranquila determinación. El camino que la llevó hasta el autobús número 2 857 en Montgomery fue largo e intencionado.

Ese camino también tuvo un precedente claro, aunque subestimado. A través de su trabajo, Parks fue mentora de Claudette Colvin, una joven de 15 años. El 2 de marzo de 1955 —casi nueve meses antes del día en que la propia Parks se rehusó a levantarse de su asiento—, Colvin se negó a ceder su asiento a una mujer blanca en un autobús de Montgomery. La sacaron a la fuerza del autobús y la arrestaron por alterar el orden público, violar el código de segregación y agredir a agentes de policía.

La propia Parks llevaba tiempo sintiéndose irritada con el sistema de autobuses de la ciudad; prefería caminar si era posible, para evitar los abusos y los insultos de los pasajeros y conductores blancos. Con frecuencia se negaba a abordar por la puerta trasera, como se exigía a los pasajeros negros después de pagar su pasaje en la parte delantera. En una ocasión memorable, en 1943, un conductor llamado James Blake le ordenó bajarse del autobús y volver a entrar por la parte trasera. Cuando ella no se movió, él intentó empujarla fuera del autobús.

—Me voy a bajar... pero será mejor que no me pegues —le dijo ella.

Salió del autobús, pero antes de que pudiera volver a subir por la puerta trasera, Blake arrancó y se alejó. Parks, empapada bajo la lluvia, juró que nunca volvería a viajar en uno de sus autobuses.

Pero el 1.° de diciembre de 1955, sin saberlo, se encontró de nuevo en el autobús de James Blake. Y esta vez, cuando él le dijo que se moviera, no lo hizo.

¿Por qué?

No era la primera vez que Rosa Parks vivía discriminación y odio racial. Toda una vida como mujer negra en Alabama la había acostumbrado al racismo, los prejuicios y la injusticia. Pero apenas cuatro días antes, había asistido a una reunión en respuesta al asesinato de Emmett Till, un joven negro de 14 años que fue linchado porque, según se afirmó, le había silbado a una mujer blanca.

Difundida de manera amplia, la imagen del cuerpo mutilado de Till, presentado en una ceremonia de ataúd abierto por decisión de su madre, cristalizó para ella la experiencia de la discriminación racial, el dolor y la persecución que ella y tantas otras personas negras enfrentaban. Después de años de esfuerzo, se sentía cada vez más desalentada en cuanto a los efectos de su activismo. La cuerda floja se estaba desgastando bajo sus pies, y ya no podía seguir caminando en ella ni un día más.

—Pensé en Emmett Till —comentó Parks más adelante, sobre ese día en el autobús— y ya no pude volver atrás.

O como escribió la poeta Nikki Giovanni, en su poema «Rosa Parks»:

> La señora Rosa Parks… no pudo soportar esa muerte. Y al no poder soportarla. Volvió a sentarse.[1]

Eso es lo que más me conmueve del acto de desafiar de Rosa Parks: su negativa a ceder el asiento fue emocional, pero no estuvo dictada por la emoción. Sucedió con rapidez, en un día como cualquier otro, pero verlo como un acto espontáneo es un error. Su desacuerdo no fue una reacción; fue una *acción*. No fue una respuesta impulsiva, sino una decisión que tomó durante décadas: el resultado final de un proceso de toda la vida. Lo supiera o no, Rosa Parks había estado practicando para ese día toda su vida.

CONSENTIMIENTO Y ACTO DE DESAFIAR: DOS CARAS DE LA MISMA MONEDA

Es muy claro que la negativa de Rosa Parks a moverse en 1955 fue desafiante: una acción meditada, directa, firme y arraigada en sus valores más profundos. Fue su No Verdadero.

A primera vista, el desafiar y consentir podrían parecer actos situados en extremos opuestos de un espectro, pero en realidad son más parecidos de lo que pensamos. Al igual que el consentimiento, el acto de desafiar requiere los mismos cinco elementos: capacidad, conocimiento, comprensión, libertad y autorización explícita. Y así como existe un Sí Verdadero, también existe un No Verdadero: una *acción bien reflexionada, basada en nuestros valores más auténticos.*

---

[1] En inglés, de manera magistral, su autora causa un impacto con un elemento sorpresivo en el doble significado de un juego de palabras: la palabra *stand* («*Mrs. Rosa Parks… could not stand that death*») significa *soportar* y también *estar de pie*. Por la construcción de la primera frase, el lector entiende: «La señora Rosa Parks… no pudo soportar esa muerte». La segunda frase («Y al no poder soportarla») es una transición que solo cobra sentido después de leer la tercera, que une los cabos de quién es Rosa Parks: «Volvió a sentarse». Y entonces el lector entiende que se refiere al camión en el que no se levantó. *[N. de la t.].*

La figura 2 ilustra las similitudes en el trayecto que va desde el simple acatamiento hasta llegar a un Sí Verdadero o un No Verdadero. El acatamiento es el punto de partida para la mayoría: la posición más *cerrada* del gráfico, en la que hemos alcanzado menos claridad. A medida que nos movemos a través de los elementos, *abrimos* la mente a las posibilidades del consentimiento o el acto de desafiar verdaderos. Cuando consideramos nuestros valores y si tenemos la capacidad (es decir, la habilidad de tomar una decisión razonada), el conocimiento (la información necesaria para hacerlo), la comprensión (comprensión de esa información) y la libertad para decidir, entonces podemos autorizar un Sí Verdadero o un No Verdadero.

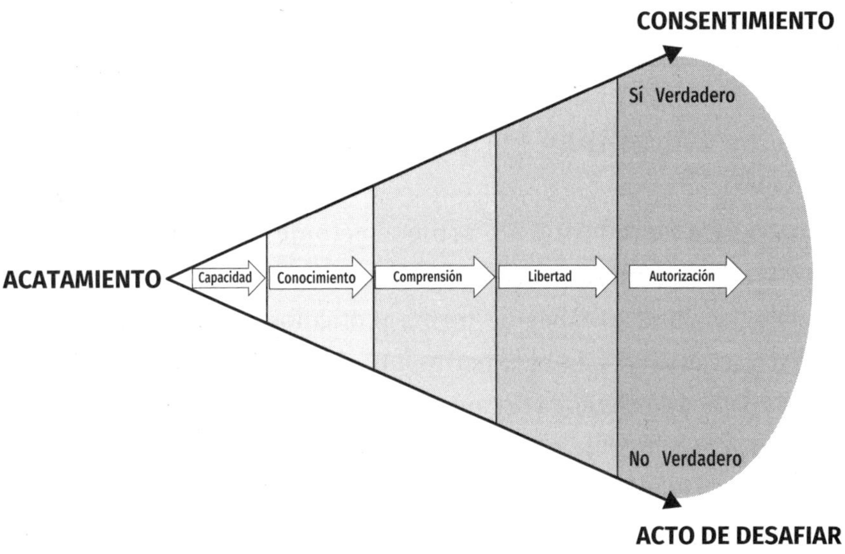

Figura 2. Del acatamiento al consentimiento y el acto de desafiar

Tanto si dices «sí» para dar tu consentimiento informado, como si dices «no» para expresar una negativa informada, la respuesta concreta dependerá en gran medida de la situación, y de lo que se te pide o se espera de ti. Pero, en cierto sentido, no importa si dices «sí» o «no»; lo que importa es que tu decisión te ayude a vivir en congruencia con tus valores.

Rosa Parks sabía que tenía la *capacidad* de tomar una decisión ese día en el autobús. Contaba con toda una vida de *conocimiento*: no solo sobre las reglas y leyes que regían su comportamiento en el autobús, sino también sobre el contexto social más amplio. *Comprendía* lo que le pasaría si se negaba a moverse de lugar: por un lado, los riesgos, la probabilidad de ser arrestada y encarcelada; y por el otro, los beneficios: que su negativa podía convertirse en una acción directa con un fuerte valor simbólico contra Jim Crow.[2] Y se dio cuenta de que tenía la libertad de tomar esa decisión, incluso si traía consigo consecuencias. Preparada y dispuesta a asumir los costos, Rosa Parks pronunció su No Verdadero.

ETAPAS DEL ACTO DE DESAFIAR

Cuanto más he reflexionado sobre el acto de desafiar —desde mis experiencias de infancia en Yorkshire, pasando por mis estudios de Psicología, donde analicé de forma meticulosa el comportamiento de los participantes en el experimento de Milgram, hasta mis años como médica y psicóloga organizacional en los que realicé cientos de entrevistas y observaciones—, más consciente soy de que alcanzar un No Verdadero es un proceso, no un juicio instantáneo. El propio Milgram describió una secuencia creciente en algunos de sus sujetos desafiantes: una progresión a través de una serie de etapas, construida sobre experiencias pasadas, deliberación y conexión con uno mismo (véase la fig. 3).

[2] En 1832, el actor blanco Thomas Dartmouth Rice creó un espectáculo de vodevil llamado «Jump Jim Crow», en el que, con la cara pintada de negro, personificaba a un esclavo negro con discapacidad. Tuvo tal fama que empezó a utilizarse la expresión «Jim Crow» para referirse a los afroestadounidenses de forma peyorativa. *[N. de la t.]*.

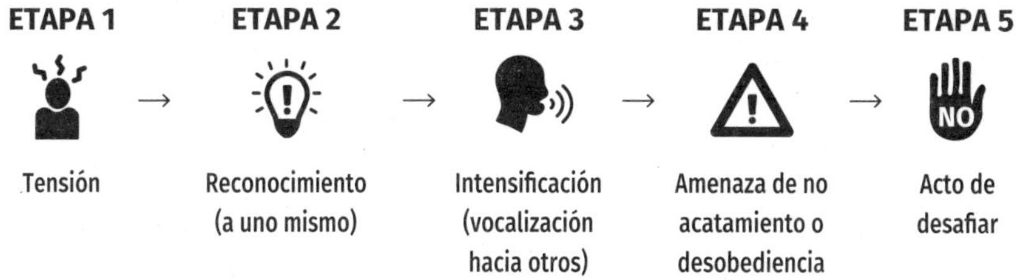

Figura 3. Las cinco etapas del acto de desafiar

Estamos más familiarizados con la primera etapa: esa sensación incómoda de *tensión* que surge a la luz de una influencia no deseada. La tensión aparece cuando nuestros valores fundamentales chocan con las necesidades o expectativas de los demás; es una señal de que podría haber llegado el momento de resistir.

La segunda etapa es el *reconocimiento* de esa tensión dentro de nosotros mismos. Aceptar nuestra tensión nos recuerda que aún conservamos nuestra capacidad de actuar: si ya hubiéramos entregado todo nuestro poder a otra persona, no sentiríamos tensión alguna. Cuando el oficial Scott le ordenó a Thomas Simms, empleado de mantenimiento de McDonald's, que le pidiera a Louise Ogborn que se quitara el delantal —la única prenda que tenía para cubrirse—, de inmediato sintió y reconoció su malestar. Identificar nuestro malestar es fundamental para expresarlo, tanto a nosotros mismos como a los demás.

La tercera etapa es la *intensificación* de nuestro malestar interno, lo que ocurre al expresarlo al exterior. Esta es una etapa significativa. En los experimentos de Milgram, los participantes que se negaron a aplicar descargas muchas veces registraron su malestar y lo comunicaron al experimentador al principio del proceso, en cuanto reconocieron la tensión en ellos mismos. Quienes permanecieron en silencio eran más propensos a seguir aplicando las descargas, tal vez creyendo que había pasado su tiempo de resistir. Expresar nuestro malestar a los demás reduce la presión de racionalizar nuestras acciones cómplices en un momento posterior y aumenta las probabilidades de que avancemos hacia las siguientes etapas del acto de desafiar.

Esta vocalización no tiene por qué ser directa ni confrontativa. Al principio podemos hacernos preguntas sutiles, como hicieron los participantes de Milgram: «¿Son seguras estas descargas? ¿Está bien el alumno?». O, como hice con mi tomografía innecesaria: «Es solo una pequeña cantidad de radiación, ¿verdad?».

En esta etapa, todavía adoptamos una posición respetuosa. Si nuestras preocupaciones son ignoradas, debemos insistir: que los demás sepan que nos sentimos incómodos con lo que se espera de nosotros.

Roger Boisjoly, el ingeniero de Morton Thiokol que advirtió del riesgo antes de la misión del Challenger, expresó su preocupación sobre el funcionamiento de las juntas tóricas en clima frío meses antes del lanzamiento. En un memorando, advirtió: «El resultado podría ser una catástrofe del más alto nivel: la pérdida de vidas humanas». Cuando sus advertencias fueron ignoradas, intensificó su protesta. La noche antes del lanzamiento, durante una conferencia telefónica con otros cuatro ingenieros de Thiokol y la NASA, gritó:

—¿Cómo demonios pueden ignorar esto?

Cuando expresamos nuestras preocupaciones a los demás y continuamos haciéndolo cuando nos ignoran, estamos sentando las bases para la cuarta etapa: la *amenaza de dejar de acatar*. Estas amenazas suelen preceder a la etapa final: un *acto de desafiar*, un No Verdadero.

Sentir tensión, reconocerla ante nosotros mismos, intensificar las preocupaciones comunicándolas a los demás y amenazar con no acatar: estos pasos sacan nuestra voluntad de desafiar del terreno de los sentimientos incipientes y la llevan al mundo del lenguaje y la acción. Por lo general, avanzar en estas etapas es difícil. Pero en mi experiencia —y en la de otras personas a las que he entrevistado, y como Milgram también notó en sus sujetos—, el acto final de desafiar suele ser afirmativo. Es un No Verdadero a una situación concreta y, al mismo tiempo, un Sí Verdadero a nuestros valores. Y lo sorprendente es que una vez que actuamos de acuerdo con nuestros valores verdaderos, gran parte de la tensión, la ansiedad, la duda y el miedo se evaporan. El acto de desafiar puede ser un alivio.

Estas etapas no siempre ocurren en orden. Pueden aparecer de manera simultánea o podrías saltarte una —sin darte cuenta de lo tenso que estás o no llegas a expresar tu preocupación a los demás—, solo para volver a ella más tarde. Podrías pasarte un tiempo de ida y vuelta entre dos etapas: reconocer y aceptar tu tensión, luego intensificar, pero sin llegar a amenazar con dejar de obedecer; y luego regresar a la tensión inicial, y terminar ahí o intensificar una vez más. También es posible que no atravieses cada una de estas etapas: podrías saltar de la segunda a la quinta, como hizo Thomas Simms, sin pasar por la tercera ni la cuarta.

Sin embargo, estas etapas ofrecen un modelo útil para comprender cómo el acto de desafiar puede desarrollarse como una progresión. Muchas de ellas no se parecen en nada a las imágenes icónicas de lo que es desafiante: ese es el punto.

Lo que solemos identificar como «desafiante» —como cuando Rosa Parks se negó a moverse de lugar en el autobús— es, de hecho, la culminación de un proceso. Y tan importantes como el acto final de desafiar son las etapas que lo preceden.

Podemos ver en Parks no solo el potencial de cambio a escala mundial de su acto de desafiar, sino también el efecto más lento, paciente y formativo de un entrenamiento de por vida para desafiar: desde su infancia en la Alabama rural hasta su trabajo luchando por los muchachos Scottsboro y sus esfuerzos para registrar votantes negros en una de las ciudades más segregadas del país. Podemos ver cómo se desarrolló todo esto a lo largo de su vida: su tensión, su reconocimiento, su intensificación, su amenaza de no acatamiento, su *acto de desafiar*.

La mayoría de nosotros no ha tenido un «momento Rosa Parks». Nos quedamos estancados mucho antes de llegar a la quinta etapa, esa acción desafiante que desearíamos llevar a cabo. Condicionados por nuestra programación de obediencia, desanimados por nuestra tensión e incomodidad, u obstaculizados por las circunstancias, muchas veces somos obedientes involuntarios en nuestra propia vida. Pero eso no significa que no seamos capaces de desafiar. Solo significa que todavía no hemos aprendido a canalizar nuestra tensión en favor de nuestro No Verdadero. Podemos haber sentido ya la necesidad de desafiar, solo que todavía no hemos aprendido a completar el proceso.

El margen de tiempo para desafiar puede ser largo. Pero podemos aprender a avanzar de una etapa a la siguiente y, lo que es más importante, podemos practicar para saber cómo acelerar el proceso cuando el momento lo requiera. Y eso, para mí, es lo más alentador del verdadero acto de desafiar. Aunque con frecuencia es extraordinario, no es patrimonio exclusivo de personas extraordinarias. Siempre me ha inspirado Rosa Parks no porque haya tomado una decisión espontánea, sino porque se había preparado para ese momento crucial durante la mayor parte de su vida. Estaba lista cuando llegó esa decisión, no porque fuera sobrehumana, sino porque era, de modo eminente, humana.

Rosa Parks es una figura destacada en la historia de Estados Unidos. Pero también fue una persona en el mundo, como tú y como yo: una persona común y corriente que tomó una decisión extraordinaria.

7

LA TRAMPA DEL ACTO DE DESAFIAR FALSO

El 6 de enero de 2021, el presidente Donald Trump le dijo a la multitud reunida en la Marcha para Salvar a Estados Unidos que las elecciones debían anularse y que su gente debía mostrar fortaleza y luchar por su país. Entonces, miles de simpatizantes siguieron los deseos del presidente y marcharon por la avenida Pensilvania y el National Mall hasta llegar al Capitolio. A continuación, muchos de ellos eludieron la seguridad, atacaron a policías y ocuparon el edificio central del Congreso durante más de cuatro horas. Hubo cientos de arrestos, numerosos heridos y cinco personas murieron.

Después, la Cámara de Representantes acusó al presidente Trump de incitar a la insurrección. Y aunque más tarde condenaron a varias de las personas que estaban en la multitud ese día por planear el ataque en conjunto con milicias y grupos de odio de extrema derecha, la mayoría de los imputados por los acontecimientos no estaban afiliados a ninguna organización. Algunos de ellos afirmaron que solo estaban siguiendo a la multitud: dijeron que se dejaron llevar por el momento.

Una de esas personas fue Clayton Ray Mullins, un hombre blanco de 52 años, cristiano devoto, que dirigía un depósito de chatarra y atendía una pequeña iglesia bautista en una zona rural de Kentucky. Había votado por el presidente Trump, pero en su pueblo natal no era conocido por ser alguien especialmente inclinado hacia la política, y él mismo estaba convencido de que las elecciones habían sido legítimas.

«Ninguna persona tiene el poder» de anular una elección, declaró más tarde, refiriéndose a las repetidas afirmaciones de Trump de que, de hecho, él había ganado.

—Se supone que uno no debe poner a un hombre en un pedestal y pensar que él va a traer la paz al mundo.

Y, sin embargo, cuando Donald Trump le dijo que marchara, lo hizo. Cuando la estridente multitud atravesó las barricadas del Capitolio de Estados Unidos, él se subió a una balaustrada ondeando una bandera estadounidense. Y cuando la policía del Capitolio intentó expulsar a la multitud del edificio gubernamental, Mullins se defendió.

Clayton Ray Mullins es ahora una de las muchas personas sentenciadas a prisión por sus acciones durante el asalto al Capitolio. Hay grabaciones que lo muestran arrastrando a un policía escaleras abajo y, como parte de la multitud, empujando a otros. En septiembre de 2023, se declaró culpable del delito grave de agredir, resistirse u obstaculizar a agentes del orden, y en enero de 2024 fue sentenciado a 30 meses de prisión federal.

¿Qué lleva a un hombre como Mullins —que a decir de todos era apacible y abstemio— a actuar como lo hizo? ¿Cómo es posible que un hombre pacífico y amable, como ha sido descrito por sus amigos y familiares, termine en medio de una multitud violenta?

UN ESPEJISMO DEL ACTO DE DESAFIAR

Si lo que motivó a Mullins a actuar como lo hizo ese día fue lealtad, presión de grupo, comportamiento gregario o alguna combinación de estos, es poco probable que fuera un verdadero acto de desafiar.

Es importante entender que el acto de desafiar no tiene relación con algún sistema de valores, partido político o ideología. Así como algunos de los alborotadores del 6 de enero fueron arrastrados por la multitud más que guiados por sus propios valores, sin duda hubo muchas personas impulsadas en otros eventos como en la Marcha de las Mujeres en enero de 2017, usando gorros color rosa tejidos más de conformidad que por un verdadero acto de desafiar. El acto de desafiar falso es una trampa en la que cualquiera, desde cualquier postura ideológica, puede caer: eso es lo que lo hace tan peligroso.

Y si bien algunas personas en el asalto al Capitolio pueden haber estado desafiando en concordancia con sus valores, Clayton Ray Mullins, según todos los informes, no era una de esas personas. Ni siquiera tenía muchas ganas de asistir a la manifestación; lo hizo porque así lo hicieron su esposa y su hermana. Ese día en el Capitolio, sus acciones no se alinearon con los valores cristianos que profesaba ni con su reputación de ser un hombre justo y pacífico. En ese momento, su yo independiente —ese que creía que las elecciones habían sido limpias y que la violencia era innecesaria— cedió ante su yo interdependiente, el que quería adaptar su comportamiento al de la multitud. Se dejó arrastrar por el comportamiento de la multitud, aunque —como él mismo confiesa— no sucumbió del todo a su ideología. Durante unas horas, pudo haber parecido desafiante en las imágenes de seguridad y en las pantallas de televisión, donde con gran velocidad se ganó el apodo de «Slickback» (Relamido), por su distintivo peinado hacia atrás.

Pero cuando estuvo lejos de la multitud, su yo independiente volvió a emerger. Al regresar a su auto, lloró. Durante el viaje de casi 1 300 km de regreso a casa con su esposa y su hermana —mientras el paisaje desde la ventana del auto cambiaba del bullicio urbano de Washington D. C., a las montañas Blue Ridge de Virginia y por fin a las colinas verdes de Kentucky— no pronunció una sola palabra. Dijo que se sentía como un hombre que despierta de un sueño.

Las multitudes y las dinámicas grupales no siempre imponen un acto de desafiar falso; a veces ocurre lo contrario. Milgram lo vio de primera mano: en una de las variantes de sus experimentos con descargas eléctricas, el maestro (el participante que administraba las descargas al alumno) estaba acompañado por otros dos «maestros» que, sin que el maestro principal lo supiera, eran actores. A cada uno de estos profesores actores se le había ordenado que se negaran a continuar con el experimento: uno lo haría al llegar a 150 volts —cuando el alumno dio su primera protesta vehemente para que lo liberaran del experimento— y el otro a los 210 volts.

En estas condiciones, el comportamiento de los participantes en el estudio de Milgram cambió de forma drástica: se volvieron mucho menos dóciles. Cuando el maestro estuvo expuesto a las acciones desafiantes de sus compañeros, su propia conducta desafiante aumentó a un dramático 90 por ciento.

El apoyo de otras personas puede socavar de manera sorprendente la presión de la autoridad. Solemos sentirnos mucho más capaces de desafiar cuando al menos alguien más lo hace de forma visible. En cierto modo, esto no es sorprendente: las marchas, los plantones y las protestas muchas veces inspiran a un grupo de personas que tienen una visión, una objeción o un propósito común. La unión hace la fuerza; a menudo es más fácil acceder a nuestro No Verdadero cuando otros que comparten los mismos valores lo repiten y lo amplifican.

La presencia de otros también puede dificultar que sepamos las motivaciones precisas de nuestras acciones. Si eres el único que usa cubrebocas en una reunión cerrada durante la pandemia de COVID-19, es probable que estés expresando tus verdaderos valores. Pero si todos en tu cuadra ya tienen el mismo letrero en el pasto que dice «Los derechos de las mujeres son derechos humanos» u «Orgulloso de respaldar al azul»,[1] ¿entonces ese letrero tuyo es un acto de conformidad, de cumplimiento, de consentimiento o que desafía? De manera similar, cuando estás marchando o sosteniendo una pancarta junto a cientos o miles de personas, ¿cómo puedes estar seguro de que tu No Verdadero es de hecho lo que estás expresando?

---

[1] Se refiere al apoyo que dan los ciudadanos en Estados Unidos a los oficiales de la policía. *[N de la t.]*,

RECONOCER LOS ACTOS DE DESAFIAR FALSOS

Comportamientos como el de Clayton Mullins pueden *parecer* desafiantes, pero si están desconectados de los verdaderos valores y principios superiores de una persona, se trata de un acto de desafiar falso, una imitación débil del acto genuino, y no se limita al ámbito político.

Es probable que veas esto todos los días, en especial si tienes hijos.

En definitiva, he tenido esta experiencia con mi hijo adolescente. Se terminó la cena, los platos están en el lavavajillas, y la computadora y el teléfono están al alcance de la mano.

—Haz tu tarea antes de jugar —le digo.

—Estaba a punto de hacerlo —me responde.

Pasa un minuto, luego dos, luego 15. La mirada sigue en la pantalla; los dedos bailan sobre los botones.

—¿Vas a hacer la tarea?

—Estaba a punto de hacerlo —repite—. Pero ahora que tú quieres que lo haga, no lo voy a hacer.

Sé que, de hecho, sus acciones no son desafiantes según mi definición. La reacción para oponerse a la voluntad de los padres rara vez obedece a principios o valores propios. Es solo un reflejo beligerante de los propios valores de los padres, ofrecido como oposición. No es una decisión proactiva, sino una postura reactiva. La actitud de mi hijo muestra que está escuchando con claridad y de manera atenta mis deseos, no ignorándolos. Su «no» depende por completo de mis preferencias.

Cuando yo era adolescente en Yorkshire y fumaba un cigarro con la puerta cerrada, no mostraba un verdadero acto de desafiar. Encenderlo no era una expresión de mi naturaleza ni una promulgación de mis principios. No estaba fumando ese cigarro por ninguna razón meditada a profundidad. Solo lo hice porque mi amiga Clara lo hacía. Solo estaba copiando a otra persona. Por eso no adopté el hábito, y por eso mi padre pudo disuadirme con tanta facilidad de continuarlo.

Muchos nos involucramos en este tipo de actos de desafiar falsos cuando somos adolescentes como una forma de comprender quiénes somos en realidad. Es difícil llegar a un conocimiento profundo de nuestros verdaderos valores, y con frecuencia —en especial cuando somos jóvenes— «probamos» varias formas de movernos por el mundo, encarnando comportamientos y valores ajenos para ver cómo se sienten. Esto no significa que los adolescentes se equivoquen al cuestionar la autoridad o que sus actos de desafiar sean siempre falsos: a veces los adolescentes pueden señalar con bastante perspicacia realidades dolorosas. Y, de igual manera que ellos, a veces los adultos no saben —o se les olvida— cuáles son sus valores.

Los algoritmos en redes sociales fomentan actos de desafiar falsos porque las opiniones extremas, la polarización, la oposición automática y las «humillaciones públicas» obtienen la mayor cantidad de vistas. En internet, la escenificación de algo desafiante es muchas veces más tentadora que el acto de desafiar auténtico y transformador. Volverse viral haciendo que los demás se sientan incómodos puede resultar placentero, en especial cuando la causa es admirable. Y también puede ser visto como «correcto» más que hacer lo que sí lo es en realidad.

Los verdaderos actos desafiantes consisten en vivir conforme a tus valores, no en ganar puntos por una mera oposición. En contraste, los actos de desafiar falsos reflejan o reaccionan frente a los valores de los demás; no encarnan tus propios principios. El problema, como descubrió Clayton Ray Mullins cuando enfrentó una serie de cargos por delitos graves y menores, es que así como el acatamiento con frecuencia se confunde con consentimiento, el acto de desafiar falso a menudo parece real para otras personas. Fuera cual fuera su verdadera intención aquel día, lo que la mayoría de la gente vio fue algo simple: a Mullins en las escalinatas del Capitolio, sujetando la bota de un oficial de policía y jalándolo hacia una masa descontrolada. Es probable que los observadores piensen en él a través de la lente de sus convicciones políticas, ya sea como miembro de una turba traidora o como un héroe patriótico que defendía la democracia, cuando en realidad puede haber estado solo obedeciendo instrucciones y amoldándose al impulso de la multitud.

El verdadero acto de desafiar puede ser tan difícil, y sus costos tan altos, que muchas personas con frecuencia lo posponen para otro día. Uno puede imaginar que alguien como Mullins podría recordar sus acciones en el Capitolio con una mezcla de incredulidad, reconociendo que su comportamiento ese día no es representativo de sus valores fundamentales. Qué desalentador, entonces, debe ser asumir todos los riesgos y costos de un acto desafiante sin tener detrás los valores que lo sostienen; es decir, exponerse a las consecuencias negativas que hacen que la gente se mantenga en la obediencia, sin experimentar ninguna de las posibilidades transformadoras del verdadero acto de desafiar.

«Nunca debimos haber venido aquí», se dijo Mullins a sí mismo mientras se alejaba del Capitolio después del motín.

LAS DOS CARAS DE LAS CONVICCIONES MORALES

Nuestros valores éticos con frecuencia nos empoderan para actuar de forma desafiante. Nos empujan a hacer lo que creemos correcto, sin importar la oposición. En una de las variantes de los experimentos de descargas de Milgram, un profesor de Teología especializado en el Antiguo Testamento se basó en sus valores fundamentales para desafiar al experimentador. En este estudio en particular, el montaje era la «versión de proximidad» en la que se colocaba al alumno en la misma habitación que el maestro, a solo unos metros de distancia. Esta cercanía hacía que los maestros se enfocaran en el alumno y aumentó la conducta desafiante. Cuando los maestros pudieron ver al alumno además de escuchar sus quejas, la tasa de conductas desafiantes subía del 35 al 60 por ciento.

En otros montajes de la versión de proximidad, se requería que los maestros colocaran físicamente la mano del alumno sobre la placa de descarga, después de que este se negara a hacerlo. Las conductas desafiantes aumentaban aún más: hasta el 70%. Cuanto más podían los maestros oír, ver y sentir al alumno, más «real» y «humano» les parecía. Es difícil deshumanizar o ignorar el daño que alguien le está infligiendo a otra persona cuando la tiene cara a cara.

Lo interesante en el caso del profesor de teología no fue solo lo que hizo, sino también lo que dijo. Primero colocó su silla de manera que estuviera de forma directa frente al alumno mientras administraba las descargas eléctricas. Cuando el alumno cometía un error con la tarea, las correcciones del profesor eran como las de un tutor irritado con un estudiante que de cierta manera es mediocre.

Pero en el momento en que el voltaje alcanzó los 150 volts y el profesor vio al alumno retorcerse de dolor ante sus ojos y gritar de agonía: «¡Experimentador, sáqueme de aquí! ¡Ya no quiero participar! ¡Me niego a seguir!», algo cambió para el profesor. Él también se negó a continuar; rechazó seguir administrando descargas.

Cuando el experimentador le dijo al profesor que era esencial para el experimento que siguiera adelante, este respondió de modo inequívoco:

—Entiendo lo que dice, pero no comprendo por qué el experimento se coloca por encima de la vida de esta persona... Si él no quiere continuar, entonces yo recibiré órdenes de él.

Las palabras del profesor revelaron su valoración por la *humanidad*, y por la santidad de la vida humana. No deseaba causarle daño a otra persona.

Otras instrucciones del experimentador —«No tiene otra opción, señor, debe continuar»— no convencieron al profesor.

—Tal vez eso sería posible en Rusia, pero no en Estados Unidos —respondió. Aunque su voz se estremecía y temblaba, trató al experimentador, escribió Milgram, «como a un técnico obtuso que no veía todas las implicaciones de lo que estaba haciendo».

—Si uno tiene como autoridad suprema a Dios —explicó el profesor en una entrevista después de completar el estudio— entonces la autoridad humana se vuelve trivial.

Las palabras del profesor sugieren que no estaba desafiando las órdenes del experimentador, sino que estaba siguiendo las de alguien más. Al principio, esas órdenes eran del alumno: «Si él no quiere continuar, entonces yo recibiré órdenes de él». Luego, el profesor invocó a Dios como la figura de autoridad relevante a quien debía obedecer. Quizá el acto de desafiar tenía una connotación negativa para él, y sugerir que sus acciones acataban a otra autoridad le ofrecía cierto refugio.

Pero las palabras del profesor también revelan algo más profundo. Además de mostrar su valoración por la humanidad durante el experimento, las declaraciones que hizo después sugieren que podría seguir cualquier cosa que creyera que es la voluntad de Dios.

La voluntad de Dios podría, por ejemplo, animar al profesor a creer que «la homosexualidad está mal» o que «el aborto está mal». Cuando tenemos sentimientos fuertes sobre algo —ya sea que provengan de una autoridad religiosa, una afiliación política o la pertenencia a un grupo— podemos convencernos de que nuestras creencias son verdades objetivas. Los psicólogos se refieren a este tipo de creencias como «convicciones morales»: creencias inquebrantables de que algo está bien o mal, es moral o inmoral.

Las convicciones morales pueden sentirse de forma tan profunda que nos permiten oponernos a la autoridad, ignorar las presiones para obedecer e incluso quebrantar la ley. Cuando sentimos que algo es moralmente incorrecto, somos menos susceptibles a la influencia externa y estamos más dispuestos a defender nuestras creencias.

Estas convicciones pueden darnos fuerza y motivación para desafiar. Pero si no se examinan, pueden ser peligrosas. Si la única creencia que nos importa es nuestro propio sentido subjetivo de lo que está bien y mal, perdemos la capacidad de tolerar otras opiniones, y nuestras convicciones pueden llevarnos a cometer actos que instigan división y destrucción.

El 31 de mayo de 2009, George Tiller se encontraba, como cada domingo por la mañana, en el vestíbulo de la Iglesia Luterana de la Reforma en su ciudad natal de Wichita, Kansas, repartiendo programas a la congregación. Tenía 67 años, cabello suave y plateado, lentes con marco metálico y un trato amable, típico del medio oeste estadounidense. Tiller era padre de cuatro hijos, abuelo de diez y un hombre de profunda fe.

También en la iglesia esa mañana estaba un asistente más o menos nuevo, de 51 años, Scott Roeder, que se describía como cristiano renacido. Al entrar por la puerta del santuario al vestíbulo de la iglesia, se acercó a la mesa de refrigerios donde estaba Tiller, le apuntó con una pistola directo en la sien y disparó.

Algunos testigos dijeron más tarde que el sonido ni siquiera se registró como un disparo, sino solo como un estallido fuerte. Gary Hoepner, compañero ujier, al inicio pensó que no era real, hasta que Tiller cayó al suelo. Y luego vino el caos.

Varios testigos persiguieron a Roeder hasta el estacionamiento y se detuvieron solo cuando este los amenazó con dispararles también. Mientras subía a su auto, uno de ellos le gritó:

—¿Cómo pudiste hacer eso?

—¡Él era un asesino! —gritó Roeder y se fue.

George Tiller era hijo de un médico y, cuando era niño, acompañaba a su padre en las visitas domiciliarias y le cargaba el maletín. Luego asistió a la escuela de Medicina y más tarde asumió el consultorio familiar. Era conocido, apreciado y tenía mucho apoyo en su comunidad, pero también tenía detractores. Tiller dirigía una clínica que atendía a pacientes que buscaban abortos legales «en etapas avanzadas». Realizó el primero en 1973, cuando el caso judicial de Roe contra Wade fue archivado en los registros oficiales del tribunal. A mediados de la década de 1980, ya practicaba interrupciones más complejas del embarazo en mujeres que se habían enterado (después de la semana 21, el umbral aceptado de viabilidad) de que sus fetos tenían malformaciones severas o muerte cerebral. Era uno de los pocos médicos en todo Estados Unidos dispuestos a realizar este tipo de abortos tardíos, lo que lo convirtió en una figura de referencia para muchas pacientes desesperadas. Pero su práctica también lo convirtió en blanco de ataques.

Durante el juicio, la condena y la sentencia, Scott Roeder jamás negó haber jalado del gatillo. En el tribunal, cuando su abogado le preguntó:

—¿Usted le disparó al doctor Tiller?

Roeder respondió:

—Sí.

Sin embargo, se declaró no culpable del cargo de asesinato en primer grado. Insistió en que actuó en defensa de los niños no nacidos. Describió cómo, a través de su fe religiosa, había llegado a comprender lo malo que era el aborto, que «no es trabajo del hombre quitar la vida; eso le corresponde a nuestro Padre Celestial».

Las convicciones morales son tan poderosas como peligrosas. La misma independencia respecto a la autoridad que nuestras convicciones pueden brindarnos también puede conducir a una actitud en la que el fin justifica los medios, en la que obtener el resultado «correcto», según las propias creencias, es más importante que cómo se logra. Una convicción moral firme de que algo está bien o mal (por ejemplo, «el aborto está mal») no es lo mismo que un valor fundamental. Valores como la *integridad*, la *compasión* o la *humanidad* no pueden clasificarse como hechos. En cambio, las convicciones morales se experimentan del mismo modo que un hecho: como una verdad objetiva e irrefutable. El problema es que las convicciones morales arraigadas con fuerza por lo general tienen dos posibilidades sobre lo que está bien o mal. Es decir, son subjetivas.

Aunque enfocarnos en cómo «deberían ser» las cosas puede protegernos de la presión de la autoridad e incluso del cumplimiento de la ley, las convicciones morales también pueden hacernos tolerantes con casi cualquier medio —como la mentira, la violencia o el asesinato— para lograr lo que creemos que es un fin preferido de forma moral. Cuando cruzamos esa línea, el bien de una persona es el daño de otra.

Las convicciones morales a veces pueden ayudarnos a lograr un verdadero acto de desafiar, positivo y significativo, ya que nos protegen de las presiones para obedecer a la autoridad. A veces incluso pueden alinearse con nuestros valores fundamentales, como en el caso del profesor que reveló su valoración por la humanidad y su convicción de que hacer daño a otra persona es incorrecto en el ámbito moral. Pero el verdadero acto de desafiar no proviene de creencias religiosas sectarias, ni de un fervor nacionalista, ni de afiliaciones políticas; no es el resultado de pertenecer a un movimiento o grupo de oposición. El peligro surge cuando nos volvemos tan obedientes a una creencia sobre lo que está bien o mal, que abdicamos de nuestra responsabilidad de evaluar nuestras posturas morales a la luz de nuestras acciones para lograr lo que creemos que es un fin deseable.

El acto de desafiar falso es como el oro de los tontos: puede brillar como algo real, pero carece del valor de un No Verdadero. El verdadero acto de desafiar es una decisión considerada con cuidado que hace concordar nuestras acciones con nuestros valores fundamentales. Esta acción puede a veces concordar con nuestras convicciones morales, pero no surge de una causa o movimiento. A veces puede ocurrir en concordancia con otros, pero no brota de una obediencia o lealtad ciegas. Es una elección individual; no una reacción cuyo origen está en una multitud; una decisión meditada, no una respuesta instantánea o actuada.

Expresamos un No Verdadero no porque no estemos pensando, sino porque lo *hacemos*.

8

¿QUIÉN PUEDE DESAFIAR?

La primera vez que la policía detuvo a Kenneth fue apenas una semana después de obtener su licencia de conducir. A los 16 años, era un joven estudiante de preparatoria, de rostro fresco y con ambiciones de ingresar a Berkeley. Era un día perfecto en California: un viernes de finales de primavera, cálido y soleado, con un cielo azul despejado. Después de su última clase, Kenneth caminó rápido hasta el estacionamiento y se subió a su Chevy Malibú plateado, feliz de que llegara el fin de semana.

Kenneth subió el volumen de la música: Kendrick Lamar, *good kid, m.A.A.d. city* comenzó el breve trayecto hacia su casa. A solo dos cuadras de la escuela, mientras pensaba en sus planes para esa noche, escuchó el abrupto sonido de una sirena y, en el espejo retrovisor, vio las brillantes luces rojas y azules de un coche de policía.

Kenneth no tenía idea de qué podría haber hecho para justificar una parada de tránsito, y su corazón de inmediato comenzó a latir con fuerza. Aun así, encendió las luces intermitentes, redujo la velocidad y encontró un lugar al costado de la carretera para estacionarse. Luego, aunque estaba aterrorizado, empezó a seguir al pie de la letra las instrucciones que su padre, veterano con veinte años en la policía, le había dado unos meses atrás, cuando obtuvo su permiso provisional de conducir: bajó las ventanillas, puso las manos sobre el volante y se recordó a sí mismo que debía mantener la voz tranquila y moderada para decir: «Sí, señor; no, señor» o «Sí, señora; no, señora» al dirigirse a los oficiales y, sobre todo, evitar movimientos bruscos.

Eran cosas importantes que debía hacer, le había dicho su padre, y no por razones morales o éticas. Eran importantes por su propia seguridad. Kenneth, al igual que su padre, era un hombre negro, y hasta una parada de tránsito menor podría resultar más peligrosa para él que para los demás. «La plática» con su papá, fue muy parecida a la que él mismo había sostenido cuando era joven, con su propio padre, también veterano de la policía: obedecer a la policía, no decir ni hacer nada que pudiera parecer amenazante, cumplir cualquier solicitud, aunque no estuviera de acuerdo.

Kenneth observó por el retrovisor cómo dos agentes blancos, ambos con lentes de sol, se acercaban a las ventanillas delanteras del coche. Ambos tocaron la parte trasera de su coche. Kenneth sabía por qué: si huía de la escena, los investigadores podían vincular las huellas dactilares de los oficiales con el vehículo.

Uno de los agentes miró de forma fija hacia el asiento trasero, como si esperara encontrar algo. El otro golpeó el techo del auto y le preguntó a Kenneth si sabía por qué lo habían detenido.

—No lo sé, señor —respondió Kenneth.

—Por un alto californiano —dijo el policía a su derecha—. Licencia y tarjeta de circulación, por favor.

Un alto californiano, en el que un conductor reduce de modo significativo la velocidad pero no detiene por completo su vehículo en una señal de alto, es una infracción de tránsito menor, y Kenneth estaba seguro de no haberla cometido.

Sintió un nudo en el estómago: la primera etapa del acto de desafiar. Reconoció esa sensación: la segunda etapa. Aunque el miedo era su emoción dominante, logró revisar de modo disimulado el área en busca de cámaras de tráfico, para ver si podía refutar la acusación con evidencia en video. Pero no encontró ninguna. Sabía que no debían haberlo detenido. Hubo un momento muy breve en el que Kenneth consideró interrogar a los oficiales o afirmar que se habían equivocado.

Pero el joven decidió no intensificar la situación ni expresar su malestar al oficial de policía: la tercera etapa del acto de desafiar. No se negó a entregar su licencia ni amenazó de ninguna manera con no acatar lo que le pedían. En su mente resonaba la voz de su padre, diciéndole que no cuestionara a la autoridad en el momento, que no levantara la voz, que hiciera lo necesario para salir de la situación de la forma más segura y rápida posible. Aunque le temblaban las manos, estiró una con lentitud hacia la guantera para tomar su licencia y la tarjeta de circulación según lo solicitado, describiendo cada movimiento de antemano: «Voy a quitar la mano del volante, voy a extender el brazo por encima del asiento del pasajero, voy a abrir la guantera».

El resto de la interacción fue breve. Los dos policías le extendieron una multa, le desearon buen día, y Kenneth condujo de regreso a casa bajo el sol abrasador. Cuando llegó, todavía estaba temblando.

Para Neil no hubo una sola «plática». Él era un estudiante de maestría en negocios, alto y negro, que asistía a mi clase con una sonrisa amplia y dispuesta y modales pensativos. Creció en Newark, Nueva Jersey, donde saber cómo comportarse frente a la policía era solo una parte del conocimiento tácito de la vida diaria. Los mensajes le llegaban de todas partes. Los escuchaba en la barbería, en la iglesia, en la tienda de la esquina, en comidas al aire libre, en la atmósfera que respiraba todos los días. Cuando le pregunté qué sabía sobre cumplir con lo que se espera de nosotros, me dijo que había ciertas cosas que uno sabía que debía hacer si se encontraba con un oficial de policía.

—La primera es siempre acatar las órdenes. No importa la situación, siempre hay que obedecer.

En presencia de oficiales, Neil sabía que tenía que cambiar de código, es decir, cambiar la forma de hablar: escoger sus palabras con cuidado y modular el tono de su voz. Como muchos de sus compañeros, hacía esto todo el tiempo en espacios en los que predominan las personas blancas. Pero con la policía, el riesgo era mucho mayor. No podía usar las mismas palabras ni el mismo tono con un policía que con sus amigos, por miedo a parecer amenazante, peligroso o sospechoso ante un oficial blanco.

Una vez, regresando de una fiesta escolar, Neil viajaba con otros estudiantes en un automóvil que detuvo la policía. Los oficiales creían que los jóvenes llevaban marihuana, a pesar de que nadie estaba fumando. Les ordenaron a todos que salieran del coche y mostraran sus identificaciones. Neil era el único pasajero que no era blanco. Aterrorizado, se puso las manos en la cabeza, siguió todas las instrucciones que le dieron tal como había aprendido y cambió de forma consciente su tono de voz e inflexión para no parecer amenazante. Pero quedó asombrado al ver la libertad relativa que exhibían sus compañeros. Sin dudarlo, varios sacaron sus teléfonos y llamaron a sus padres para pedir ayuda.

—Mis amigos blancos [tenían] más libertad para decir lo que quisieran —señaló—. No tienen que cambiar de código. No sienten el mismo miedo. No sienten el mismo peligro.

Neil se dio cuenta de que su capacidad de desafiar, de preguntar y de objetar era un privilegio. Estos otros chicos no solo tenían padres que podía pensarse que tenían la capacidad de librarlos de una multa, sino que ni siquiera tenían que pensarlo dos veces antes de meter la mano en el bolsillo para llamarlos, a pocos metros de un arma de la policía.

Nadie fue arrestado aquella tarde, pero Neil nunca olvidó esa experiencia en la autopista de Nueva Jersey. Ahora, cada vez que escucha una sirena o ve a un policía, su miedo emerge. Su mente imagina el peor escenario posible, y sabe que, en ese momento, no hay nada que pueda hacer con esos sentimientos.

—Quisiera decir algo, pero ¿alguna vez lo hago? —me dijo—. ¡No! No, cuando me detienen, yo obedezco. Acato porque quiero volver a casa.

Las historias de Neil y Kenneth son solo dos entre millones. Son indicativas de la forma en que el acatamiento, el consentimiento y el acto de desafiar están conectados de modo integral con cuestiones de poder, autoridad y raza. Las personas negras en Estados Unidos tienen muchas más probabilidades de ser asesinadas durante encuentros con la policía que sus contrapartes blancas.

En nuestro mundo es evidente una jerarquía de formas de desafiar, regida por normas sociales, estereotipos y expectativas sociales y culturales con respecto al comportamiento aceptable. Esta jerarquía dicta quién puede desafiar y quién no, quién no tiene más opción que mostrarse humilde y quién tiene permitido exigir respeto. Permite que algunas personas desafíen y obtengan pocas consecuencias, mientras que a otras les impone sanciones enormes y muchas veces peligrosas.

El acto de desafiar no siempre es una opción segura, en especial para quienes son objeto de una estructura de poder desigual: personas de color, mujeres, personas *queer* o cualquiera que no encaje en el paradigma dominante. «La plática» (de padres a hijos) revela una de las formas en que funcionan el acto de desafiar y el acto de acatar en el mundo real, donde los riesgos son, de manera desproporcionada, mayores para unas personas que para otras, y donde las estructuras sociales, las jerarquías y el poder nos afectan a todos de diferentes maneras. Muestra la complejidad del acto de desafiar, sus límites y sus posibilidades, y revela las formas en que está mucho más disponible para algunas personas que para otras.

Además de preguntarnos quién puede desafiar, también debemos considerar: *¿contra* quién es más fácil que desafiemos? A las personas a menudo les resulta más fácil desafiar a aquellos que pertenecen a clases no dominantes, quienes, a su vez, con frecuencia se *espera* que cumplan. Esto lo he presenciado muchas veces en el ámbito académico, donde mujeres y personas de color son confrontadas y cuestionadas de manera regular —en ocasiones en el salón de clases, por estudiantes, o incluso por colegas y asistentes— de maneras que sus contrapartes masculinas blancas no experimentan.

Todos tenemos que sopesar las recompensas del acto de desafiar frente a los riesgos tangibles: para nuestro bienestar psicológico, para nuestra carrera profesional, e incluso para nuestra vida misma. Pero lo cierto es que algunas personas siempre han tenido que arriesgar mucho más que otras.

EL PRIVILEGIO DE UN HOMBRE BLANCO Y ALTO

Hace muchos años, cuando era investigadora posdoctoral en Chapel Hill, Carolina del Norte, estaba charlando con una estudiante de doctorado, una de las pocas académicas mujeres de ascendencia surasiática en la universidad. De reojo, vi que se acercaba un catedrático, un hombre blanco de mediana edad que se veía a sí mismo como una especie de mentor para nosotros.

—¿Cómo se siente —preguntó, frotándose las manos con entusiasmo y sonriendo— cuando dos personas de una raza exótica se hablan entre sí?

La estudiante y yo hicimos una pausa sumidas en un silencio atónito. Unos segundos antes habíamos estado discutiendo sobre nuestra investigación, pero ahora lo único que podíamos hacer era mirarnos una a la otra, incómodas, y luego a él. No puedo hablar por la estudiante, pero sé que yo, en ese momento, tuve que hacer un enorme esfuerzo para evitar contestarle: *¿Cómo se sentirá, me pregunto, poder decir cualquier tontería sin importar lo ignorante que suene?*

Pero me mordí la lengua, y lo mismo hizo mi colega «exótica».

Puse mi sonrisa de cocodrilo.

En ese momento sabía que el acto de desafiar y la confrontación abierta no me harían ningún bien. Yo era becaria posdoctoral en busca de mi primer puesto de trabajo como profesora de planta, y él era alguien cuya opinión sobre mí podría influir, sin duda, en mi futuro académico.

Así que hice lo que pude para salir de la situación lo más rápido posible.

No era la primera vez que se refería a mi raza «exótica». Aunque no podía evitar su presencia en mi lugar de trabajo, traté de mantenerme alejada de él.

La otra estudiante de doctorado me reveló más tarde que pasaba los fines de semana cuidando a los hijos de ese catedrático, gratis. Mi expresión de preocupación la llevó a justificar de manera espontánea que al menos así hacía algo de ejercicio físico al rebotar una pelota con los niños.

Como estudiantes de doctorado y posdoctorado, en definitiva teníamos menos poder e influencia dentro de la jerarquía universitaria. Sin embargo, este catedrático nos trataba de forma diferente a nuestros compañeros varones blancos, igualmente subordinados. A sus ojos, éramos ante todo mujeres «exóticas» del sur de Asia. Se esperaba que fuéramos en particular serviles y explotables en formas que él no les exigía a nuestros colegas hombres blancos. Para mí era evidente que él pensaba que la universidad era suya, no nuestra. Nosotras estábamos ahí solo para servirle.

El catedrático esperaba que fuera atenta, trabajadora y obediente a sus necesidades, pero yo no debía ser, de ninguna manera, franca acerca de mis propias opiniones o mis propias necesidades. Trabajadora, sí, pero no ambiciosa. O, como canta Beyoncé en «Flawless», citando a Chimamanda Ngozi Adichie: «Deberías aspirar al éxito, pero no demasiado».

En ese momento, yo era mayor y tenía más experiencia que mis compañeros. También era madre reciente. No podía —ni quería— cumplir tanto como la joven estudiante de doctorado sin hijos. Mis intentos de mantener distancia solo parecían enfurecer aún más al catedrático, y su agresividad y sus comentarios cosificadores, centrados en mi raza y género, se hicieron más frecuentes.

Cuando otra académica del sur de Asia me visitó para dar un seminario, él me envió un mensaje de texto durante su charla para preguntarme si sentía que me miraba en un espejo. Siempre que tuvo la oportunidad de humillarme, la aprovechó.

Empecé a sentirme mal cada vez que veía un correo electrónico suyo en mi bandeja de entrada. Si oía su voz en el pasillo, daba la vuelta en dirección contraria. Sentía la tensión, y lo reconocía ante mí misma. Pero no intensifiqué. Nunca verbalicé mi malestar por la forma en que me trató, ni desafié de manera abierta sus comentarios. Sin embargo, tampoco me esforcé en complacerlo como él esperaba. Mi negativa a adularlo fue mi acto de desafiar silencioso.

Con frecuencia me pregunto qué habría pasado si, como posdoctorante, me hubiera opuesto de forma pública al comportamiento de este catedrático. ¿Qué habría ocurrido si mi acto de desafiar no hubiera sido tan silencioso? Las mujeres muchas veces experimentan una dura represalia cuando se defienden. De acuerdo con un estudio de Joan C. Williams titulado «Double Jeopardy?», las mujeres de ascendencia surasiática y del este asiático reciben el peor trato cuando lo hacen, porque tal comportamiento altera los estereotipos de su pasividad.

El uso habitual de la palabra «exótica» por parte del catedrático para referirse a mi apariencia también cosificaba a las mujeres asiáticas como un objeto sexual recatado, y contribuía a perpetuar el estereotipo de que las mujeres asiáticas son «propiedad» extravagante de los hombres blancos, destinadas a servirles y atender todas sus necesidades. Él no habría usado esta palabra si yo hubiera sido hombre.

Me encontraba en un entorno hostil e inseguro en términos psicológicos, el tipo de ambiente en el que deben navegar a diario muchas mujeres y personas de color, desde la industria de servicios hasta los altos cargos ejecutivos. Sabía que protestar solo haría que mi posición en ese entorno fuera aún menos segura. En algunos ambientes, lo más prudente es simplemente salir de ahí.

No todos los que sufren este tipo de violencia optan por obedecer. Algunas personas, en especial quienes gozan de mayor protección, credibilidad y apoyo, son capaces de desafiar de manera abierta y pública.

Una vez, un miembro del público le preguntó a la actriz y comediante Mindy Kaling durante un panel en el Festival de Cine de Sundance sobre cómo había superado los obstáculos y tenido éxito en dos industrias —la televisión y la escritura de comedia— donde las principales tomas de decisiones recaen en hombres.

—Eso se lo debo a mis padres —respondió ella—. Me criaron para sentir que tengo los derechos de un hombre blanco, alto y rubio.

La frase es simpática, pero su mensaje es serio. Los rasgos que a menudo se asocian con el acto de desafiar —independencia, franqueza e incluso agresividad— y que en muchos casos son motivo de elogio en el entorno laboral, se valoran de manera diferente dependiendo de cómo te ves y de quién eres. A las personas que se encuentran en la cima de la jerarquía del acto de desafiar se les «permite» ser asertivas, seguras y francas, con pocas repercusiones. Los «hombres blancos, altos y rubios» de los que hablaba Kaling tienen menos probabilidades de enfrentar represalias graves por ser francos o desafiantes. Incluso pueden ser aclamados por ello. Se les etiqueta como «inflexibles» o «líderes con carácter». Alguien como Steve Jobs fue aclamado como un visionario y un genio, no *a pesar* de su maltrato a empleados, sus arrebatos de ira o sus demandas irracionales, sino a veces *debido a* ellas. Cuando el resto nos comportamos de esta manera, corremos el riesgo de que nos tachen de agresivos o arrogantes. Nos pueden calificar de «problemáticos», «difíciles de tratar» o «no aptos para puestos ejecutivos».

Una mujer a la que entrevisté, Katya, me contó sobre su primera reunión con un cliente, poco después de que la contrató una gran empresa de consultoría en Europa del Este. Cuando le preguntó a su supervisor cuál sería su papel con los clientes durante la reunión, él respondió:

—Bailar en las mesas —mientras la sala estallaba en carcajadas.

Katya dejó pasar el comentario, aunque le disgustó. Los riesgos de decir lo que pensaba eran demasiado altos: apenas había firmado su contrato y no quería ganarse la reputación de ser «difícil».

Cuando Katya me dijo esto, pensé en lo que dijo Natalie Portman en la *Variety Power of Women Summit* (Cumbre Variety sobre el poder de las mujeres) hace algunos años:

—Dejen de repetir que una mujer está loca o es difícil —señaló Portman—. Si un hombre dice que una mujer está loca o es difícil, pregúntale: «¿Qué fue lo malo que le hiciste tú?». Está tratando de desacreditar su reputación.

A Katya también le dijeron que irritaba a sus colegas al preguntarles por los plazos y los objetivos de los proyectos. Era «un dolor de cabeza», solo porque intentaba hacer su trabajo.

—Esto, por supuesto, me mantuvo fuera de balance —me dijo—. Pronto aprendí que comportarse de manera asertiva provocaba disgusto y se veía como algo poco femenino.

En respuesta, Katya se volvió sumisa en las conversaciones, menospreciándose y disculpándose, aunque no tuviera motivos para hacerlo. La cultura laboral tóxica la atrapó en un margen estrecho de comportamiento, fuera del cual no se le permitía salir. Terminó encogiéndose para adaptarse a la comodidad de sus colegas.

La experiencia de Katya no es única. En muchos sentidos, los riesgos de desafiar siempre han sido mayores para quienes no tienen poder. Moverse por la vida estando sujeto a estas discrepancias de riesgo es como caminar sobre una viga de equilibrio. Para algunos, el abanico de comportamientos aceptables es amplio y tienen mucho espacio para moverse de un lado al otro. A veces pueden acatar, otras veces desafiar, sin que nadie los cuestione.

Pero para otros, la viga es tan estrecha como una cuerda floja: basta con inclinarse un poco hacia un lado para caer.

ACATAMIENTO CONSCIENTE

Cuando el acto de desafiar presenta un peligro inmediato o un riesgo significativo para nuestro bienestar —como fue el caso de Kenneth o Neil—, la obediencia o el acatamiento puede ser la estrategia de supervivencia más viable. De manera similar, cuando creemos que nuestro No Verdadero no tendrá efecto, o cuando decidimos que esa no es la batalla que queremos librar en ese momento —como Katya y yo lo hicimos—, acatar órdenes de manera deliberada y con los ojos abiertos puede ser una forma de reservar nuestro acto de desafiar para un momento más oportuno.

La mayoría de nosotros ha estado en algún momento u otro en un entorno donde los riesgos y los costos de desafiar —psicológicos, sociales, económicos o físicos— son demasiado altos. Cuando el precio de desafiar supera los posibles beneficios, acatar órdenes se convierte en la mejor opción táctica. No porque *deseamos* decir que sí a regañadientes, sino porque hacerlo es la mejor opción disponible para nosotros en ese momento: ir a lo seguro en el momento puede ayudarnos a preservar nuestro acto de desafiar más efectivo en el futuro.

A esto lo llamo *acatamiento consciente.*

El acatamiento consciente no es consentimiento. No es una afirmación de nuestros valores o principios más queridos.

Pero tampoco es un acatamiento automático al que estamos programados, que surge de nuestro condicionamiento cultural o social. Es, más bien, una acción deliberada que llevamos a cabo para afrontar una situación porque los riesgos de desafiar son demasiado altos o los beneficios muy escasos. Tenemos la capacidad, el conocimiento y la comprensión de la situación para saber que preferiríamos desafiarla. Pero elegimos de modo deliberado acatar u obedecer (véase fig. 4).

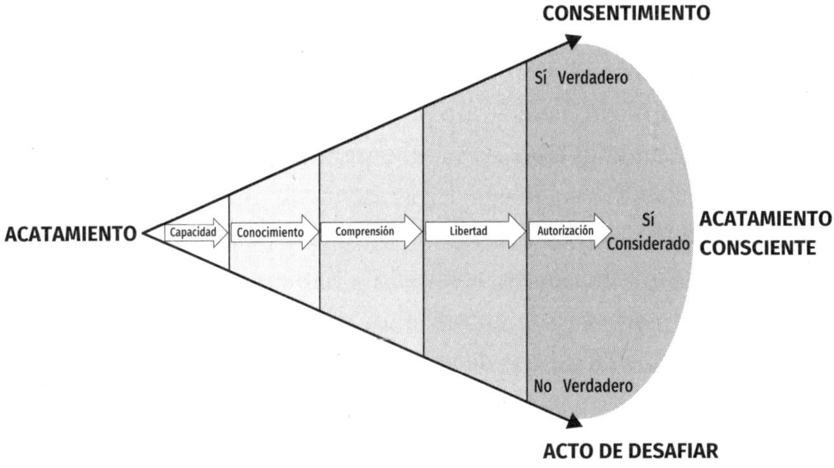

Figura 4. Del acatamiento al acatamiento consciente

A lo largo de mi investigación, he escuchado muchas historias de personas que, a pesar de sus principios, sentían que el acto de desafiar les resultaba demasiado costoso. Una madre soltera que trabajaba para pagar sus estudios de enfermería describió que se sintió atrapada en su trabajo de barman, cuando el dueño alcohólico le exigía que le preparara bebidas, mucho más allá del punto de intoxicación. Dijo que tenía dos opciones: servirle bebidas en exceso o perder su empleo. Un recién graduado universitario con una nueva esposa y un bebé quedó encantado de conseguir un puesto en una de las principales empresas de tecnología de la India, solo para encontrarse atrapado entre la corrupción de un superior y su necesidad de conservar el trabajo. Una joven asistente de producción cinematográfica habló de conseguir su primer gran largometraje, salir a cenar con el director y tomar champán y caviar. Sin embargo, de inmediato recibió una cantidad de comentarios y chistes sugerentes con contenido sexual que ella no se sintió capaz de rechazar.

En cada caso, esas personas querían desafiar. La barman quería detener a su jefe para que no volviera a casa borracho. El graduado universitario de la India quería denunciar lo que vio. La asistente de producción quería arrojarle la copa al director.

Y en cada caso, eligieron acatar. La barman servía tragos más pequeños con los que pensó que podía salirse con la suya. El nuevo graduado mantenía la boca cerrada, esperando que alguien con más experiencia delatara a su colega. La asistente de producción pedía una ensalada y fingía no escuchar los comentarios inapropiados.

Estas personas conocían sus valores. Sabían cuál era su No Verdadero. Pero los costos de actuar eran demasiado altos: perder los empleos que necesitaban con desesperación, o era posible que se expusieran a represalias aún peores. También creían que, en esas situaciones particulares, su acto de desafiar no conduciría a un cambio sustancial, y la única persona afectada —de forma negativa— serían ellos.

Conozco bien el sentimiento. Mi sonrisa de cocodrilo era con frecuencia la expresión externa de mi acatamiento consciente. Ese acatamiento ha sido durante mucho tiempo una estrategia de supervivencia, una forma de sobrevivir en un mundo en el que desafiar es muchas veces difícil o no siempre es posible. A menudo se presenta como una expresión plácida y natural o una neutralidad deliberada.

Todo eso significa: «No estoy de acuerdo. Me gustaría desafiar esta situación. Pero no creo que pueda, al menos ahora».

El acto de desafiar existe en un espectro, y el camino hacia él puede ser largo. Hay un gran espacio entre el acatamiento irreflexivo y el acto de desafiar abierto, en gran parte porque los costos de desafiar son con frecuencia muy altos. Muchas personas que quisieran desafiar no pueden hacerlo: no porque carezcan de capacidad, conocimiento o comprensión, sino porque quieren conservar su trabajo, proteger a su familia o incluso seguir con vida.

Desafiar puede cambiar la vida, pero también puede ponerla en riesgo.

Es posible que Rosa Parks sea hoy una figura venerada en los libros de historia, pero sufrió durante décadas después de negarse a ponerse de pie por un pasajero blanco en el autobús. Los que se oponían a la igualdad de derechos se burlaron de ella y la despreciaron, y recibió amenazas de muerte durante años. Tanto ella como su esposo, Raymond, perdieron sus trabajos y, a pesar de su nuevo estatus como figura destacada del Movimiento por los Derechos Civiles, se sintió abandonada y mal pagada por sus organizaciones principales. Temeroso de las amenazas contra la vida de Rosa, Raymond sufría de ansiedad y comenzó a beber en exceso, hasta que al final sufrió un colapso nervioso. Rosa desarrolló una enfermedad cardiaca, úlceras estomacales e insomnio crónico debido al estrés de las constantes amenazas a su vida y la precaria situación económica de su familia. Aislados y en bancarrota, los Parks se mudaron más tarde a Detroit, donde Rosa pasó casi una década subempleada antes de encontrar trabajo estable en la oficina del congresista afroestadounidense John Conyers.

Estos costos por lo general no entran en la discusión sobre la decisión de desafiar de Rosa Parks. No los traigo a cuento para disuadir a nadie del acto de desafiar, sino para ofrecer una imagen completa de su impacto humano. La decisión de desafiar no convierte a alguien en un superhéroe invencible, una raza aparte de nosotros; no lo protege de consecuencias duras y negativas. El hecho de que incluso

Rosa Parks haya sufrido, en los años posteriores a su negativa a levantarse, solo enfatiza un hecho central: era un ser humano, alguien que buscaba trabajo y tenía problemas con sus finanzas, cuyo matrimonio a veces colapsaba bajo el peso de su nueva fama. No pudo prever los detalles exactos de estos costos, pero comprendía los riesgos y las consecuencias de su negativa a moverse ese día en el autobús. Y aun así, lo hizo.

—Sí, lo volvería a hacer —le señaló a un reportero en 1965—. A todos nos deberían tratar como a seres humanos y no humillarnos ni hacernos sentir inferiores por el color [de nuestra piel], algo que está fuera de nuestro control.

Decir «no» en el autobús fue parte de su cálculo relativo al acto de desafiar, el proceso de toma de decisiones que utilizó para determinar cuándo y dónde actuar. Desafiar valió los costos para Rosa Parks ese día en Montgomery. Cada día previo fue parte de su preparación necesaria, un peldaño en el camino hacia su acto de desafiar. Cuando su abuela le dijo que necesitaba cambiar su comportamiento o sería linchada antes de cumplir 20 años, en realidad le estaba aconsejando un acatamiento consciente: le sugería sonreír ante las indignidades, hacer que los racistas la apreciaran o, al menos, la ignoraran, para sobrevivir un día más. Creo que Rosa llegó a entender este consejo no como un mensaje de resignación, sino de posibilidad: si lograba sobrevivir el tiempo suficiente, podría cambiar el mundo.

La mayoría de nosotros se encuentra con muchas situaciones en las que el momento para asumir las consecuencias del acto de desafiar «no es ahora». Acatamos de forma consciente porque las ramificaciones del acto de desafiar —el aislamiento, la soledad, la ruina financiera, las amenazas a nuestra integridad física— son muy reales. Y cuando practicamos el acatamiento consciente, debemos hacerlo sin juicio, vergüenza ni autoflagelación.

A veces solo necesitamos postergar el acto de desafiar para otro día.

—El lugar para desafiar es más tarde —me aseguró Kenneth—. No al borde de la carretera con un oficial armado, sino tal vez en la relativa seguridad de los tribunales.

Este enfoque le permitió a Kenneth soportar encuentros que consideraba injustos y acatar de modo consciente; podría impugnar los cargos más tarde, en presencia de testigos, en lugar de hacerlo solo. Incluso entonces, sin embargo, las probabilidades podían estar en su contra. Kenneth acudió a los tribunales para apelar su multa de parada californiana y perdió, pero al menos solo perdió un caso judicial menor y no la vida.

Un requisito para el acatamiento consciente es saber que nuestros valores —la base de nuestras creencias más estimadas— no siempre pueden estar por encima de todo, todos los días. Reconocemos nuestra tensión, reconocemos nuestro deseo de desafiar. Pero de forma consciente nos detenemos antes de intensificar y poner en acción nuestro deseo de desafiar. Si desafiáramos cada vez que una situación no se alineara de manera perfecta con nuestros valores, es posible que no sobreviviríamos por mucho tiempo o incluso que no lográramos hacer mucho. Cuando el acto de desafiar es demasiado peligroso o ineficaz, o está más allá de nuestras capacidades, no estamos necesariamente rechazándolo: solo estamos esperando el momento oportuno y ahorrando nuestra energía. No es una excusa, sino un preludio, uno que con demasiada frecuencia pasa inadvertido y no se comenta.

Un No Verdadero suele ser noticia: Nelson Mandela como líder de una multitud en Johannesburgo, desafiando abiertamente el toque de queda del *apartheid* que prohibía la presencia de personas negras; Mahatma Gandhi guiando a miles hacia la costa del mar Arábigo para protestar contra el impuesto inglés a la sal; Rosa Parks negándose a ceder su asiento en oposición a las leyes de Jim Crow «separados pero iguales».

Pero el acatamiento consciente no suele aparecer en los titulares.

Yo diría que cada acto que desafía está precedido por docenas, cientos, tal vez incluso miles de momentos de acatamiento consciente: momentos en los que el acto de desafiar no se rechaza, sino que se aplaza.

¿Cuántas veces cerró Mandela la puerta de su casa una hora antes del toque de queda para no volver a abrirla hasta la mañana siguiente?

¿Cuántas veces pagaron el impuesto a la sal los seguidores de Gandhi antes de recoger un puñado en la playa de Dandi?

¿Y cuántas veces había cumplido Rosa Parks con las leyes de segregación antes de aquel día crucial de 1955 en Montgomery?

Personas comunes practican el acatamiento consciente todos los días, planeando para el día en que ya no lo harán. El acatamiento consciente puede parecer una respuesta que uno se traga ante un chiste racista o un puño cerrado invisible debajo de una mesa de juntas después de un comentario sexista. Puede que desde fuera no parezca nada en absoluto. Pero detrás de la lengua mordida y la expresión plácida de una sonrisa de cocodrilo, con frecuencia se alza un No Verdadero, en espera de su momento.

El acatamiento consciente nos permite permanecer sobre la viga, mantenernos en el equilibrio hasta llegar a un terreno más seguro. No es una decisión sobre si el acto de desafiar es algo con lo que estamos de acuerdo o no: es una decisión sobre qué puede mantenernos a salvo en ese instante. Pero es una estrategia de corto plazo, una que también tiene un precio.

LOS COSTOS DEL ACATAMIENTO CONSCIENTE

Le pregunté a Julian, el hermano de uno de mis alumnos y sociólogo especializado en raza, vivienda y vigilancia policial, si recordaba su primer encuentro con un oficial de policía. Me dijo que sí, pero que fue tan traumático que no quería hablar de ello.

—Es mi primer recuerdo —señaló.

Cuando le pregunté qué recomendaría a otras personas negras cuando se encontraran con un oficial de policía que los hubiera parado en su coche, Julian hizo una pausa.

—Sé lo que nos dicen que hagamos —comentó—. Y para mí, depende de la situación. Si se trata de alguien que me importa, podría decirle lo que me dijeron a mí: inclina la cabeza; haz lo que sea necesario para salir con vida.

Hizo una nueva pausa y continuó:

—Pero decirle eso a alguien, es pedirle mucho. Si estuvieras en una relación abusiva, ¿podría de verdad decirte que inclines la cabeza un día más, una hora más, porque si no podrían pasarte cosas peores? La verdad es que, para los negros de este país, las cosas malas ya están pasando.

Existe un costo —emocional, espiritual, psicológico y físico— por este tipo de acatamiento consciente. Los efectos del acatamiento consciente y repetido se agravan: ese es el precio de que a alguien lo violenten y le falten al respeto de forma continua, una y otra vez.

—Ser golpeado todos los días por un mundo que te odia y que luego tengas que agachar la cabeza para asegurarte de sobrevivir, eso te pasa factura —agregó con un suspiro.

Una y otra vez, al hablar con personas sobre el acatamiento consciente, escuché sobre esos costos. Katya describió una sensación de inercia en su trabajo, la impresión de que estaba dejando pasar las cosas y que ya no le importaba. Neil habló de sentirse deshumanizado en sus interacciones con la policía. En mi propia experiencia con el catedrático, me sentía impotente y muda, al tragarme las emociones tras cada comentario cosificante.

El acatamiento consciente nos ayudó a cada uno de nosotros a gestionar o salir de esas situaciones, pero esas experiencias permanecen con nosotros. Tampoco ayuda a cambiar el entorno problemático de fondo. Para ser claros: la responsabilidad de cambiar la cultura *no* debería recaer en quienes sufren la discriminación. Esa responsabilidad corresponde a quienes forman parte del sistema que administra la inequidad. Sin embargo, en la práctica, muchas veces son las víctimas quienes transforman la sociedad mediante sus actos que desafían, a pesar de los riesgos.

En mis conversaciones con Neil, utilizó un término que me pareció poderoso: *dicotomía costosa*. Se refiere no solo al costo del acto de desafiar, sino también al costo —menos reconocido— que conlleva el cumplimiento.

Neil se sentía cada vez más alterado por las imágenes de brutalidad policial que veía en todo el país, dirigidas a hombres negros como él.

—De manera natural, uno quiere salvarse a sí mismo y salvar a su familia —explicó—. Pero luego dices: «No, me rehúso, esto no está bien. Esto está mal». Quieres alzar la voz en contra de eso.

A la ira de Neil le siguió una profunda tristeza. Sabía cómo aplicar estrategias para ayudarse a sobrevivir en situaciones con la policía, pero lo que no sabía era cómo hacerlo ante sus propias estrategias de supervivencia. ¿Qué podía hacer para mitigar ese miedo, procesar esa ira, ayudar a superar esa tristeza, reparar lo que estaba mal?

Neil comparaba sus sentimientos —y los de tantas otras personas como él— con las etapas del duelo. Él, como muchas otras personas negras que conocía, estaba de luto y necesitaba encontrar formas de procesar ese dolor: avanzar a través de sus etapas, más allá de la negación, la ira, la negociación y la depresión, hacia algo productivo.

Neil pasó horas leyendo sobre las leyes que regulan los arrestos y las detenciones. Él y sus hermanas recorrían de forma regular las calles en lo que llamaban «vigilancia de la policía»: patrullaban su vecindario, monitoreaban las actividades policiales, filmaban cualquier interacción y asesoraban a cualquiera que detuviera la policía sobre sus derechos legales.

Ahora Neil sabe qué puede y qué no puede hacer la policía, y cada vez entiende mejor que, además de la acción colectiva, hay otras formas de canalizar su duelo de manera productiva.

—No puedes derrotar al sistema —me dijo— solo enfrentándote a él. Eso no va a funcionar. [El racismo] ha existido desde hace mucho, mucho tiempo... Si crees que pateando, gritando o incendiando toda la ciudad necesariamente vas a lograr algo a tu favor, no es así. Porque no quemaste su ciudad, quemaste *tu* ciudad. Entonces te das cuenta de que, bueno, mejor voy a estudiar Derecho.

El acatamiento consciente ayudó a Neil a sobrevivir a situaciones individuales, pero a largo plazo tuvo que aprender a aprovechar el duelo que estas situaciones le provocaban. La pregunta se convirtió en qué hacer con ese dolor, cómo utilizarlo al servicio de sus valores morales fundamentales, en acciones que, además de crear posibilidades de cambio positivo, también lo mantuvieran a salvo.

Neil encontró su solución en el estudio de las leyes y en la acción comunitaria. Julian, por su parte, también reconoce las limitaciones del sistema y los obstáculos para el cambio. Me expresó que su enfoque no estaba en confrontar o intentar reformar a la fuerza policial, sino en ayudar a su comunidad a procesar el trauma que les infligieron.

El acatamiento consciente puede mantenerte más seguro en el momento, pero también te desgasta: de forma física, mental y emocional. No poder reaccionar ante el racismo o el sexismo —sea evidente o sutil— no solo causa angustia mental: reprimir una y otra vez las emociones puede llegar a afectar la salud física.

Eso no significa que el acatamiento consciente no sea con frecuencia necesario o útil; de hecho, en muchos casos, este cumplimiento prepara el escenario para futuros actos que desafían. Pero para que el acatamiento consciente cumpla su verdadero propósito, debemos aprender a reconocer cuándo deja de sernos útil y cómo liberarnos de sus garras.

9

EL ACTO DE DESAFIAR SILENCIOSO

A Matthew lo enviaron a Irak cuando tenía 19 años. Cuando hablé con él una tarde de domingo, su voz se detenía y se quebraba varias veces mientras me contaba su historia. Su padre, un cocinero, trabajaba en un restaurante cerca del World Trade Center el 11 de septiembre de 2001, y Matthew creció con la imagen de las torres envueltas en humo y fuego grabada en su memoria. Sentía el deber patriótico de defender a su país y también, como hijo de inmigrantes asiáticos, la necesidad de demostrar que pertenecía a Estados Unidos.

Al principio, Matthew creía con sinceridad en la justicia de la guerra en Irak y en las acciones de sus compañeros soldados en la infantería de la Marina. Lo habían entrenado para seguir órdenes y lo habían instruido para cumplir de forma inquebrantable.

—Cuando eres joven —comentó— eres vulnerable, escuchas lo que dicen los oficiales superiores. En el ejército es «sí, sí, sí».

Destinado al norte del Éufrates, cerca de Faluya, la unidad de Matthew estaba con frecuencia bajo fuego enemigo, y muchos de sus amigos «salían volando»: eran heridos o muertos cuando sus vehículos sufrían explosiones devastadoras por artefactos explosivos improvisados (AEI). Esta constante sensación de peligro y pérdidas personales, cuenta Matthew, intensificaba el sentido de hermandad y camaradería de la unidad, haciendo aún más fácil seguir órdenes.

—Aunque sintieras apenas una pequeña duda —me comentó—, lo hacías de todos modos, porque querías venganza.

Unos meses después de su primer despliegue, su mejor amigo resultó muerto. Poco después, él y su escuadrón regresaban de un operativo nocturno en el desierto, con sus camiones alineados en formación. Aunque estaban en alerta máxima, no les preocupaba tanto un ataque: por lo general por la noche no ocurría nada. Pero a pocos kilómetros de la base, cerca de una mezquita, vieron de pronto el destello inconfundible seguido del estallido de una granada propulsada por cohete que pasó demasiado cerca de ellos.

—¡Equipo Bravo! ¡Desciendan! ¡Entren en combate!

Al instante, su escuadrón entró en acción. Los marines saltaron de los vehículos de avanzada y corrieron hacia la mezquita mientras los demás, entre ellos Matthew, los cubrían. En cuestión de minutos, el líder del equipo regresó con cuatro jóvenes. Estaban cubiertos de polvo y sangre, con los ojos vendados y esposados. Los otros marines los metieron en camiones separados. El prisionero de Matthew gritaba a todo pulmón en árabe, un idioma que Matthew no entendía. Al parecer, tampoco lo entendía su líder de equipo, un sargento italoestadounidense de Long Island apenas un año mayor que él.

—Haz que se calle —le dijo a Matthew, mientras el ruido de los motores de los vehículos llenaba el aire, junto con los gritos de sus compañeros marines y los alaridos de los aldeanos.

—¿Qué quieres decir? ¿Qué quieres que haga?

El sargento lo miró entrecerrando los ojos y ladeó la cabeza.

—No es complicado. Dale un golpe en la boca.

Matthew miró de forma fija al hombre que estaba frente a él, al que le corría sangre desde la nariz hasta la barba.

No quería golpear a aquel hombre.

Pero era una orden directa. Su mejor amigo estaba muerto. No quería desobedecer a su superior ni parecer cobarde.

Así que Matthew levantó el puño y le dio un puñetazo en la cara.

—Todavía está hablando —señaló su líder del equipo—. Golpéalo de nuevo. Golpéalo en el estómago.

Y eso fue lo que hice.

Semanas después, Matthew se enteró de que los presuntos insurgentes que habían capturado eran en realidad adolescentes, de 15 o 16 años, y no estaban afiliados a ningún grupo militante local.

—Confié en mi líder de equipo que estaba en el terreno, confié en que eran insurgentes. Ahora me pregunto si hice lo correcto. No lo sé. No lo cuestioné en absoluto.

Poco después, Matthew y su escuadrón estaban patrullando cuando se vieron bajo un ataque intenso con rifles AK-47. Matthew estaba en el camión que iba a la cabeza, escuchando las balas silbar sobre su vehículo mientras la voz de un oficial superior se abría paso entre la estática de la radio.

—Muy bien. Equipo Bravo, desmonten, ataquen el lado norte en esta área.

La respuesta normal a un ataque de este tipo sería establecer un perímetro y contraatacar de manera controlada.

—Las reglas de enfrentamiento del ejército dictan que los soldados deben tener línea de visión y un objetivo identificado —me explicó Matthew—. No se puede solo «rociar y rezar»; eso puede causar muchas bajas, en especial entre civiles.

Pero «rociar y rezar» fue lo que hizo su unidad. El convoy de cuatro camiones se detuvo con estrépito, se dispuso en formación semicircular y apuntó sus armas en dirección norte. El aire estaba lleno del olor acre de los disparos de los M16 y los rifles carabina M4, y los oídos de Matthew zumbaban por los repetidos disparos de las ametralladoras del convoy. No tenían confirmación visual del objetivo, pero estaban descargando sus armas, disparando indiscriminadamente contra las deslumbrantes arenas blancas del desierto.

A los marines se les enseña a reaccionar con rapidez y a seguir órdenes sin dudar. Pero Matthew, en ese momento, hizo algo diferente: se dio la vuelta. No disparó su arma.

Pensaba que sus compañeros soldados disparaban solo por descargar la tensión: después de meses de despliegue, del estrés de las patrullas diarias y la confusión emocional de perder amigos, se sentían ansiosos por jalar el gatillo. El tiroteo fue una liberación. Pero a Matthew no le pareció que estuviera bien.

A los pocos minutos, el tiroteo disminuyó. Su líder de equipo se le acercó, con una mirada perpleja.

—¿Qué estás haciendo?

—Estoy proporcionando seguridad, señor —respondió Matthew. Proporcionar seguridad o cobertura para la retaguardia era la única excusa que se le ocurrió para explicar por qué estaba mirando hacia el desierto y no desobedeciendo una orden de forma directa.

—Yo no ordené eso —replicó su superior. Pero estaba demasiado ocupado para reprenderlo, y lo que hacía Matthew era, de hecho, una buena idea. Entonces su superior lo dejó pasar.

Ese fue el momento en que Matthew estuvo más cerca de desafiar una orden. Describe sus acciones de ese día como una mezcla de instinto y reflexión.

—Fue la primera vez que decidí de manera activa —afirmó sobre su decisión de no seguir una orden—. Pero fue solo medio consciente. Todo sucedió en menos de treinta segundos.

Más adelante —y en especial en su siguiente despliegue, ya como líder de equipo—, Matthew comenzó a cuestionar algo de lo que vio en el campo de batalla y en la guerra en general. Creyó que la mejor manera de equilibrar sus deberes como soldado con sus valores sería trabajar en inteligencia del ejército. Recordando al adolescente al que había golpeado, que gritaba en un idioma que no entendía, Matthew comenzó a estudiar árabe con los traductores militares. También se prometió a sí mismo no participar en tiroteos sin seguir las reglas militares de enfrentamiento —tener línea de visión clara del fuego contrario y un objetivo identificado—, y siempre se ofrecía como voluntario para viajar en el primer vehículo del convoy, cuyo objetivo principal era buscar AEI.

Su misión principal, se decía a sí mismo, no era guiar a sus hombres en batallas indiscriminadas, sino mantenerlos a salvo.

Por nobles que parecieran sus planes, se los guardó para sí mismo.

—Aunque sentía todo esto, no tuve el valor de decírselo en voz alta a nadie más. Estaba seguro de que me mandarían al calabozo —me comentó, refiriéndose a la prisión militar. —Hizo una pausa—. Y tendrían razón —concluyó.

Matthew no definiría su decisión de brindar cobertura como desafiante. Me la describió como un acto de cobardía, pues «no tuvo el valor de comunicarla en voz alta».

Sin embargo, aquel momento fue, sin duda, una respuesta a los sentimientos cada vez más complicados sobre la guerra y su papel en ella. Durante el resto de su periodo de servicio —y aún más en su siguiente despliegue— emplearía estrategias similares para evitar situaciones en las que sentía que le iban a ordenar acciones que consideraba poco éticas. También comenzó a sentirse un poco más cómodo con la idea de cuestionar a sus superiores.

En su segundo periodo de servicio, el comandante de Matthew le ordenó dirigir una patrulla nocturna en un terreno de fuerte pendiente. Para hacerlo, los marines tendrían que usar visores de visión nocturna, lo que afectaría en gran medida su percepción de la profundidad. El problema era que la ruta pasaba justo al borde de un acantilado, lo que no dejaba un margen de error.

Después de su sesión informativa, Matthew se acercó a su sargento —su superior en la cadena de mando— y de modo tentativo le dijo que no creía que fuera una buena idea llevar a cabo la patrulla; que era peligrosa y pondría a los marines en un riesgo innecesario de destrozar sus vehículos.

—Cállate —le respondió el sargento—. Haz lo que te ordenaron.

—No puedo, señor —respondió Matthew.

—¿Estás desobedeciendo una orden?

—No. No estoy desobedeciendo, pero estoy firme en contra de esta idea.

—Cállate —volvió a ordenar el sargento—. Lárgate.

La misión de esa noche no tuvo éxito: los soldados regresaron a la base después de treinta minutos, considerando que el terreno era demasiado traicionero para continuar. Aunque Matthew había acertado en su valoración, nadie se lo agradeció. Todo lo contrario: unas semanas después, el mismo sargento a quien le había expresado sus preocupaciones le negó una promoción.

Teniendo en cuenta todo esto, le pregunté a Matthew si volvería a tomar la misma decisión.

—Cien por ciento —me aseguró—. Mi preocupación no era tanto combatir a los insurgentes. Me preocupaba asegurarme de que cada uno de nosotros regresara vivo a casa. Eso no sucedió en el primer despliegue, así que me aseguré de que sucediera en el segundo. Lo único que cambiaría sería tener un mejor argumento, aportar mejores pruebas… o encontrar un mejor enfoque.

Hizo una pausa y concluyó:

—Pero, de todas formas, lo habría cuestionado. De todas maneras habría defendido mi postura.

EL ACTO DE DESAFIAR SILENCIOSO

El comportamiento de Matthew muestra cómo el acatamiento consciente muchas veces precede a un comportamiento más desafiante. En el transcurso de sus despliegues, aprendió a reconocer su tensión y a expresar su malestar, a pesar de que nunca lo intensificó hasta llevar a su No Verdadero a su máxima expresión.

Pero su historia revela otro tipo de comportamiento, al que llamo «acto de desafiar silencioso». Cuando Matthew se encargó de la seguridad en lugar de disparar su arma, estaba técnicamente desobedeciendo una orden; pero lo hizo de una manera que podía interpretarse como acatamiento de una directiva distinta, de igual modo importante. No estaba disparando al enemigo, es cierto; pero estaba protegiendo a sus compañeros de servicio.

Matthew hizo todo lo posible por mantenerse fiel a sus principios y valores superiores, sin desafiar de manera pública a la autoridad.

Los costos de desafiar, en esa situación, podían ser de vida o muerte. Pero también lo eran los de obedecer.

El acto de desafiar silencioso es una forma de desafiar sin proclamaciones públicas ni el uso explícito de la palabra «no». Puede llevarse a cabo en secreto, pero es una acción deliberada —como la de Matthew— que va en contra de una orden o una regla, sin llamar demasiado la atención sobre el acto de desafiar. Es una forma de romper con el acatamiento consciente, de recuperar nuestro No Verdadero.

Este tipo de acto que desafía es común en ambientes regimentados o represivos. Es una herramienta habitual de artistas e intelectuales que, bajo censura estatal, a menudo han expresado con ironía sus actos de desafiar a los regímenes represivos: aparentan cumplir con la censura mientras burlan su control de forma sutil.

En una variante de los experimentos de Milgram, el «experimentador» —el actor que le ordenaba al participante aplicar descargas eléctricas a un «alumno»— abandonaba la sala después de dar las instrucciones iniciales. Y las órdenes posteriores de darle descargas al alumno se las daba por teléfono, con lo que se reducía la vigilancia sobre el participante. La obediencia para proporcionar descargas cayó del 65 a cerca del 20%. Lo curioso es que los participantes muchas veces no informaban al experimentador de su desviación del procedimiento; de hecho, algunos le aseguraron que estaban aumentando el voltaje de las descargas según lo solicitado, cuando en realidad utilizaban de manera repetida la intensidad más baja del tablero. Este acto de desafiar silencioso les permitía desafiar las órdenes del experimentador sin entablar un conflicto.

En mi caso, mi acto de desafiar silencioso hacia el catedrático que una y otra vez mencionaba mi raza exótica consistió en trabajar con él lo menos posible y evitar interacciones siempre que fuera posible. Así estaba, de modo literal, evitando el conflicto, pero también avanzaba hacia mi objetivo: reducir el control que quería tener sobre mí. El acto de desafiar silencioso fue una forma de honrar mi voluntad de desafiar sin poner en riesgo mi carrera.

En el ámbito militar, donde el acto de desafiar abierto puede llevar a una corte marcial, el acto de desafiar silencioso puede ser una herramienta importante para los miembros del servicio: les permite mantener algunos de sus valores sin sacrificar su modo de ganarse la vida. Así fue para Matthew.

La cultura del Cuerpo de Marines está impulsada en especial por la jerarquía y la obediencia a la autoridad. Otro de mis estudiantes, Jody, quien también fue oficial de esa corporación, me describió el proceso por el que pasan los reclutas durante el entrenamiento como «robótico»: después de semanas de ejercicios, gritos de sargentos y la lectura del manual de 280 páginas sobre uniforme y presentación, los nuevos marines comenzaban a comportarse de manera automática y uniforme. Tales comportamientos son intencionales y forman parte de la misión del Cuerpo de actuar de manera coordinada, unida y cooperativa. El acatamiento es el objetivo. La idea es que los oficiales deben cumplir tareas difíciles, pero pensar no es una de ellas.

—Tu trabajo no es pensar —me comentó Jody—. Tu trabajo es obedecer.

Este nivel de acatamiento tiene su eficacia y, sin duda, puede ser muy efectivo en el campo de batalla. Uno de los valores que Jody más admiraba durante y después de su servicio era la idea de que un *marine* haría cualquier cosa por otro. La broma, me dijo, era que si a un grupo de infantes de marines se les daba una caja de hisopos de algodón y se les ordenaba que movieran un edificio, lo intentarían... sin hacer preguntas.

Pero esa lealtad irreflexiva al grupo también conlleva riesgos evidentes. Entornos como el Cuerpo de Marines dejan poco espacio para algo que no sea la obediencia. El acto de desafiar silencioso, como el de Matthew, a veces es una opción; pero con frecuencia se necesitan años para que las personas en entornos como este alcancen el rango necesario para sentir la seguridad de ejercerlo. La mayoría abandona el ejército y entornos similares sin haber expresado su No Verdadero. Otros descubren que su resistencia se desvanece bajo la presión constante. El acto de desafiar silencioso puede volverse cada vez más silencioso, hasta casi extinguirse. El acatamiento consciente, con el tiempo, se desvanece hasta convertirse en obediencia irreflexiva. Y las personas que podrían cambiar las cosas para mejorar —si estuvieran empoderadas y protegidas— terminan silenciadas o se van.

NO OTRO LADRILLO EN LA PARED

Una noche, poco después de completar su formación, Kevin, un joven policía negro de California, y su compañero, respondieron a un reporte de robo de bicicleta. Me contó que otros agentes ya estaban en el lugar, frente a una casa con la puerta del *garage* abierta. Querían entrar y registrarla.

Pero Kevin había sido entrenado de manera reciente justo para este tipo de situaciones. Sabía que, para entrar en un domicilio —incluso solo al *garage*—, la policía necesitaba permiso verbal, una orden de cateo o una situación de urgencia: alguien gritando o la presencia de sangre.

—No podemos solo entrar —les comunicó a sus compañeros oficiales, la mayoría de los cuales tenían más de veinte años de experiencia.

La calle estaba en silencio, roto apenas por el zumbido de las farolas y el estrépito lejano del tráfico.

—No sabes de lo que estás hablando, novato —le respondieron.

—Sí sé —afirmó—. No podemos entrar a menos que hablemos con el dueño de la casa.

Entonces Kevin llamó a la delgada puerta de madera. Tocó y tocó, pero nadie respondió. Luego habló con un vecino, quien confirmó que el propietario estaba en casa: su coche estaba en la entrada. Lo más probable era que solo estuviera dormido, le dijo el hombre a Kevin. Después de todo, eran casi las cuatro de la mañana.

Para ese momento, sus colegas ya estaban aún más impacientes.

—Decían: «Maldita sea, vamos a entrar» —me comentó Kevin.

Kevin se negó. Lo mismo hizo otro oficial. Los dos se quedaron junto a una patrulla en la calle, observando cómo sus colegas de mayor rango se adentraban en la oscuridad del *garage*, con las linternas iluminando los rincones.

—En mi mente, estaba pensando en cómo podrían salir mal las cosas —me contó Kevin—. Que el dueño despertara, bajara armado y empezara a disparar. Yo no quería ser parte de eso. Porque si pasaba algo malo, nos afectaría a todos.

Kevin había terminado su formación en el verano de 2020, y tenía muy presente lo que habían hecho los agentes de policía contra George Floyd. Ese incidente, así como su familia y su mentor —un capitán de policía retirado—, le habían enseñado a no obedecer sin pensar.

Al final, el registro se resolvió sin incidentes. No había pruebas de robo en el *garage*, y cuando el dueño de la casa se despertó, agradeció a los oficiales por revisar su propiedad.

Pero el trayecto de regreso a la estación fue largo y silencioso para Kevin y su compañero. Sabía que había hecho lo correcto, pero también sabía cómo lo verían los demás. Como joven policía todavía en periodo de prueba, desafiar de forma pública a oficiales de mayor rango era una medida arriesgada.

Kevin sintió las consecuencias casi de inmediato al llegar a la estación: había largas miradas fijas en su dirección, susurros a sus espaldas, salas que enmudecían cuando entraba. En menos de una hora, lo llamaron a la oficina del sargento.

—Lea esto —solicitó el sargento, cerrando la puerta y entregándole una pila de papeles.

Según el sargento, esos documentos les otorgaban permiso legal para registrar sin orden judicial.

Kevin afirma que no tiene problema en admitir un error cuando lo comete. Pero, en este caso, sabía que no estaba equivocado. No solo recordaba su capacitación, sino que conocía la ley. Y aunque temblaba y le temblaban las manos mientras examinaba los papeles en la oficina de su sargento, se mantuvo firme. Sabía que esos papeles no significaban lo que el sargento afirmaba.

—Con todo respeto, señor —repitió—, no teníamos ningún derecho a entrar.

Esto enfureció al sargento.

—¿Cómo es que tú, un novato veinteañero, me va a decir a mí, un veterano, cómo hacer mi trabajo? —preguntó enfurecido.

Kevin no cedió. No se había unido a la fuerza para ser un seguidor ciego, se recordó. Quería hacer bien su trabajo. Así que insistió, de nuevo: había cumplido con el entrenamiento y lo que había hecho estaba de acuerdo tanto con sus instrucciones como con la ley.

—Antes de incorporarme sabía que este trabajo sería difícil. Pensé en lo que quería decir antes de entrar en la oficina del sargento. Respiré hondo antes de decir lo que pensaba, porque a veces me inquieto. Tartamudeo y me pongo nervioso. Pero, ya sabes, siempre quiero hacer lo correcto.

Por esto, Kevin fue marginado, reprendido y al final transferido a otro turno. Ya no confiaban en él.

—Este incidente se extendió por toda la estación.

No importaba que tuviera razón. Lo que su sargento y sus compañeros oficiales no le perdonaban era que hubiera dicho que «no».

ALZAR LA VOZ

La jerarquía del acto de desafiar es poderosa, pero el acatamiento consciente no es exclusivo de la clase no dominante. Con frecuencia, quienes poseen poder y autoridad reales —como los propios agentes de policía— también se encuentran en culturas similares a aquellas en las que Katya y yo estuvimos, donde se desalienta enérgicamente cualquier acto de desafiar.

El llamado «muro azul del silencio» se refiere en Estados Unidos a que los agentes de policía se rehúsan a decir la verdad si esta implica a un compañero en una mala conducta o daña la reputación del cuerpo. Es un fenómeno generalizado que alienta a los buenos policías a no decir ni una palabra para evitar el mal comportamiento de otros. En una encuesta de 2000 presentada en la Conferencia Anual de la Asociación Internacional de Jefes de Policía, casi la mitad de los encuestados —un 46%— afirmó haber presenciado actos de mala conducta de otros policías y haberlos encubierto. Las razones variaban, pero a menudo giraban en torno a la seguridad laboral y personal: los oficiales dependen unos de otros para sobrevivir. También temían ser marginados, despedidos o vetados, o pensaban que sus informes no lograrían alguna diferencia.

Como escribe el veterano de la ley Michael Quinn en su libro *Walking with the Devil: The Police Code of Silence* (Caminando con el diablo: El código policial del silencio), el muro azul corrompe incluso a los policías honestos. Permite que la policía tome la justicia por su mano porque saben que sus pares no los «delatarán». Con frecuencia, los policías honestos no tienen a quién recurrir porque ni siquiera los oficiales de mayor rango están libres de actos ilícitos. El código de silencio acumula, de forma inevitable, comportamientos criminales y poco éticos entre algunos agentes y, como señala Quinn, cambia el lema de la policía de «proteger y servir» por «condenar y encarcelar».

Quinn fue oficial de policía en Minnesota de 1975 a 1999 y se enfrentó al muro azul una y otra vez durante su carrera. En una ocasión, varios años después de integrarse al Departamento de Policía de Mineápolis, encontró a una trabajadora sexual gravemente golpeada, cerca de un contenedor de basura. Ella identificó a dos agentes de policía como sus agresores, pero se negó a presentar una denuncia porque la habían amenazado con matarla si los delataba. El compañero de Quinn decidió seguir el código de silencio: si la trabajadora sexual no quería denunciar quién la había agredido, él no insistiría y abandonaría el caso.

Al principio, Quinn hizo lo mismo. Los dos oficiales señalados eran conocidos por su brutalidad y corrupción, y el propio Quinn había sido marginado antes por denunciar a un colega que bebía en el trabajo. No le había gustado que lo trataran como a un paria. Entonces, siguiendo el ejemplo de su compañero, Quinn decidió «caminar con el diablo»: dejar pasar este asalto que a todas luces era ilegal, a pesar de que sabía que estaba mal. Se quedaría callado para seguir en línea con el código.

Sin embargo, su conciencia no lo dejó en paz. Días después, durante una cena con su teniente y el subjefe de policía, contó toda la historia. Se corrió la voz y los dos agentes que habían golpeado a la trabajadora sexual lo acorralaron en el tribunal del condado de Hennepin, lo empujaron contra una pared y lo amenazaron de muerte, tal como lo habían hecho con la mujer a la que golpearon:

—Si vuelves a delatarnos, te mataremos —le gruñeron, tan cerca que Quinn podía oler su aliento.

El oficial salió de este encuentro muy conmocionado y temiendo por su vida. Aunque no responsabilizaron a los dos agentes abusivos, Quinn notó que, en las semanas y los meses siguientes, ya no aparecían trabajadoras sexuales golpeadas en su distrito. Para él, esto fue una prueba de que el código de silencio se puede romper: todo lo que se necesita es una persona que alce la voz. Cuando rompió el código, cesaron las malas conductas a su alrededor: los demás agentes de policía sabían que Quinn denunciaría actos indebidos si los veía, por lo que se abstuvieron de cometerlos cuando él estaba presente. Su acto de desafiar cambió por completo el ambiente en el que operaban los demás oficiales. Quinn sostiene que, si más agentes actuaran de la misma forma, la mala conducta policial disminuiría en todo el departamento.

Como escribe Quinn, el código de silencio es absolutamente corruptor. Perjudica a los propios agentes de policía, que se encuentran divididos entre sus responsabilidades éticas y su seguridad personal. Daña a los civiles, que tienen más probabilidades de sufrir brutalidad o injusticia policial. Y daña la reputación y la legitimidad de la policía dentro de la comunidad, al destruir cualquier confianza entre las fuerzas del orden y las personas a las que se supone que deben proteger.

Sin embargo, para Quinn, el muro azul del silencio no es inexpugnable. Desde su jubilación, hace veinte años, se ha dedicado a educar a oficiales, corporaciones policiales y al público sobre cómo derribarlo. Como muestra su historia, a veces todo lo que se necesita es una persona para lograr el cambio que tanto se necesita.

ESCALAR HACIA EL ACTO DE DESAFIAR

Como agentes de policía, Michael Quinn y Kevin ocupan posiciones muy diferentes en la estructura de poder comparados con civiles negros como Neil, Kenneth o Julian. Pero igual que ellos, Quinn y Kevin saben que los costos son una consecuencia inevitable tanto del acto de desafiar como del de acatar. Saben que un No Verdadero trae consigo muchos resultados, algunos de los cuales son, en potencia, perjudiciales para ellos mismos. Ambos tuvieron que decidir cuándo el acatamiento consciente era su mejor opción y cuándo era momento de desafiar.

Esta decisión puede ser muy difícil, y depende en gran medida de la situación y de nuestra propia capacidad de asumir riesgos. Sin embargo, encontré un marco útil para ayudar a decidir: la literatura sobre activismo médico ofrece una guía útil para elegir cómo actuar en situaciones en las que solo seguir el procedimiento establecido no es suficiente.

El activismo médico describe las formas en que los trabajadores de la salud pueden abogar por sus pacientes. Abarca varios comportamientos que desafían, los cuales son amplios y crecientes, comenzando con la *defensa de rutina* y culminando en una *salida basada en principios*. Adapté algunos de estos principios básicos del activismo médico y los coloqué en una estructura para que tengan un uso más general. Y no necesitas ser médico para que este marco de cuatro partes te resulte útil (véase la fig. 5).

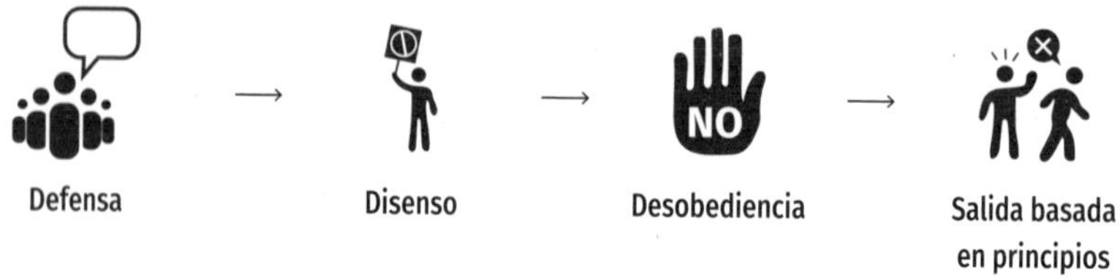

Figura 5. Intensificación del acto de desafiar en las instituciones

La *defensa de rutina* consiste en defender tus valores en el curso de tu actividad cotidiana. Por ejemplo, los médicos la practican cuando luchan para que una compañía de seguros reticente cubra los exámenes médicos que su paciente necesita. Michael Quinn hizo esto al inicio, cuando intentó persuadir a la trabajadora sexual golpeada para que denunciara el crimen en su contra, aunque no logró convencerla. Matthew, el *marine*, utilizó una forma de defensa —un acto silencioso de desafío— para proteger a sus compañeros sin traicionar sus principios.

Si la defensa falla, puedes pasar al *disenso* interno, sabiendo que a veces puede generar tensiones o ser contraproducente. Matthew recurrió al disenso interno cuando, en su segunda misión, se acercó en privado a su sargento y le expresó su preocupación sobre una operación peligrosa. Si el disenso interno no funciona, el siguiente paso es el disenso público, que implica intensificar y hacer visibles las tensiones. Por ejemplo, la aparición de Jeffrey Wigand en *60 Minutes*, donde expuso las formas en que Brown & Williamson manipulaba sus ingredientes, fue un acto de disenso que aumentó en gran medida el conocimiento del público sobre el engaño de la industria tabacalera, aunque también expuso a Wigand a un mayor escrutinio y acoso.

La *desobediencia profesional* es la tercera etapa e implica desobedecer de forma pública reglas o leyes que están causando daño evidente. Para un médico, podría implicar negarse a cumplir una ley que niegue servicios médicos a una clase particular de personas, como migrantes sin documentos. Sara, una excoordinadora de subsidios con la que hablé, descubrió graves violaciones éticas en la ONG de salud en la que trabajaba. Tras el fracaso de su disenso interno, y ante el temor de que el desacuerdo público interrumpiera la atención a pacientes vulnerables con cáncer, recurrió a la desobediencia profesional: se negó a asistir a reuniones donde se le pedía ser parte de lo que consideraba prácticas corruptas. Esta estrategia funcionó... por un tiempo.

Pero al final, esto la llevó a una salida basada en principios, que con frecuencia surge después de que las otras etapas del activismo han sido ineficaces o representan un daño excesivo para uno mismo o para los demás.

Sara recordó su última reunión en la oficina de su jefe, donde la reprendieron por un caso de disenso interno. Cuando consideró acatar una vez más un comportamiento que consideraba poco ético, se descubrió pensando: «Esta no soy yo». Fue una revelación poderosa.

Las salidas basadas en principios a menudo traen consigo beneficios psicológicos: disminución del estrés, disminución de la ansiedad y un nuevo alivio ante la lucha psicológica diaria entre el acatamiento consciente y el acto de desafiar silencioso. Esas salidas no siempre son una primera línea de acción, ni siempre son una posibilidad viable, pero pueden ser la forma de preservar el sentido del yo o la identidad cuando todos los demás métodos para lograr cambios fallaron.

Intensificar desde la defensa de rutina al disenso, de ahí a la desobediencia y por último a la salida, puede brindar más posibilidades para expresar el acto de desafiar y minimizar los costos de saltar directo a la denuncia o la renuncia. También puede conducir a un cambio cultural gradual en entornos que de verdad necesitan una reforma.

Sin embargo, dos denunciantes con los que hablé ofrecieron palabras de advertencia.

Jack, un médico, denunció muertes evitables en su hospital causadas por la incompetencia de sus colegas. Denise, una consultora que investiga el acoso sexual en los lugares de trabajo, denunció un Departamento de Recursos Humanos inepto. Ambos perdieron sus empleos después de denunciar la situación y sufrieron importantes consecuencias económicas, mentales y de salud. En un momento, Jack pensó en quitarse la vida.

Sin embargo, cuando le pregunté:

—¿Lo volverías a hacer?

Jack respondió con firmeza:

—Sí. Lo volvería a hacer. Pero… tal vez no solo.

La respuesta de Denise al principio fue más cautelosa.

—Los costos eran demasiado altos, así que no estoy segura de hacerlo de la misma manera —me comentó, pero tras reflexionar un poco, añadió—: ¿Pero volvería a alzar la voz? Absolutamente. Ahora sé cómo: iría directo a la prensa en lugar de tratar de manejar el asunto de forma interna.

Saltarse la presentación de informes internos y proceder directo al disenso público, seguido con rapidez de una salida basada en principios, habría mitigado parte de las represalias que sufrió, me dijo Denise.

No todas las situaciones son tan drásticas como estas. A veces, cambiar la cultura institucional sí es posible. Encontré evidencia de esto en mis entrevistas con agentes de policía en activo. Además de quienes notaron las culturas de extrema obediencia y cumplimiento, algunos, como Kevin, se refirieron a una era de «nueva forma de ser policía», en la que las viejas formas de acatamiento absoluto se estaban erosionando poco a poco bajo la presión del escrutinio público y una nueva generación de oficiales con conciencia social.

Después de su traslado, Kevin tuvo la suerte de incorporarse a un equipo con mejor conocimiento legal y un enfoque policial más abierto y transparente, en sintonía con sus valores. Él siente que los agentes más jóvenes, como él, tienden a trabajar de forma que los viejos modos de actuación policial —que él describe como «silenciosos, vengativos y secretos»— pierden su fuerza.

Nadie puede decirte cuándo es el momento adecuado para que desafíes o acates, pero si podemos ser más conscientes de nuestras decisiones, y al mismo tiempo comprender los costos y beneficios de cada una, podemos preservar tanto nuestra seguridad como nuestro sentido del yo. Podemos utilizar el acatamiento consciente o el acto de desafiar silencioso para ganar tiempo, de tal forma que podamos mitigar los riesgos del acto de desafiar público, maximizar su eficacia y comprender cuándo ya se inclinó la balanza, cuándo ya no podemos aceptar con tranquilidad una situación que va en contra de nuestro sentido de la persona que somos y de lo que nos importa.

El acatamiento consciente y el acto de desafiar silencioso requieren conciencia: de ti mismo, de tus valores y de tu entorno. Su significado es saber cuándo decir que sí, pero también saber cuándo decir «basta». Porque, aunque no todo acatamiento consciente conduce en última instancia al acto de desafiar, con frecuencia es un preludio de lo que está por venir: un indicio de que, aunque ahora puede no ser el momento adecuado para desafiar, ese momento puede estar acercándose a gran velocidad.

El acatamiento consciente puede convertirse en rebelión consciente, y el acto de desafiar silencioso puede hacerse ruidoso con rapidez.

TERCERA PARTE

CONVERTIRSE EN UN DISIDENTE MORAL

10

¿QUIÉN SOY?

Conocí a Pradnya cuando ella tenía poco más de 40 años. Era una inmigrante de la India que llevaba en el Reino Unido unos veinte años. Era una mujer pequeña con el cabello negro, que le caía hasta los hombros, peinado de forma meticulosa con una raya. Vestía un sari azul oscuro bajo un abrigo de plumas de ganso. Había acudido con su médico de cabecera en Edimburgo con quejas de fatiga, dolor neuropático y otras dolencias corporales de origen sistémico.

Como estudiante de Medicina, mi trabajo era darle la bienvenida primero y tomarle su historial médico. Cuando revisé su expediente, como preparación, me sorprendió leer que Pradnya se había sometido a una histerectomía cuando tenía poco más de 20 años, en la India. Ahora, sentada frente a ella en el pequeño consultorio médico, le pregunté por qué.

—Para no tener más hijos —respondió.

Con voz baja y entrecortada, Pradnya me contó que se había casado a los 13 años y tuvo su primer hijo a los 15. Después del quinto, su esposo dispuso que se sometiera a una histerectomía a los 24 años para que no pudiera volver a concebir. Nunca recibió atención de seguimiento tras esa menopausia precoz forzada.

Después de que Pradnya se fue a vivir a Escocia, los médicos del Servicio Nacional de Salud ignoraron sus padecimientos. Quizá no ayudaba que Pradnya no hablara inglés con fluidez. Podía comunicarse, pero no describía con mucho detalle sus síntomas. De hecho, después de que ella salió del consultorio, su médico se quejó conmigo por su falta de fluidez y me dijo que nunca había creído de verdad sus quejas ni la gravedad de su dolor.

Mantuve el rostro impasible mientras me lo contaba, apretando su expediente con los dedos, pero por dentro estaba destrozada. La atención que Pradnya había recibido en la India era sorprendentemente deficiente y, después, sus médicos del Reino Unido también la ignoraron y abandonaron. Más tarde ese mismo día, en la sala de descanso, escuché a los médicos bromear mientras tomaban el té de la tarde, burlándose de sus pacientes «difíciles». No se referían a ellos por su nombre, sino por sus padecimientos: los «escoliosis» o los «cálculos renales». Salí de ahí, incapaz de quedarme ni de decir una palabra.

No pude dormir esa noche, decepcionada por cómo el sistema médico le había fallado por completo a Pradnya. Al dar vueltas en la cama, no dejaba de ver su rostro: con sus tristes ojos cafés, su cabello dividido con cuidado y trenzado, me recordaba a mi propia madre. Mirando con la vista fija en la oscuridad, me di cuenta de que lo que más me había molestado de su visita era que ya ni siquiera parecía esperar que alguien la ayudara. Se había acostumbrado a que la ignoraran, a que minimizaran sus preocupaciones. Al provenir de una familia de inmigrantes indios, conocía de primera mano lo que es no ser tomada en serio, ser ignorada y discriminada. Quizá fue por eso que esta paciente quedó grabada en mi mente, mi memoria y mi corazón: la sentía familiar. Conocía a personas como Pradnya y sabía cómo se sentían. También me di cuenta de que el juramento hipocrático («en primer lugar, no hacer daño») no era suficiente para ayudar a personas como ella. Como médicos, teníamos que hacer *más*.

Esa breve experiencia con Pradnya me ayudó a tomar conciencia de que los médicos no somos observadores neutrales frente a las desigualdades sociales; si no hacemos nada, nos volvemos parte del sistema que refuerza la injusticia. Durante los años siguientes, comencé a comprender cómo la autonomía de una persona puede afectar su salud y bienestar. Aprendí que los ingresos y niveles educativos más altos con frecuencia predecían mejor el bienestar de un paciente que la disponibilidad de servicios de atención médica. Todos los días veía cómo los factores sociales afectaban en gran medida nuestra salud, sujeta a las mismas discriminaciones que afectan tantos otros aspectos de nuestra vida.

Meses más tarde, y a un mundo de distancia de los fríos cielos grises de Edimburgo, comencé a trabajar en una pequeña clínica en las cálidas y soleadas pero remotas Islas Cook, en el Pacífico Sur. Mientras supervisaba una consulta externa en un hospital de Rarotonga, atendí a pacientes que presentaban insuficiencia cardiaca en etapa avanzada: edema severo con fóvea, con grave hinchazón y deformidad en las piernas. Había visto este tipo de síntomas de insuficiencia cardiaca antes, en el Reino Unido, pero esos eran casos que detectamos temprano y pudimos tratar con eficacia. En las Islas Cook, los pacientes acudían al hospital en las últimas etapas de una enfermedad grave, comprometidos de forma seria por su condición, y con dificultades para caminar. La falta de educación, de ingresos y otros factores les impedían visitar el hospital, y la escasez de recursos limitaba las opciones disponibles cuando al fin buscaban ayuda.

Fue en algún momento de ese año cuando los valores de igualdad y justicia comenzaron a solidificarse en mí como principios fundamentales, al guiar no solo la forma en que quería practicar la medicina, sino también como algo que quería para todos en todos los ámbitos de su vida. La injusticia me molestaba de forma visceral. Me resultó cada vez más claro que lo que veía en los consultorios —el rostro abatido de Pradnya o las piernas hinchadas y marcadas de los pacientes en las Islas Cook— no eran condiciones médicas al azar, sino secuelas de la discriminación y la desigualdad. Con frecuencia salía de esas habitaciones con el estómago hecho un nudo, abatida no solo por mis pacientes, sino también por el sistema del que formaba parte. A altas horas de la noche, cuando me tocaba estar de guardia y no lograba dormir, escuchaba mi disco *Disintegration* de The Cure y caminaba de un lado a otro por la gran habitación vacía en la torre del reloj del hospital, preguntándome qué podía hacer para cambiar la situación, para mejorar las cosas. ¿Por qué la atención médica ayudaba solo a algunas personas y dejaba de lado a tantas otras?

Recurrí a médicos experimentados en busca de respuestas. Les pregunté a cirujanos, psiquiatras, pediatras y médicos generales: ¿por qué se hicieron médicos? ¿Qué era lo que más les gustaba de su trabajo? ¿Cómo ayudaban a sus pacientes?

Pero sus respuestas fueron con frecuencia decepcionantes. Muchos de ellos mencionaron solo su sueldo como propósito para ejercer la medicina. Con el tiempo entendí que este cinismo que veía en muchos de mis colegas era su forma de lidiar con el estrés y el trauma que vivían en el trabajo. Muchos de ellos estaban demasiado agotados y sobrecargados de tareas para buscar sentido a su labor.

Pero si los encontrabas en el día correcto, podías ver un destello de lo que los animaba en su trabajo: sentían una profunda satisfacción al tratar a sus pacientes, un placer al encontrar un diagnóstico y ayudarlos a sanar. Sabían que su trabajo era importante; creían, en definitiva, que podían ayudar a la gente a estar bien.

A lo largo de mi carrera médica, me aferré a estos momentos, cuando los vi en otros médicos y cuando los experimenté yo misma. Comencé a darme cuenta de que, para mí, la medicina era más eficaz cuando abordaba no solo los síntomas del paciente, sino también sus realidades sociales. La historia de la medicina está llena de casos de procedimientos forzados, de pacientes y, a veces, comunidades enteras a las que se les despojó de su capacidad de actuar. Apenas en 2019, y gracias a una enfermera denunciante llamada Dawn Wooten, *The New York Times* reportó historias de cirugías forzadas, incluidas histerectomías, a muchas mujeres en un centro de detención del Servicio de Inmigración y Control de Aduanas de Estados Unidos en Georgia.

Historias como estas son horribles, pero ilustran el trato que reciben muchos pacientes en consultorios de todo el mundo. Con mucha facilidad, se ven presionados a hacer algo que no quieren o no entienden. Demasiadas veces se les niega el derecho básico que los médicos deberían brindarles, y que también deberíamos brindarnos unos a otros: el de decir que no.

Una y otra vez, estas historias resaltan el maltrato a grupos desfavorecidos y tienen implicaciones mucho más allá del campo de la medicina. Cuando se da por sentado el cumplimiento o la obediencia de grupos con menos poder y se asume de modo automático su consentimiento, las desigualdades que existen en nuestro mundo se refuerzan y se perpetúan con consecuencias demoledoras.

Para cumplir con sus responsabilidades primarias hacia los pacientes, los médicos tienen la obligación no solo de «no hacer daño», sino también de promover un sistema de atención médica justo que conduzca al bienestar para todos. Como han propuesto otros médicos, esto incluye abogar por la asignación justa y equitativa de recursos y servicios médicos y ampliar nuestro enfoque y nuestras responsabilidades más allá de los límites de la sala o la consulta clínica.

Me habían enseñado a creer que la medicina era, en palabras de mi padre, «lo mejor que yo podía hacer». Pero a medida que tomaba conciencia del sistema restringido en el que operaba, comprendí que mi verdadera vocación estaba en otro lugar. Quería profundizar en los fundamentos morales de la práctica médica y quería investigar los mecanismos psicológicos del profesionalismo, los conflictos de intereses y el consentimiento informado: problemas enormes y persistentes en la atención médica que afectan no solo a muchos de mis pacientes, sino también a muchos médicos como yo. La práctica clínica me había hecho preguntarme: ¿quién era yo en realidad? ¿Mi destino era ser una «buena médica» como todos esperaban? Más allá de las opiniones de los demás —mis padres orgullosos, mis maestros bien intencionados—, ¿qué era, en verdad, lo mejor que *yo* podía hacer?

CONECTARSE CON UNO MISMO

James G. March, politólogo estadounidense, escribió que con frecuencia decidimos cómo comportarnos en una situación respondiendo tres preguntas:

1. ¿Quién soy?
2. ¿Qué clase de situación es esta?
3. ¿Qué hace una persona como yo en una situación como esta?

La mayoría no se hace estas preguntas de forma explícita. Sin embargo, tomarse el tiempo para responderlas tiene un valor inmenso.

Creo que estas preguntas, en la práctica, no funcionan como una lista secuencial, sino como un ciclo (véase la fig. 6). No las formulamos una sola vez, sino de forma continua a lo largo de nuestro recorrido en el acto de desafiar. Yo veo las preguntas como una herramienta de navegación para la toma introspectiva de decisiones, como una brújula que guía cómo y cuándo desafiamos.

El proceso a menudo comienza con la pregunta fundamental: «¿Quién soy?», lo que nos insta a profundizar en nuestro interior para identificar nuestros valores fundamentales. A partir de este entendimiento, podemos proceder a evaluar «¿Qué clase de situación es esta?», lo cual nos impulsa a valorar el entorno para determinar la seguridad y el impacto positivo que podríamos generar. Completar el ciclo preguntando «¿Qué hace una persona como yo en una situación como esta?» nos invita a hacer la concordancia entre nuestras acciones y nuestras responsabilidades y valores, así como a aumentar nuestras habilidades y nuestra confianza —nuestra capacidad— para desafiar. En consecuencia, nuestras acciones afectan lo que pensamos de nosotros mismos, lo que nos lleva de nuevo a la primera pregunta. Este ciclo continuo de reflexión y acción nos guía a través de nuestro proceso de toma de decisiones, y asegura que nuestras elecciones no sean solo reacciones, sino manifestaciones de nuestra identidad.

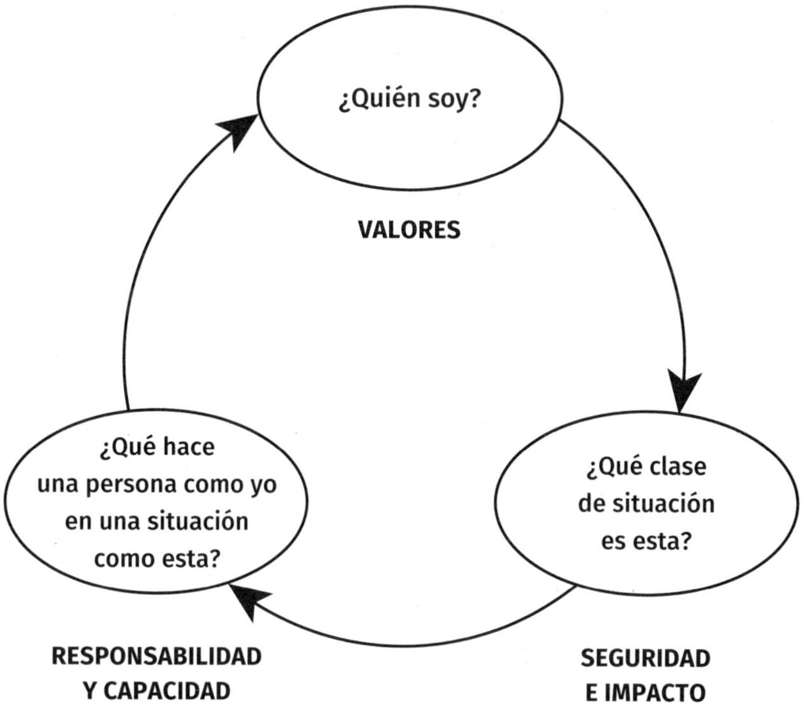

Figura 6. La Brújula del Acto de Desafiar

El acto de desafiar requiere que primero conozcamos nuestros valores. Ya sea en una única decisión momentánea o en decisiones que requieren una consideración mayor para nuestra carrera profesional o nuestras relaciones personales, el acto de desafiar muchas veces implica romper con la costumbre. Requiere que evaluemos por nosotros mismos y de forma consciente lo que más nos importa, más allá de nuestras racionalizaciones y de nuestra programación y nuestros condicionamientos culturales.

Hay muchas maneras de comenzar a articular nuestros valores. Algunas personas hacen contacto con sus valores por medio de la práctica espiritual; otras, a través de conversaciones con sus seres queridos y miembros de su comunidad en quienes confían. Hay quienes se vinculan con sus valores solo conversando consigo mismos, deliberando sobre acontecimientos importantes de su vida y reflexionando sobre lo que estos revelaron.

Otros descubren su verdadero yo en la experiencia de situaciones desconocidas o viajando a otros países. Las investigaciones muestran que las personas que se van a vivir al extranjero son más capaces de articular quiénes son y qué es importante para ellas. En un país extranjero, uno debe lidiar con qué comportamientos le resultan importantes: los que dominan en su cultura de origen o los que definen la cultura anfitriona. Muchas veces comienza poco a poco con comportamientos específicos que pueden convertirse en un examen más profundo de los propios valores fundamentales. Por ejemplo, si creciste en una cultura que valora las jornadas de trabajo prolongadas y la productividad, podrías cuestionar ese comportamiento después de irte a vivir a un lugar que le dé más énfasis a la vida personal y hogareña. Debes decidir si un alto rendimiento es en verdad un rasgo que te define a ti o es un comportamiento producido por un impulso cultural del cual convendría liberarte.

El detonante de ese tipo de examen de uno mismo no es solo la novedad, sino también una inmersión profunda. Cuando hablamos de vivir en el extranjero, los estudios demuestran que lo que conduce a la claridad sobre uno mismo no es la variedad, sino la *profundidad*. En otras palabras, no es la cantidad de países que se visitan lo que produce nuevas comprensiones de uno mismo, sino la cantidad de tiempo que se permanece en una cultura particular.

Para muchos de nosotros, vivir la pandemia de COVID-19 fue como mudarse a un país extranjero sin boleto de regreso. Se nos impuso una nueva forma de vida, en la que nos vimos obligados a tomar decisiones difíciles y adaptarnos a circunstancias extremas. En lo personal, me resultó increíblemente difícil habitar ese entorno desconocido que era la tierra de la pandemia, pero me dejó con una idea más clara de mí misma y de lo que aprecio.

Habitar una ligera tensión con el entorno puede ser una experiencia reveladora. Pero no es necesario que la situación sea incómoda para ofrecer una nueva perspectiva. A veces, simples cambios en nuestras responsabilidades —lo que los psicólogos llaman «transiciones de rol», como comenzar un nuevo trabajo o convertirse en madre o padre— pueden alterar nuestra visión habitual del mundo y de nosotros mismos, y con ello recordarnos quiénes somos, quiénes deseamos ser y qué nos gustaría ver en el mundo.

Y cuando empiezas a articular tus valores, podrías darte cuenta de que tus acciones no se corresponden con los ideales que profesas. ¿Qué es más certero: tu idea de quién eres o lo que tus actos en realidad revelan?

¿QUIÉN CREES QUE SOY?

Hace algunos años, como parte de un curso de liderazgo que estaba tomando, tuve que hacerles una pregunta a mis compañeros de trabajo y colaboradores:

—¿Cuál creen *ustedes* que es mi mayor pasión?

Pedirles a tus colegas que evalúen tus fortalezas y debilidades es una especie de lugar común en el ámbito empresarial. Pero la pregunta que estaba haciendo era diferente: no se trataba de «¿En qué soy buena?» o «¿En qué podría mejorar?», sino «¿Qué valoro en realidad?», «¿Qué crees que me motiva a levantarme cada mañana?».

Aunque inquietante, este ejercicio es por lo general una experiencia que llega a ser abrumadora y positiva. No solo porque las personas se fijan en tus fortalezas, tus pasiones y tus valores, sino porque te dicen cosas que validan lo que tú valoras y también revelan aspectos que quizá no esperabas.

El ejercicio produjo respuestas reveladoras. Por ejemplo (y espero que me perdones si esto suena un poco presuntuoso):

- Si la gente tiene una impresión equivocada, tu misión es mejorar las cosas en el mundo para iluminar esa confusión. Tienes un fuerte sentido de la justicia, lo que te hace estar orientada a una misión con propósito. No te importa lo que piensen los demás.

- Te importa mucho que la gente se comporte de manera justa. Estudias los conflictos de intereses porque crees que alteran el buen juicio de las personas y las obligan a actuar de una manera menos competente y menos justa.
- Mi impresión es que de verdad disfrutas al ver algún cambio o impacto real en el mundo que mejore la forma de pensar de las personas y, a través de ello, su bienestar. Tienes la confianza para decir lo que piensas si es algo que te apasiona.

Emergió un tema común que resonaba con los que considero mis valores fundamentales: la justicia, la equidad y la verdad. Eso tenía sentido para mí, porque mis experiencias de niña moldearon mi comprensión del mundo. Desde pequeña vi cómo los prejuicios, el racismo y la xenofobia hacían que el mundo resultara difícil para mi familia. Esas experiencias tempranas —recibir empujones en la calle, escuchar insultos raciales, ver cómo la carrera de mi padre se estancaba por su origen étnico— me llenó de un profundo anhelo de equidad y justicia.

Sin embargo, hubo otro tema que surgió en los comentarios de mis colegas y que me sorprendió: que no tenía miedo de decir lo que pensaba. Sentirme cómoda con la expresión abierta del acto de desafiar ha sido para mí una batalla de toda la vida. La misma infancia que me inculcó un profundo deseo de justicia y equidad también trajo consigo las asociaciones clave entre obedecer y ser «buena».

Fueron necesarios pacientes como Pradnya para mostrarme una nueva forma de actuar de acuerdo con mis valores. Mi conciencia fue creciendo, desde la infancia más allá, al darme cuenta de que las figuras de autoridad —maestros, médicos, policías— a veces podían tener grandes defectos: ser mezquinos, estar desinformados, ser incompetentes o injustos. Cuando vi a otras personas hacer algo que sabía que era perjudicial, llegué a comprender que lograr equidad y justicia a veces requiere oposición. Si quería vivir en un mundo justo y equitativo, no podía solo seguir adelante sin esfuerzo. Tendría que deshacerme de mis ideas arraigadas sobre la obediencia. Tenía que ir contra la corriente.

Aprender a desafiar y decir lo que pienso me tomó años y aún implica un reto para mí. Pero mis valores y principios se me inculcaron desde muy temprano. Las lecciones de mis padres guiaron una comprensión en evolución sobre el acto de desafiar. Vi los momentos en los que fueron ignorados y discriminados, y sentí su tristeza. Pero también vi cómo aceptaban y recibían a todos a su alrededor con amabilidad, equidad y generosidad.

Los valores no dependen de la situación, aunque, en la práctica, actuar de acuerdo con ellos sí puede depender de la situación. Los valores fundamentales no cambian si estamos en el trabajo, en casa, con un ser querido o con un desconocido. No son metas a corto plazo ni están ligados a objetivos específicos. Provienen de lo más profundo de nuestro interior, guían nuestro comportamiento y dan forma a nuestra manera de comprender el mundo.

En mis ejercicios con estudiantes, ciertos valores morales comunes emergen una y otra vez: *integridad*, *igualdad*, *compasión*, *humanidad*. Estos valores fundamentales, compartidos de forma amplia, trascienden culturas, religiones, contextos, razas y géneros, y no pueden reducirse aún más sin perder su esencia. Su aparente simplicidad oculta su profundidad e inmenso poder. Cuando nos conectamos con valores como estos, nuestras acciones muestran nuestro verdadero consentimiento y nuestro verdadero disenso.

Con frecuencia, nuestros valores provienen de experiencias tempranas y formativas: explorar esas experiencias puede guiarnos hacia lo que más importa.

Regina, una estudiante de mi curso de liderazgo en el ámbito de la salud, describió su valor más importante como «la reducción del sufrimiento». Lo descubrió a los 15 años, cuando a una amiga cercana le diagnosticaron un cáncer terminal. Ver a su amiga perder el cabello, soportar un dolor inmenso y sufrir por la abstinencia de morfina hizo que Regina se sintiera desesperada e impotente. Después de la muerte de su amiga, se comprometió a hacer todo lo posible para ayudar a curar el cáncer. Esta decisión ha moldeado sus decisiones, su educación y su carrera. Ahora se da cuenta de que todo lo que ha hecho en su vida se deriva del duelo por la muerte de su amiga y de la desesperación que sentía.

Trevor, otro estudiante del mismo programa, descubrió sus valores cuando era niño en los Boy Scouts Exploradores. Pero no fue la Ley Scout —que exige que los niños sean «dignos de confianza, leales, serviciales, amistosos, corteses, amables, obedientes, alegres, ahorrativos, valientes, limpios y reverentes»— lo que le enseñó su valor más importante. Fue el fracaso de su líder *scout*, la persona encargada de enseñar esa ley.

Durante semanas, Trevor y una docena más de niños de su iglesia se prepararon para un viaje de campamento de fin de semana en el sitio Ten Mile River Scout Camps: planearon caminatas, compraron equipo y practicaron cómo encender una fogata. El día del viaje, Trevor estaba orgulloso de ponerse su uniforme color canela recién planchado. Mientras iban rumbo a la iglesia, donde la camioneta del grupo ya estaba cargada con tiendas de campaña y comida enlatada, miraba la manga lisa, café, de su uniforme e imaginaba las insignias al mérito que algún día adornarían ese espacio. Tenía tantas ganas de partir hacia el bosque y acampar.

El ambiente en el estacionamiento era alegre. Todos estaban emocionados por el viaje. Trevor y los otros niños cargaron la camioneta con su equipo, bromeando y riendo mientras esperaban al jefe *scout*.

Al principio no se preocuparon cuando llegó la hora pactada y él no se veía por ningún lado. Tal vez solo iba a llegar tarde. Tal vez estaba atorado en el tráfico.

Pero conforme pasaba el tiempo (treinta minutos, una hora, dos horas), empezaron a inquietarse. ¿Dónde estaba su líder?

—No se preocupen —les decían sus padres—, ya llegará.

Pero no llegó. Pasaron tres horas, luego cuatro. Los chicos dejaron de bromear y jugar; sus sonrisas se convirtieron en ceños fruncidos de decepción.

Después de cuatro horas y media, Trevor y el resto de los chicos se fueron a casa.

—Simplemente no llegó —me contó Trevor, todavía incrédulo por lo que había sucedido, casi veinte años después—. No apareció.

Más adelante, Trevor escuchó rumores sobre el alcoholismo del jefe *scout*. Y diez años después de este incidente, mientras visitaba la iglesia de su ciudad natal, se sorprendió al escucharlo relatar con lujo de detalle aquel viaje de campamento, a pesar de que nunca sucedió.

Para Trevor, esta historia decepcionante de su infancia no le reveló tanto las virtudes de la puntualidad o los peligros del alcohol, sino el valor y la importancia de la *integridad*: ser honesto, directo y cumplir los compromisos. Se dio cuenta de que lo que los Scouts dicen ser puede ser muy diferente de lo que en realidad hacen.

—Cuando eres niño —aseguró— no puedes comprender el problema del alcoholismo. Yo prometí que nunca sería ese hombre que decepcionaría a los demás.

Trevor no quería convertirse en el tipo de hombre que deja abandonado a un grupo de niños en un estacionamiento, después de semanas de prometerles un viaje de campamento de fin de semana. Tampoco quería ser alguien que, después del hecho, mentía sobre lo que había sucedido. Más tarde, como médico, padre y esposo, su propósito fue ser honorable, confiable y actuar con integridad en todo lo que hiciera.

—Pienso en este valor todos los días de mi vida —me dijo.

Con gran frecuencia nuestros valores permanecen sin nombrar, sin examinar y, por lo tanto, son inaccesibles cuando más los necesitamos. No solemos pensar en verbalizarlos hasta que nos piden de forma explícita que lo hagamos; forman parte de lo que somos, pero si no hemos dedicado el tiempo a considerarlos a profundidad, pueden parecer difusos o inalcanzables.

Para que nuestros valores guíen nuestro comportamiento y nos conduzcan a un Sí Verdadero o un No Verdadero, debemos conocerlos y nombrarlos, de modo que puedan moldear nuestro comportamiento y ayudarnos a determinar cómo responder en situaciones desafiantes.

Con frecuencia pienso en cómo las cosas podrían haber sido diferentes para alguien como Pradnya si sus médicos hubieran reflejado y verbalizado sus valores como lo hicieron Regina y Trevor. Mucha gente vive la vida como los médicos de Pradnya: con exceso de trabajo, agotados y exhaustos. Es fácil perder de vista los valores fundamentales cuando cada día —cada hora, cada minuto— trae consigo un nuevo reto, una nueva tormenta que atravesar. Es fácil solo brincar de ola en ola, esperando que el mar se calme.

Reflexionar de modo profundo sobre nuestros valores fundamentales es algo que rara vez alguien nos anima a hacer, pero es un ejercicio que en sí mismo es gratificante y útil. El acto de escribir y explicar cuáles son nuestros valores y por qué son importantes también hace que sea más probable que nuestros comportamientos deseados ocurran. Además, hay evidencia que sugiere que clarificar cuáles son nuestros valores puede llevarnos a reducir la respuesta biológica al estrés, incluyendo niveles más bajos de cortisol.

Si se hacen explícitos, nuestros valores pueden guiarnos, ayudarnos a atravesar situaciones complejas, difíciles o abrumadoras. Nos recuerdan quiénes somos y quiénes aspiramos a ser. Son las señales familiares y erosionadas que nos llevan de regreso a nosotros mismos, de regreso a tierra firme.

ESTE NO SOY YO

Hace varios años, cuando entré a una nueva universidad como profesora, recuerdo que un profesor veterano me negó información clave para que yo pudiera coimpartir un curso con él. Sentí que me había puesto una trampa para fracasar, al dejarme sin los materiales y recursos que necesitaba. No mencioné el tema sino hasta meses después de terminar el curso (por fortuna, con éxito), cuando la noticia llegó a oídos de la decana asociada, mi jefa. Ella estaba avergonzada e hizo todo lo posible por hacerme sentir bienvenida, asegurándome que se trataba de una institución colaborativa.

—Sunita, esto no es lo que somos —insistió.

Cuando escuché que el mismo incidente volvió a surgir el siguiente año académico entre el mismo profesor veterano de la facultad y otro nuevo colega que acababa de incorporarse, pensé una vez más en las palabras de mi decana asociada.

«No son quienes tú *deseas* que sean», pensé, «pero si sucede una y otra vez, tal vez *sí* es lo que son».

Las acciones hablan más que las palabras, en especial cuando esas acciones se repiten.

Sara, la coordinadora de subsidios que al final renunció a su organización, llegó a una conclusión similar cuando estaba sentada en la oficina de su jefe, después de que le pidieran de nuevo hacer la vista gorda ante la corrupción.

«Esta no soy yo», se dijo antes de renunciar.

Muchas de las personas a las que he entrevistado sobre el acto de desafiar en los últimos años recuerdan una frase similar, cuando se encontraron cumpliendo algo en lo que no creían del todo, o cuando se sintieron presionadas a hacer algo que no querían hacer. La frase siempre era algo como: «Este no soy yo. Esta no es la persona que soy».

Ese diálogo interno es una manifestación de tensión, que surge en un momento fundamental de disonancia cognitiva: la incomodidad que provoca una contradicción entre dos creencias opuestas. Quien crees que eres según tus valores declarados (la primera pregunta de la Brújula del Acto de Desafiar) entra en conflicto con los valores que tus acciones reflejan (la tercera pregunta de la Brújula). Estas creencias enfrentadas generan una presión que exige resolverse.

«Aquí estoy», pensamos, «haciendo algo que no coincide con quien creo ser».

Cuando Jeffrey Wigand aceptó el trabajo en Brown & Williamson, sabía que había una situación extraña: un bioquímico con una larga trayectoria en el sector salud, yendo a trabajar para la industria tabacalera. Quizá creyó que podía preservar sus valores mientras trabajaba para desarrollar un cigarro más seguro. Sin embargo, después de poco tiempo se dio cuenta de que los engaños de sus empleadores sobre los efectos nocivos de sus productos no concordaban con su propio sentido del yo. La integridad era importante para él y también lo era no lastimar a los demás. Él no iba a ser cómplice de ocultar un daño al público. Convertirse en denunciante tuvo un costo, pero no solo le permitió calmar su conciencia: le permitió vivir de acuerdo con sus valores morales fundamentales. Trabajar en una empresa tabacalera le aclaró lo que era de verdad importante para él, y desde entonces ha dedicado su vida a denunciar las mentiras que sus antiguos empleadores querían que propagara.

Cuando nuestro comportamiento público difiere en lo fundamental de nuestras convicciones personales, cambia *quiénes somos*. Corremos el riesgo de convertirnos en una persona que no reconocemos, alguien que no creemos ser. Las personas comienzan a interiorizar de forma gradual las normas que muestran en público, y nuestra propia opinión privada con frecuencia cambia para ser más acorde con nuestro comportamiento público, con lo que se erosiona nuestra identidad original. Jeffrey Wigand se dio cuenta de que ser un «buen empleado» en Brown & Williamson significaba convertirse en alguien que no quería ser. La brecha entre sus acciones y su sentido del yo se hacía mayor con cada mentira sobre un cigarro más seguro. Si hubiera seguido trabajando en silencio y cumpliendo con lo que se esperaba de él en su empresa, su sentido de integridad habría disminuido o habría tenido que involucrarse en un autoengaño cada vez mayor para continuar haciendo su trabajo y sostener su sentido del yo.

Somos lo que hacemos, sin importar cómo nos veamos a nosotros mismos; y lo que hacemos afecta, con el tiempo, nuestra percepción de nosotros mismos, por no hablar de la forma en que nos perciben los demás.

Una verdad dura que muchos de nosotros aprendemos es que la realidad de la vida a menudo no coincide con nuestros ideales. No siempre somos capaces de controlar cómo funciona el mundo. Pero cuando notamos que nuestras acciones no coinciden con nuestros valores fundamentales —que nuestro comportamiento no representa a la persona que queremos ser— es una señal de que algo está mal. Cuando escuchemos la vocecita en nuestra cabeza que dice: «Este no soy yo», es una buena idea prestarle atención.

Esta es la voz de nuestros valores. Y deberíamos tomarla como una llamada de atención. En definitiva, lo fue para Jeffrey Wigand, para Sara y para muchas otras personas. Es posible que ellos mismos hubieran silenciado esa voz en el pasado, o que tal vez se hubiera hecho más y más fuerte a medida que sus circunstancias cambiaban, pasando de un susurro a un rugido. Pero cuando al fin la escucharon, cuando su intensidad aumentó y les recordó sus valores fundamentales y principios más elevados, entonces se dieron cuenta. Y desafiaron.

Todos tenemos esta voz dentro de nosotros, aunque tengamos una relación distinta con el acto de desafiar. Algunos se han sentido cómodos desafiando las expectativas y las restricciones sociales desde la infancia. Otros, como yo, fuimos criados para obedecer y complacer, y tuvimos que aprender, con el tiempo, a actuar de acuerdo con nuestros verdaderos valores, lo que a veces implica ser desafiantes.

Las personas que desafían aprenden a escuchar su voz interior para comportarse de una manera que sea fiel a ellos mismos: superan sus autoengaños y racionalizaciones, sus ideas arraigadas sobre la obediencia, y actúan de acuerdo con sus valores.

No es algo que ocurra de la noche a la mañana. Al igual que la tensión entre nuestro yo ideal independiente y el interdependiente, vivir en total armonía con nuestros valores también es un ideal.

Como expresó uno de mis alumnos:

—Vivir según mis valores es una aspiración, pero nunca una realización completa.

Puede ocurrir que nunca alcancemos la plena realización de nuestros valores, pero la búsqueda en sí da sentido a nuestra vida. La conexión con uno mismo no es una meta final, sino una experiencia de aprendizaje constante. Es algo en lo que podemos mejorar con el tiempo. Nos ayuda a llegar a nuestros principios más elevados, nuestros valores profundos y duraderos. Disipa todo autoengaño y desmantela cada cuento que nos contamos sobre quiénes somos. Al quitarnos la venda de los ojos, la conexión con uno mismo nos da la fuerza para expresar nuestro Sí Verdadero o nuestro No Verdadero.

El acto de desafiar comienza con una pregunta, breve, pero nada sencilla: *¿Quién soy?*

Pero no termina ahí. Para continuar el camino hacia nuestro No Verdadero, también debemos dirigir la mirada hacia fuera: al mundo que queremos transformar.

11

EL LUGAR Y EL MOMENTO ADECUADOS

Visto desde arriba, el Estado Levi's, en el Área de la Bahía de San Francisco, es un mar de pasto verde intenso, cruzado por marcas blancas. El logo rojo y blanco de los 49ers de San Francisco es enorme en el centro del campo. Bajo el sol oblicuo de la tarde, las gradas están medio vacías: parece haber más jugadores que espectadores. Todos —los aficionados en las gradas, los jugadores y las porristas en el campo— están de pie.

Excepto una persona. Es diminuto en la foto, difícil de distinguir. Podría pasar desapercibido, sentado en una banca a un costado del campo, con solo la cabeza y los hombros a la vista. Entre dos cubetas naranjas de Gatorade, apenas se alcanza a ver la parte superior del número 7, estampado en su uniforme carmesí. Está de espaldas a la cámara y aún no muestra por completo el voluminoso afro que se convertirá en su sello distintivo ni la mirada decidida que pronto será reconocida en todo el mundo, incluso por quienes no siguen el futbol americano.

No es la primera vez que permanece sentado durante el himno. Hizo lo mismo durante los dos partidos anteriores de pretemporada del equipo. Pero como estaba lesionado y no vestía el uniforme oficial, nadie pareció percatarse.

Esta noche es diferente. Está uniformado: se puso los pantalones dorados reglamentarios del equipo sobre la rodilla que le restauraron en el quirófano y se colocó las voluminosas hombreras sobre el labrum del hombro, que tiene un desgarre parcial. Llevó su casco dorado al campo y lo colocó a su lado, en el banquillo. Sabe que no jugará, pero está preparado.

En promedio, cantar el himno nacional de Estados Unidos, «The Star-Spangled Banner», toma alrededor de un minuto con cincuenta y cinco segundos. Durante veinte de esos aproximados 115 segundos, antes de este partido de pretemporada contra Green Bay, Colin Kaepernick sigue siendo, ante todo, un jugador de futbol americano: un joven prodigio que lucha por recuperarse de las lesiones, apenas tres años y medio después de que fuera el artífice que condujera a su equipo al Super Bowl.

Pero entonces suena el obturador.

Aquella noche de agosto de 2016, cuando un reportero local publicó una foto panorámica de los 49ers de San Francisco, los aficionados y periodistas notaron de inmediato lo que había escapado a su atención durante semanas: Colin Kaepernick, el mariscal de campo lesionado del equipo, permanecía sentado durante el himno.

Al principio, su negativa a ponerse de pie se interpretó como una declaración contra el ejército. Pero en una entrevista al día siguiente de que se hiciera viral la foto donde aparece sentado, dejó claras sus razones:

—No me voy a poner de pie para mostrar orgullo por la bandera de un país que oprime a las personas negras y de color. Para mí, esto es más grande que el futbol americano, y sería egoísta de mi parte mirar hacia otro lado.

Un mes antes, el 5 de julio, Alton Sterling había recibido seis disparos a quemarropa en Baton Rouge, Luisiana. Tan solo un día después, Philando Castile fue asesinado cuando lo pararon por rutina en su automóvil en el área de Minneapolis-Saint Paul, en Minnesota. Estos eran solo los casos más recientes de una larga lista de hombres y mujeres negros asesinados por la policía. Kaepernick llevaba años leyendo sobre ellos, profundamente consternado por la injusticia de sus asesinatos, y en los últimos meses se había estado educando por su cuenta sobre el racismo sistémico y la resistencia no violenta.

Pero la formación de Colin Kaepernick no se había producido solo entre las páginas de un libro o entre el público en una conferencia. Es birracial, hijo de un padre negro y una madre blanca, quienes lo dieron en adopción poco después de haber nacido. Criado en California por una familia blanca, durante un largo tiempo había pertenecido a dos mundos: el blanco y el negro, el del atleta y el del estudiante. Durante toda su vida había intentado comprender quién era, cómo lo veía el mundo y qué defendía.

Su decisión de permanecer sentado durante el himno nacional, dijo en una conferencia de prensa dos días después de que se difundiera la imagen, no fue hacerse viral ni llamar la atención. Fue una decisión puramente personal. Se sentía mal por ponerse de pie mientras había gente muerta en la calle.

—Cuando haya un cambio significativo —señaló en una conferencia de prensa—, y sienta que esa bandera representa lo que se supone que debe representar… me pondré de pie.

Kaepernick sabía lo que podía venir: la indignación del público, las condenas, quizá incluso perder su empleo. Sabía cómo responderían los medios y sabía que la afición de la NFL respondería con hostilidad. Anticipó los abucheos, los insultos, los comentaristas de televisión y radio pondrían en duda su patriotismo.

Que estaba faltándole al respeto a la bandera.
Que era un desagradecido.
Que estaba deshonrando la memoria de los veteranos.
Que si no le gustaba el país, por qué no se iba.

En entrevistas y conferencias de prensa, explicó una y otra vez que su gesto no era un ataque contra las fuerzas armadas. Destacó que tenía amigos y familiares en el cuerpo policial. Afirmó que sus preocupaciones no estaban dirigidas contra las personas que sirven a Estados

Unidos. Más bien, sus acciones eran una protesta contra lo que consideraba las fallas del país a la hora de defender sus propios valores de igualdad y justicia.

Después de hablar con miembros de las fuerzas armadas y otros jugadores de futbol americano, afinó su postura. En lugar de permanecer sentado, decidió arrodillarse. Dijo que era una señal de respeto hacia los hombres y mujeres que habían luchado y muerto por los principios de su país: la libertad, la justicia y la igualdad. Creía que arrodillarse ayudaría a aclarar su mensaje y a generar más cambios.

En el siguiente partido, uno de sus compañeros de equipo, Eric Reid, se unió a él. Muy pronto, decenas de jugadores en toda la liga hicieron lo mismo. La protesta creció y se extendió a otros deportes, desde profesionales hasta aficionados.

Kaepernick todavía jugaba, pero se hizo conocido más por su activismo fuera del campo que por sus pases de anotación dentro de él. Al final de la temporada, dejó a los 49ers antes de que lo sacaran del equipo.

En los años posteriores, a pesar de gozar de excelente salud, ningún otro equipo lo ha contratado. Muchos —incluido él mismo— creen que fue vetado por su postura.

Aun así, no se arrepiente de su decisión de permanecer sentado y luego arrodillado. Siempre supo que el acto de desafiar conlleva costos. Pero también sabía que, para él, ese era el lugar y el momento adecuados, y que tenía que actuar.

¿QUÉ TIPO DE SITUACIÓN ES ESTA?

Cuando decidimos cómo comportarnos en una situación —en especial si sentimos tensión—, la primera pregunta de la Brújula del Acto de Desafiar *(¿Quién soy?)* nos ayuda a identificar y establecer contacto con nuestros valores morales fundamentales. Una vez hecho esto, es momento de volver la mirada hacia afuera, evaluar nuestro entorno y preguntarnos: *¿Qué tipo de situación es esta?* Al igual que la primera pregunta, podemos formularla y responderla de forma implícita. Pero cuanto más explícitos seamos en nuestra conciencia y cuestionamiento, más cómodos y prácticos podremos sentirnos para poner en marcha nuestro acto de desafiar.

Cuanto mejor analicemos nuestro entorno, con mayor rapidez y destreza podremos tomar decisiones informadas sobre cómo desafiar. Debemos evaluar dos factores principales: la seguridad y el impacto.

¿Es seguro que desafíe? (seguridad)
¿Esta acción marcará alguna diferencia? (impacto)

Cuando se trata de desafiar, queremos sentirnos seguros en varias dimensiones: física, emocional, económica y social. También queremos saber que nuestro acto de desafiar será efectivo, que generará un impacto positivo.

Pensemos en Rosa Parks, sentada en su asiento en ese autobús de Montgomery, mirando una vez más el rostro indignado del conductor del autobús, James Blake. Conocemos el viaje que la llevó a ese día: la larga lucha por la justicia, las noches en vela planeando desde la cocina, las fotografías en blanco y negro del cuerpo destrozado de Emmett Till. Las acciones de Parks no fueron producto de un mero impulso. Fueron producto de una observación minuciosa y una evaluación clara de su situación, no solo en el ámbito de la lucha por los derechos civiles, sino justo en ese autobús, sentada entre los demás pasajeros, respirando su aire.

Rosa Parks era consciente de lo que podría ocurrir si se negaba a ceder su asiento. Conocía los riesgos que corría su seguridad: la podían arrestar, someterla a un enorme escrutinio y podía sufrir acoso y enfrentar problemas legales.

Pero Parks también pensó que su negativa a cambiar de lugar podría generar un impacto. Podía ser una forma de abogar por la eliminación de la segregación en los autobuses de la ciudad. Como activista con años de experiencia y una trayectoria intachable dentro del Movimiento por los Derechos Civiles, sus compañeros activistas se le unirían. Su postura podía marcar la diferencia.

Es posible que Colin Kaepernick haya hecho un cálculo similar. Como deportista profesional, tenía poder, visibilidad y una plataforma televisiva semanal. Su decisión de permanecer sentado durante el himno nacional puede haber comenzado como un pequeño acto de desafiar personal, pero, como descubriría con rapidez, también tendría impacto. Aunque no esperaba que su imagen se hiciera viral, así ocurrió y pronto otros se le unieron.

Aunque aquí recomiendo evaluar el impacto positivo, el acto de desafiar no siempre se trata de ganarse a los demás. A veces, desafiamos solo para tomar una postura (o un asiento) en defensa de lo que creemos.

Las etapas del acto de desafiar —tensión, reconocer el malestar, comunicarlo y luego amenazar con dejar de acatar antes del acto de desafiar final— pueden equivaler a una conversación con el entorno. Incluso si te saltas pasos o inviertes el orden, las etapas te ayudan a probar las aguas y evaluar de qué manera podría el acto de desafiar afectarte en ese momento. Estos intentos por sondear la situación ayudan a detectar si el momento y el lugar son los adecuados.

Colin Kaepernick arrodillado bajo las luces brillantes del estadio, Rosa Parks sosteniendo el número 7053 en su ficha policial: estas imágenes quedan grabadas de modo permanente en la retina de muchas personas en todo el mundo. Ambas personas tomaron la decisión histórica de desafiar un día particular en una situación particular. La tarea que todos enfrentamos cuando consideramos emitir un No Verdadero es ser capaces de identificar ese momento cuando llegue, no guiados por una intuición o una «corazonada», sino a partir de una evaluación cuidadosa, lúcida y rápida del entorno y de nuestro lugar en él.

Estas son decisiones profundamente personales. Hay quienes desafían a pesar de los grandes riesgos para su seguridad física y psicológica. A menudo, desafían incluso cuando están seguros de que no conducirá a un cambio duradero. Pero una comprensión clara de los posibles riesgos, costos y beneficios nos permite tomar una decisión informada. La elección es nuestra.

LA BRECHA EMPÁTICA DEL ACTO DE DESAFIAR

El acto de desafiar implica, por naturaleza, un riesgo. Nunca será por completo seguro. Un No Verdadero no siempre conlleva el riesgo de sufrir daños corporales, pero el acto de desafiar puede tener inmensos costos psicológicos, sociales, económicos o profesionales. Ir en contra del *statu quo* podría costarnos nuestro trabajo o dejarnos aislados, como objeto de burlas o condenados al ostracismo.

Al mismo tiempo, una cultura en la que todos se tragan una y otra vez su No Verdadero puede tener consecuencias demoledoras. En un avión, si el copiloto no puede comunicarle un error al piloto al mando, podrían estar en riesgo las vidas de cientos de pasajeros a miles de metros de altura. En las fuerzas del orden, si un oficial no puede denunciar una mala conducta sin temor a represalias, la corporación y el público saldrán perjudicados. En un hospital, si una enfermera no puede señalar el error de un médico por temor a ser despedida podría terminar en la muerte de un paciente.

Hace algunos años, entrevisté a cincuenta enfermeros y directores de enfermería en un importante hospital de Estados Unidos para un proyecto de investigación. Les pregunté, por ejemplo: «¿Qué tan cómodos se sienten para hablar o señalar asuntos laborales, en especial los relacionados con la seguridad de los pacientes? ¿Qué les impide a ustedes o a otros enfermeros de su unidad alzar la voz ante un problema?».

Lo que descubrí reforzó mis preocupaciones: muchos enfermeros no se sentían cómodos en absoluto al expresarse. Los tipos de asuntos que describieron como «problemáticos» eran comunes pero con un potencial serio: errores en el tratamiento, escasez crónica de personal que conducía a atajos y equivocaciones.

Por mucho, la razón más común por la que los enfermeros no comunicaban la problemática era la falta de seguridad psicológica.

Estos enfermeros usaban la palabra *miedo* con frecuencia: temían que cuestionar a un jefe de enfermería o a un médico tuviera represalias, y se sentían intimidados por el desequilibrio de poder que implicaban sus funciones.

Como lo expresó una enfermera:

—Tal vez una de las cosas más importantes sería el miedo; miedo a meterse en problemas... Creo que también hay un nivel de intimidación por parte de los superiores o... si hay alguien junto a la cama y el médico dice: «Esto es lo que vamos a hacer», y te dices para tus adentros: «Esto no parece correcto»... Se necesita valor para dar un paso al frente y decir: «Un momento, doctor, no, eso no lo vamos a hacer».

Pero el miedo no era el único factor que limitaba a los enfermeros. La otra razón que muchos de ellos dieron fue la creencia de que, aunque hablaran, no serviría de nada. No creían que alzar la voz tuviera algún impacto positivo. Como expresó un enfermero:

—Creo que todos llegamos al punto en el que ya no es que me dé miedo hablar, sino que nunca cambia nada, nunca pasa nada.

Es fácil imaginar el silencio ante tales circunstancias, incluso si se ha presenciado un error. Si no se siente una seguridad psicológica, y si hablar no va a conducir a un cambio real, ¿para qué hacerlo?

Les hice preguntas similares a los jefes de enfermería: «¿Cuán cómodos se sienten los enfermeros de su unidad para decir lo que piensan o plantear problemas laborales, en especial los relacionados con la seguridad de los pacientes? ¿Qué creen que impide que los enfermeros hablen sobre los problemas?».

De forma sorprendente, los jefes de enfermería dieron razones muy diferentes de por qué los enfermeros de sus unidades no decían nada. No se fijaron en la seguridad psicológica ni en el impacto. Más bien, estas figuras de mayor rango veían la falta de expresión de los enfermeros como una falla personal, no como un problema cultural. Creían que los enfermeros, o bien estaban eludiendo su responsabilidad de reportar errores, o solo no tenían la capacidad para hacerlo:

no tenían la habilidad ni la confianza suficientes para hablar. Como dijo un jefe:

—Algunas personas, algunos enfermeros, no se responsabilizan tanto de lo que sucede en su entorno con otros pacientes.

En esencia, los enfermeros pensaban que el problema era la cultura hospitalaria, mientras que sus superiores creían que los propios enfermeros eran los culpables.

Mis colegas y yo denominamos a la discrepancia entre las percepciones de enfermeros y supervisores la *brecha empática del habla*. Los jefes y el personal sostenían opiniones diferentes sobre lo que impedía decir lo que se piensa (alzar la voz), según sus posiciones dentro de la jerarquía organizacional. Debido a sus diferentes roles, interpretaron la situación y a las personas implicadas en ella de maneras en esencia diferentes. Los jefes no podían empatizar con las emociones de temor e intimidación de los empleados. No entendían lo incómodo que puede ser para alguien decir lo que piensa.

Estas brechas de empatía son problemáticas. Si los jefes de enfermería como los que entrevisté no creen que exista un problema en la cultura del hospital, no harán nada para cambiar el entorno. Y si los enfermeros no se sienten seguros para sugerir cambios, o creen que plantear inquietudes no servirá de nada, puede instalarse un estancamiento cultural. En un contexto de alta exigencia como un hospital, todos pierden, en especial los pacientes.

Las brechas de empatía no se limitan a los hospitales, ni siempre se relacionan con alzar la voz. Una brecha de empatía también puede aplicarse al acto de desafiar en general, lo que resulta en una «brecha empática del acto de desafiar». Estas brechas se encuentran con frecuencia en el centro de la pregunta que se plantea en el capítulo 8: «¿Quién puede desafiar?». Lo que a ti te parece inseguro puede ser parte de la normalidad para quienes tienen más poder, personas que, por tanto, no entienden cómo puedes sentirte en peligro. Y cuando decides de forma consciente seguir acatando una situación porque te sientes inseguro, quienes están en el poder pueden malinterpretar tu actitud y creer que consentiste, que no asumiste tu responsabilidad de desafiar o que solo careces de la capacidad de emitir un No Verdadero.

En otra investigación, realizada con mi colega Catherine Shea, examinamos las diferentes percepciones entre reclutadores y candidatos respecto a preguntas ilegales sobre datos demográficos en entrevistas de trabajo. Identificamos una brecha de percepción por la que los entrevistadores con frecuencia malinterpretan las preguntas ilegales —sobre matrimonio e hijos— como gestos benevolentes para generar confianza o ayudar al entrevistado. Por el contrario, los candidatos a un puesto de trabajo, en especial las mujeres, las percibían como potencialmente discriminatorios, lo que reducía su confianza en el entrevistador y su interés en el puesto. Esta brecha en las percepciones persiste porque las candidatas, agobiadas por la ansiedad por insinuar algo, tienden a obedecer y responder la pregunta. Esta respuesta puede perpetuar de manera inadvertida el ciclo en el que los entrevistadores, ajenos a las repercusiones negativas de su línea de preguntas, continúan con su comportamiento perjudicial en potencia.

Cerrar las brechas empáticas del acto de desafiar es a menudo una condición necesaria para crear un entorno en el que se valore el No Verdadero de todos. Muchas veces es difícil hacerlo, pero mi investigación sugiere que educar a los jefes sobre la brecha empática del habla puede cambiar sus creencias. Cuando se les informa sobre la importancia de la seguridad psicológica, de los factores situacionales y de la cultura organizacional en relación con el alzar la voz, los jefes pueden comprender mejor las perspectivas de sus empleados.

Para los empleados, sin embargo, generar un cambio no debería implicar un sacrificio constante de su bienestar en ambientes inseguros, incluso si esos ambientes son justo lo que se busca cambiar. No es necesario que te lances una y otra vez sobre la granada para evitar que lastime a alguien más. Cuando el momento no es el adecuado, a veces es mejor esperar a que llegue una mejor oportunidad: un momento y un lugar en el que el acto de desafiar sea menos costoso y en verdad pueda marcar una diferencia.

SABER CUÁNDO ES EL MOMENTO ADECUADO

Al principio, Rachael Denhollander sentía aprecio por el doctor Nassar.

Pálido, con el cabello negro corto y un mentón débil, Nassar llevaba lentes sin marco que con frecuencia se empujaba hasta la punta de la nariz, mirando por encima de los bordes con una expresión de búho. Con sus pantalones de pinzas, su camisa polo fajada y su teléfono celular sujeto al cinturón, parecía más el padre *nerd* de alguna compañera gimnasta que un médico de fama mundial del equipo estadounidense.

En la primera visita de Denhollander a su consultorio en la Universidad Estatal de Michigan, el médico le elogió los zapatos y le preguntó por el libro de texto de ciencias que llevaba. La llamó «niña» y le dijo que podía llamarlo «Larry». Y cuando ella le habló de su dolor, él de verdad la escuchó.

Escuchó cómo describía el dolor en sus muñecas y espalda, lo difícil que le resultaba hacer tareas básicas de la casa, mucho menos los saltos hacia atrás que su entrenador de gimnasia le pedía que hiciera en cada práctica.

A diferencia de otros médicos que había visto, Nassar parecía saber con precisión qué le pasaba. Nombró los tendones que estaban inflamados en sus brazos y manos. Explicó cómo Denhollander hiperextendía sus muñecas en cada caída, lo que a su vez sobrecargaba los músculos de su espalda baja. Le mostró cómo sus caderas estaban rotadas de forma incorrecta y, con la ayuda de un modelo anatómico, les explicó a Denhollander y a su madre cómo podía manipular el hueso pélvico para regresarlo a su lugar.

Nassar hizo que Denhollander se acostara bocabajo, con las piernas separadas unos 30 cm. Colocó una mano sobre su espalda baja y la otra en la parte interna de su pierna.

Le dijo que iba a aplicar un poco de presión. Lo hizo. Pero también metió la mano por debajo de sus shorts y ropa interior.

Fue tan breve que Denhollander pensó, al principio, que tal vez lo había imaginado. Luego dudó de sí misma, pensando que quizá se trataba de un tratamiento normal.

Sabía, por conversaciones con su madre, que existían terapias internas para el dolor. Pero también sabía que esos procedimientos no eran la primera opción en el caso de gimnastas y que, por lo general los realizaban especialistas certificados y con guantes, guantes que Nassar no estaba usando.

Denhollander permaneció en silencio.

No dijo nada cuando Nassar repitió el gesto minutos después durante la liberación miofascial. Ni tampoco más tarde, durante el masaje de tejido profundo, una técnica que consiste en aplicar presión sobre puntos gatillo específicos.

En el momento, Denhollander se quedó helada. Y más tarde trató de razonar lo que estaba pasando. Después de todo, Nassar fue muy amable. Era uno de los médicos más famosos del mundo en el ámbito de la gimnasia. Seguro sabía lo que estaba haciendo. Seguro él nunca la lastimaría, y menos aún frente a su madre, que estaba sentada del otro lado de la sala, leyendo una revista.

Lo que Denhollander no supo en ese momento fue que Larry se había colocado justo entre su madre y la zona que estaba tocando, por lo que su madre no podía ver lo que estaba sucediendo.

Tampoco supo, en ese momento, que Nassar —a pesar de toda su amabilidad, de todos sus elogios, de todos los premios y medallas que decoraban las paredes de su oficina— llevaba años haciendo lo mismo, con cientos de chicas como ella.

Y tampoco supo en ese momento que lo seguiría haciendo durante muchos años más, con cientos de chicas como ella.

Dieciséis años después, Rachael Denhollander era abogada, entrenadora de gimnasia, estaba felizmente casada y era madre de tres hijos. Hacía tiempo que había abandonado su sueño de una carrera en la gimnasia, pero adoraba su trabajo, a sus hijos y las horas que pasaba en el gimnasio, ayudando a niñas a entrenar en el deporte que amaba.

Una mañana, en la cocina de su pequeña casa en Louisville, Kentucky, mientras buscaba su lista de compras en la *laptop* con su bebé amarrada al pecho, un titular la dejó helada.

«UNA MIRADA CIEGA ANTE EL ABUSO SEXUAL: CÓMO USA GYMNASTICS DEJÓ DE REPORTAR CASOS»

El mundo de Denhollander se detuvo. El artículo, publicado por *The Indianapolis Star* revelaba cómo USA Gymnastics —la federación deportiva estadounidense para la gimnasia— había encubierto casos de abuso sexual durante décadas. Varias gimnastas habían presentado denuncias contra entrenadores y miembros del personal médico. Denhollander buscó con desesperación el nombre de Larry Nassar: no lo encontró.

Durante todos esos años, nunca había hecho público lo que le sucedió, en múltiples ocasiones, cuando tenía 15 años. Pero esa mañana envió un correo electrónico a *The Indianapolis Star*. Luego presentó una denuncia ante la policía de East Lansing y una queja conforme al Título IX[1] en el estado de Michigan. Con ello, se convirtió en la primera mujer en acusar de forma pública a Larry Nassar de agresión sexual.

En los meses siguientes, más de 150 mujeres salieron a contar sus historias de abuso a manos de Nassar. Entre ellas se encontraban algunas de las atletas más condecoradas de la gimnasia, medallistas olímpicas como McKayla Maroney, Aly Raisman, Gabby Douglas y Simone Biles. Durante años habían guardado silencio. Pero ahora, alentadas por el acto de desafiar de Denhollander, compartieron sus historias. Y como resultado, Larry Nassar pasará el resto de su vida en prisión.

---

[1] El Título IX establece que ninguna persona en Estados Unidos será excluida de participar, negada en beneficios ni sometida a discriminación debido al sexo de la persona en ningún programa o actividad que reciba ayuda económica federal. *[N. de la t]*.

Entonces, ¿qué cambió para Rachael Denhollander? ¿Cómo supo que era el momento de actuar?

Por un lado, había tenido tiempo de procesar el abuso que sufrió. Ya no estaba confundida ni dudaba de lo que le había sucedido. Con el tiempo había llegado la perspectiva y la claridad. Y, como madre, no soportaba la idea de que alguien como Larry Nassar pudiera dañar a niñas como las suyas o a gimnastas como las que ella entrenaba.

Denhollander también era mayor y comprendía los obstáculos que enfrentaría. Cuando tenía 18 años, pocos años después de que Nassar abusara de ella, se lo contó a una enfermera. También se lo confió a su entrenador. Pero no pasó nada.

—Nadie más está diciendo lo que tú dices —le respondió el entrenador.

En aquel entonces, era la palabra de ella contra la de él. Y queda claro que la palabra de Denhollander no pesaba mucho. ¿Quién creería la acusación de una adolescente a un médico muy querido de algo tan atroz?

Pero ahora, como adulta y abogada exitosa, tenía más poder, y sabía cómo armar un caso. Como escribió en un artículo de opinión para *The New York Times*:

> Vine lo más preparada posible: llevé artículos médicos que mostraban cómo son en realidad las técnicas del suelo pélvico; mis expedientes médicos, que mostraban que Larry nunca mencionó haber utilizado tales técnicas, aunque me había penetrado; los nombres de tres especialistas en suelo pélvico dispuestos a declarar ante la policía que el tratamiento de Larry no era médico; otros registros de una enfermera practicante que documentó mi denuncia de abuso en 2004; mis diarios de aquella época; y una carta de un fiscal del distrito vecino que daba fe de mi integridad. Me preocupaba que, si llevaba algo menos, no me creyeran (una preocupación que, como después supe, estaba bien fundada).

No había sido seguro hablar cuando era adolescente. Y tampoco era del todo seguro hablar como adulta. Después de hacer públicas sus acusaciones, Denhollander enfrentó, en un inicio, un angustioso torbellino de escrutinio público. Su iglesia le dio la espalda. Muchos de sus amigos la abandonaron. Luchó con la pérdida de su privacidad, y con el hecho de que los detalles del abuso que sufrió aparecieran con lujo de detalle en la prensa.

Pero su familia y algunos de sus amigos más cercanos le brindaron su apoyo. Y se sentía lo suficientemente fuerte para resistir cualquier represalia, porque sabía que ahora sus palabras podían marcar la diferencia. Había evaluado su entorno y creyó que ahora tenía suficiente seguridad y potencial para generar un impacto positivo. Y presentía que había muchas otras mujeres que habían tenido experiencias similares a las suyas y que estarían dispuestas a unírsele.

Denhollander ya no era la misma, y tampoco lo eran las otras mujeres ni sus entornos. Estas evaluaciones aparecieron en los cálculos para desafiar de Denhollander y le permitieron identificar el momento adecuado para que su acto de desafiar fuera más seguro *y* tuviera impacto.

A los 15 años, no creía que sus palabras marcaran la diferencia.

Pero 16 años después, sabía que lo harían.

No es necesario que el momento para desafiar sea perfecto; solo tiene que ser *suficientemente* adecuado, lo *suficientemente* seguro, o lo *suficientemente* eficaz.

De lo contrario, siempre podemos encontrar una «salida» que justifique nuestra inacción en nombre de la seguridad:

Las cosas podrían empeorar mucho para mí.
Este es el precio que pagamos para sobrevivir aquí.

O del impacto:

No hay nada que pueda hacer que marque la diferencia, así que más vale que obedezca.
Nada de lo que diga o haga cambiará las cosas.

Puede parecer que estas racionalizaciones surgen de una clara evaluación objetiva de la seguridad y el impacto, pero si nunca se cuestionan, pueden convertirse en una negación pesimista de nuestra capacidad de actuar, una racionalización constante para no actuar. Pueden convertir a personas capaces de resistirse en personas que cumplan con lo que se espera, derrotadas.

Evaluamos nuestro entorno para saber si es seguro y si podría generar un impacto, no para prevenir el acto de desafiar ni posponerlo de forma indefinida encogiendo los hombros en señal de autoderrota, sino para garantizar su poder y eficacia. Cuando ponemos a prueba los límites de una situación, analizando nuestra seguridad y el poder que tenemos para lograr cambios, no estamos preguntando *si* deberíamos desafiar, sino *cuándo*; no *si hacerlo*, sino *dónde* y *cómo*.

TRANSFORMAR CULTURAS

Denhollander actuó años después de dejar la gimnasia competitiva como deportista. Pero su voz ya ha tenido un impacto amplio y duradero en la forma en que la gente ve el entorno y la institución que permitieron que los abusos de Nassar siguieran impunes durante décadas. Su objetivo, como el de Michael Quinn —el expolicía retirado— era reformar un sistema roto. Pero su voz solo fue efectiva después de salir de ese entorno.

¿Qué pasa con personas como Kevin, el policía en activo, que todavía viven y trabajan dentro de esos sistemas rotos? ¿Cuáles son los retos y las posibilidades de su No Verdadero?

«Las personas hacen el lugar», escribió el psicólogo Benjamin Schneider en su famoso artículo donde explica cómo las organizaciones terminan de modo natural incluyendo a personas similares que exhiben personalidades similares. Llamó a esto el ciclo de atracción-selección-abandono (ASA): las personas se sienten *atraídas* hacia cierto tipo de organización e intentan unirse a ella; son *seleccionadas* como miembros si quienes ya están dentro consideran que «encajan»; una vez dentro, si no encajan, se van —ya sea por decisión propia o ajena— y su *abandono* homogeneiza aún más el entorno inicial.

Este modelo resalta lo difícil que es lograr un cambio cultural en una organización. Si todos los que no encajan se van, entonces la cultura seguirá siendo la misma.

Pero el acto de desafiar puede darnos una herramienta para cambiar culturas, y no solo abandonarlas. Recuerda que tenemos varias opciones *además* de una salida basada en principios cuando nuestros valores no corresponden con el entorno. No es necesario que el acto de desafiar sea ruidoso para lograr cambios, y marcharse no es la única forma de desafiar. A través del apoyo de rutina, el disenso y la desobediencia profesional, quienes ahora no «encajan» pueden ayudar a mejorar una cultura, trabajando desde adentro. Michael Quinn, corriendo un gran riesgo, desafió a sus compañeros policías cuando vio sus prácticas corruptas. Al romper el muro azul, su acto de desafiar cambió el comportamiento de los agentes que lo rodeaban, lo que provocó un cambio cultural y ético en su entorno.

Las culturas nunca son por completo estáticas. Es posible que la gente haga el lugar, pero eso no significa necesariamente irse, sino *quedarse* y *desafiar*. El acto de desafiar puede transformar hasta el entorno más rígido y reglamentado en algo nuevo. Todos tenemos este poder y usarlo no significa que por necesidad debamos comprometernos a realizar grandes gestos. El acto de desafiar no necesita ser «grande» para tener impacto. Los pequeños actos que desafían importan más de lo que crees.

Como escribió el psicólogo organizacional Karl E. Weick, las pequeñas victorias —«una serie de resultados concretos y completos de importancia moderada»— pueden, con el tiempo, convertirse en victorias importantes. Incluso las primeras etapas del acto de desafiar pueden conducir a cambios trascendentales.

Es posible que, al proporcionar alguna información adicional, una enfermera pueda sembrar una semilla de duda en la mente de un médico sobre si un diagnóstico, basado en un examen demasiado breve, es una evaluación precisa de la condición de un paciente. Al solicitar una aclaración sobre una acción, un oficial de policía podría incitar a un superior a reconsiderar su comportamiento. Un simple «¿A qué te refieres con eso?» después de un comentario sexista o racista puede alentar a un compañero de trabajo a reflexionar sobre sus palabras y, con suerte, evitar que las repita en el futuro.

La curiosidad puede ser una forma eficaz de acercarse a los demás y abrir caminos hacia el cambio. Hacer preguntas puede reducir la tensión y disminuir la actitud defensiva, lo que fomenta una exploración colaborativa de un tema. Cuando las personas saben que las estás escuchando —y no juzgándolas ni asumiendo una posición de superioridad moral o de rectitud inquebrantable— es menos probable que se atrincheren en su posición. Incluso podrían cambiar de opinión o de comportamiento.

Estos momentos pueden parecer pequeños, pero son los pilares del cambio cultural y social. Después de haber atravesado las etapas uno y dos del acto de desafiar —sentir la tensión y reconocerla ante ti mismo— hay una decisión que debes tomar: guardarte la tensión para ti mismo o reconocerla ante los demás. Si decides pasar a la tercera etapa —intensificación y expresión—, tienes la oportunidad de poner a prueba el entorno e incluso comenzar a cambiarlo.

Pedir una aclaración aumenta el volumen de una situación, y cuando subes el volumen, puedes empezar a transformarla.

Puede que descubras que la situación no es tan desesperada como parece: que es más maleable, que tu pequeño acto de desafiar tiene más peso de lo que pensabas. También es posible que descubras que no estás solo y que quizá otros estén dispuestos a alzar la voz contigo. De cualquier manera, obtendrás información valiosa que puede ayudarte a decidir si es hora de desafiar. Tal vez nunca lleguen el momento y el lugar «correctos», pero eso no significa que por necesidad el momento y el lugar sean equivocados.

LO QUE TIENEN EN COMÚN EL *DAL* Y EL ACTO DE DESAFIAR

Mis padres son conocedores —y cocineros— sofisticados de la deliciosa comida india. Por eso, cuando piden comida para llevar, sus estándares son bastante exigentes. Idearon una prueba simple y eficiente para ver si la comida cumple con su nivel de calidad cuando prueban un restaurante nuevo. En su primer pedido, siempre ordenan lo mismo: un *dal* de lentejas básico.

Es un platillo sencillo, que casi cualquier cocinero indio decente podría preparar dormido. Por eso mis padres lo utilizan como barómetro de calidad. Si un restaurante no puede preparar bien un *dal* básico, no hay manera de que tenga éxito en los platillos más complejos de la sabrosa cocina india.

Por lo general, para elegir un restaurante para disfrutar de una deliciosa comida para llevar no se requieren actos que desafíen. Pero la prueba de mis padres es un excelente ejemplo de un proceso necesario para evaluar la calidad: una evaluación activa y rápida.

Gran parte de la forma en que respondemos al mundo escapa a nuestra atención consciente. Momento a momento, segundo a segundo, nos bombardea una gran cantidad de información sensorial. Desde la temperatura del aire hasta el color de las paredes y las pequeñas fluctuaciones en el tono de voz de una persona, miles de fuentes de información afectan de manera continua la forma en que cada uno de nosotros interpreta su entorno. Tanto los publicistas como los arquitectos y los ingenieros sociales lo saben. Por ejemplo, algunos propietarios de restaurantes intentan influir en lo que los clientes ordenan colocando estratégicamente ciertos platillos en el menú.

En un entorno que podría requerir actos que desafían, si no hacemos una evaluación activa, nos parecemos a esos comensales desprevenidos que consumen con alegría todo lo que les llama la atención. Pero cuando nos tomamos el tiempo para evaluar con conciencia dónde estamos y con quién estamos tratando, podemos aprender a determinar con mayor rapidez si es seguro desafiar, si podría tener impacto y en quién —si es que hay alguien— podemos confiar.

Con la práctica, podemos hacernos más hábiles en el análisis de nuestro entorno. Con experiencia, como la de mis padres al evaluar la comida de un restaurante, podemos desarrollar atajos para evaluar una situación, con base en señales contextuales específicas, que nos permiten actuar con mayor rapidez y precisión, y responder las preguntas: *¿Es seguro que desafíe? ¿Esta acción marcará alguna diferencia?*

Tu decisión puede ser diferente en una sala de juntas con tu jefe o en la mesa de tu cocina con tus amigos. Pero, en el fondo, se basa en el mismo análisis veloz, uno que se hará más rápido con cada exposición repetida.

Es posible que, con el tiempo, desarrollemos una pericia intuitiva para desafiar: sin duda, esto no es una simple «corazonada», sino más bien una evaluación acelerada, producto de una gran experiencia y práctica en ciertos contextos. Es posible que sepamos, por repetidas observaciones, que nuestro jefe tiene mal genio en ciertas situaciones y que el acto de desafiar, aunque sea justo, podría provocar represalias encolerizadas. O que nos damos cuenta de que un amigo exhibe cierto «gesto» cada vez que está a punto de contar un chiste inapropiado, y ese momento es perfecto para no permitirlo.

Como en el caso de mis padres evaluando su *dal*, la repetición y la observación conducen al conocimiento. Podemos *prepararnos* para desafiar analizando situaciones y anticipando cómo podríamos reaccionar cuando se nos pide o se nos ordena que hagamos algo que va en contra de nuestros valores. Y mientras más *practiquemos* alzar la voz, incluso en pequeña escala, mejor podremos evaluar cómo nuestro acto que desafía afecta —y es afectado por— nuestro entorno. El acto de desafiar a pequeña escala desarrolla nuestras habilidades, aumenta nuestra confianza y nos prepara para reconocer el momento y el lugar adecuados.

Así como no existe la persona desafiante perfecta, o el revolucionario infalible que lo tenga todo resuelto, tampoco existe un ambiente perfecto para desafiar: no existe una fórmula segura de riesgo, impacto y seguridad que pueda decirnos con exactitud cuándo y dónde hacerlo. Pero sí podemos hacer más para asegurarnos de ver una situación tal y como es. A través de la preparación y la práctica, podemos progresar: el ejercicio repetido de nuestros músculos que desafían nos ayuda a reconocer mejor cuándo es el momento de desafiar, comprender mejor nuestro entorno y apreciar mejor cuándo un No Verdadero ya no es solo nuestra preferencia, sino nuestra responsabilidad.

12

EL SUPERPODER DE LA RESPONSABILIDAD

La mañana del 24 de mayo de 2022 comenzó con orgullo para Angeli Rose Gomez. Después de un exitoso año académico, sus dos hijos estaban por graduarse de segundo y tercer grado en su escuela primaria. Habría una breve ceremonia con una oportunidad para tomar fotografías. Al principio, Gomez les dijo a sus hijos que no podría asistir: como supervisora de una granja, la única manera de llegar a tiempo sería ir directo desde el campo, y no quería llegar sucia y polvorienta en una ocasión tan importante.

Pero sus hijos no aceptaron un no por respuesta.

—Mamá, queremos tomarnos la foto —insistieron.

Entonces cambió de opinión. El día de la graduación, trabajó varias horas más temprano en la mañana, luego dejó el campo y condujo más de 60 km hasta Uvalde, Texas, y llegó justo a tiempo para ver a sus hijos recibir sus diplomas. Los abrazó con fuerza y sonrió con orgullo mientras un fotógrafo tomaba la imagen. Luego regresó directo a la granja para continuar con su día de trabajo.

Diez minutos después de haber regresado a su lugar de trabajo, Gomez recibió una llamada telefónica de pánico de su madre diciéndole que había un tiroteo en la escuela.

En cuestión de segundos, Gomez estaba de regreso en su auto, a toda velocidad por la carretera. Al instante se olvidó de su ropa polvorienta, de sus tareas pendientes en la granja, de las miradas confusas en los rostros de sus compañeros de trabajo, que la vieron salir por segunda vez esa mañana. Con mucho terror, todos los demás pensamientos se vieron eclipsados por su necesidad de regresar a Uvalde lo más rápido posible. Pasó a toda velocidad junto a otros vehículos en la carretera, con la mente concentrada en un solo objetivo: regresar a la escuela de sus hijos. Los campos resecos color café pasaban volando ante sus ventanas, y otros coches y camionetas desaparecían casi tan pronto como habían aparecido. En tiempo récord, entró de nuevo a Uvalde. Apretando con fuerza el volante, rezaba para que esa rapidez fuera suficiente.

Gomez se detuvo cerca de la entrada principal de la escuela primaria Robb. En cuestión de segundos, su vehículo fue rodeado por agentes federales de Estados Unidos, con chalecos antibalas y equipo táctico, armas en mano.

—Señora, tiene que mover su vehículo —le advirtió uno de ellos—. No tiene permitido estacionarse aquí.

Un poco más atrás, alcanzó a ver una multitud de padres con obvia angustia, gritándoles a los oficiales, suplicándoles que hicieran algo, *cualquier cosa*, para salvar a sus hijos.

Gomez miró a los agentes, luego a los padres, y después a la fila de policías de Uvalde que estaban parados junto a la reja. Nadie parecía estar entrando a la escuela, a pesar de que había pasado media hora desde que recibió la llamada sobre un tirador. Toda la gente solo estaba ahí de pie.

—¿Alguien va a entrar? —preguntó ella—. Mis hijos están ahí adentro.

Los agentes no respondieron, solo repitieron que Gomez se apartara del camino o tendrían que arrestarla por obstrucción.

Gomez podía escuchar los frenéticos gritos de ansiedad y desesperación de los padres hacia los agentes y la policía que les impedía entrar a la escuela.

—¡Tienen que entrar ya! —gritaba un padre.

Una madre suplicaba:

—¡Dispárenle o algo!

Cuando un padre se abalanzó sobre la reja, intentando tirarla, un policía lo derribó. Otro fue rociado con gas pimienta al intentar lo mismo.

La multitud era ya inconsolable; una cacofonía de gritos angustiados y alaridos de padres asustados y frustrados llenaba los oídos de Gomez. Ella sumó su voz al coro angustiado que reprendía a los oficiales por no ir tras el atacante. ¿Qué estaban esperando? ¿Por qué no estaban haciendo su trabajo?

Gomez había estado aterrorizada y luego confundida. Pero ahora estaba furiosa. ¿Dónde estaban sus hijos? ¿Estaban vivos? ¿Y por qué nadie hacía nada para salvarlos?

—Señora —le advirtió un oficial—, si no se mueve, tendremos que arrestarla.

—Bueno, van a tener que arrestarme porque yo voy a entrar, y les digo ahora mismo que no veo a ninguno de ustedes ahí adentro —gritó Gomez—. Si ustedes no entran ahí, yo voy a entrar.

Esta no era la respuesta que esperaban los oficiales. De inmediato le sujetaron los brazos por la espalda y le pusieron esposas. La ironía era brutal y no pasó inadvertida para Gomez: a ella, una madre pequeña y desarmada, la estaban arrestando en medio de un tiroteo escolar y obligándola a someterse por agentes de policía armados de casi el doble de su tamaño.

Y durante todo este tiempo, podía escuchar disparos que aún se oían en el estacionamiento, así como los alaridos de otros padres a quienes la policía les impedía entrar a la escuela.

Gomez les suplicó a los oficiales que actuaran más rápido, que entraran a la escuela y salvaran a sus hijos. Se los imaginó encogidos de miedo en su salón de clases, asustados y preguntando por ella. El mayor, con los ojos vigilantes muy abiertos por el terror, mirando hacia la puerta; el menor, ocultando el rostro detrás de sus rizos hasta los hombros. Se retorcía contra las esposas, se lastimaba las muñecas con el metal y retorcía los brazos con desesperación, rogaba y suplicaba, imploraba y arengaba. Pero nada de lo que dijo cambió las cosas y, al fin, se dio cuenta de que seguir resistiendo de esta manera no la llevaría a ninguna parte.

Entonces cambió de estrategia. Al reconocer a un oficial de policía local de Uvalde, respiró hondo varias veces y de forma consciente bajó la voz.

Con calma, convenció a los agentes de que cooperaría y que podían quitarle las esposas.

El policía local la miró de modo fijo durante unos segundos y asintió.

—Pueden soltarla —aseguró—. Ya se tranquilizó.

Gomez se mostró dócil y silenciosa mientras el alguacil se movía detrás de ella con las llaves. Relajó su cuerpo tenso mientras él metía la llave en la cerradura. Pero, en el instante en que sus manos fueron liberadas, se soltó del agarre del alguacil. Y en lugar de caminar de regreso con los otros padres, corrió directo hacia la escuela.

Gomez tuvo unos segundos de ventaja. Sabía que los alguaciles y los oficiales de Uvalde la estaban persiguiendo. Pero sin armas ni equipo táctico, era más rápida y ágil que ellos. Saltó con rapidez la cerca metálica que la separaba de los salones de clases donde se escondían sus hijos aterrorizados. Con el corazón acelerado, corrió hacia la puerta del salón de su hijo mayor y la golpeó con los puños hasta que la maestra apareció.

—La policía está detrás de mí —aseguró Gomez—. Ya están cortando la cerca para atraparme.

—¿Tú crees que tenemos tiempo para salir?

Gomez respondió:

—¡Sí tienen tiempo!

La maestra abrió la puerta exterior que conducía fuera del salón y con cautela les hizo una seña a sus alumnos. Gomez no tuvo tiempo de hacer lo que quería hacer: correr hacia su hijo mayor, tomarlo en brazos y decirle que todo estaría bien. La policía casi estaba encima de ella y, si no seguía avanzando, nunca llegaría hasta su otro hijo.

—Voy a correr por mi otro hijo —informó.

Y siguió corriendo, lo más rápido que pudo. Todavía podía oír los disparos a lo lejos y los gritos de los niños. Al pasar cerca de la cafetería, escuchó gritos:

—¡Quiero a mi mamá! ¡Quiero a mi mamá!

Cayó de rodillas y pronunció una oración rápida. Luego echó a correr de nuevo.

A través de cada ventana por la que pasaba, veía la imagen espeluznante de una escuela cerrada por una emergencia. No sabía con exactitud dónde estaba el salón de su hijo menor. Evadiendo la persecución de los alguaciles y policías, corrió para dar vuelta en la esquina de la escuela hasta que al fin lo encontró.

Golpeó la puerta y les gritó a todos que corrieran. Pero la maestra no la dejó entrar. Gomez gritó el nombre de su hijo, agitó la manija y echó su peso contra la puerta, tratando de derribarla con su pequeño cuerpo.

Pero fue inútil y en cuestión de segundos la policía la alcanzó. Escuchó el sonido de sus pesadas botas detrás de ella, sintió la ráfaga de aire cuando los alguaciles con armadura completa se detuvieron tras ella.

Ya no podía golpear la puerta. Le sujetaron los brazos mientras intentaban escoltar a Gomez fuera de la escuela. Una voz le gritó al oído que estaba poniendo su vida en peligro extremo.

—Entonces denme un chaleco [antibalas] —gritó—. No me voy hasta que evacúen la escuela.

Al ver a los alguaciles, la maestra desbloqueó la puerta del salón y un torrente de niños salió de repente.

—¡Mamá! —gritó el hijo menor de Gomez, con los brazos abiertos hacia ella y el rostro surcado de lágrimas debajo de su cabello rizado—. ¡Mamá!

Nada podría detenerla ahora. Gomez de nuevo se escabulló de la policía y corrió hacia su hijo, para tomarlo de la mano. Juntos, salieron corriendo hacia la seguridad relativa del estacionamiento, donde su otro hijo estaba esperando.

Con el pecho agitado y el sudor empapando su cuerpo, Gomez estaba demasiado agotada y con mucha adrenalina para llorar. Pero cuando los dos hermanos se vieron, estallaron en lágrimas. Se abrazaron entre sí, y luego a su madre.

—Me alegra tanto que estés bien —aseguró el niño mayor, extendiendo los brazos para abrazar a su hermano menor.

Siempre se había parecido mucho a su madre —los ojos almendrados, la nariz respingada, la boca expresiva— y en ese momento sus expresiones eran idénticas: una mezcla de terror, preocupación y alivio.

—Estaba tan preocupado de que no estuvieras bien —respondió su hijo menor.

Los acontecimientos del 22 de mayo en la escuela primaria Robb calificaron como el tercer tiroteo escolar más mortal en la historia de Estados Unidos. Dos profesores y 19 estudiantes fueron asesinados.

Aunque otras personas presenciaron sus acciones ese día, Angeli Rose Gomez no contó su historia de inmediato. Un oficial de policía local de Uvalde le informó en voz baja que, debido a que todavía estaba en libertad condicional por un delito cometido casi una década antes, hablar con los medios podría dar lugar a nuevos cargos relacionados con la obstrucción de la justicia. Fue necesario que un juez redujera los términos de su libertad condicional y elogiara sus acciones el día del tiroteo para darle a Gomez la tranquilidad que necesitaba para contar públicamente su historia.

A Gomez todavía le enoja la forma en que la trataron el día del tiroteo. Pero, más importante aún, le entristece y traumatiza la falta de respuesta de la policía ante la tragedia que se estaba desarrollando frente a ellos. En los días y semanas posteriores al incidente, se unió a quienes protestaban contra la policía en el centro de Uvalde, un pequeño pueblo al oeste de San Antonio que, por lo general, no suele ser escenario de actos de resistencia civil.

Todos los días se pregunta qué habría pasado con sus hijos si ella no hubiera desafiado las órdenes de la policía. ¿Habrían sobrevivido? ¿Sería capaz de vivir consigo misma si no lo hubieran hecho?

Algo sabe con certeza: la policía fue negligente. Se quedaron quietos y no hicieron nada mientras los niños morían. Como le dijo entre lágrimas a un periodista:

—Podrían haber salvado muchas más vidas, podrían haber entrado en ese salón de clases... Estaban más interesados en mantenernos afuera que en entrar a la escuela.

Gomez dijo que en los meses posteriores al ataque fue acosada por agentes de la policía local a tal punto que en un momento tuvo que vivir separada de sus hijos, para protegerlos de las amenazas y la vigilancia que experimentaba. La policía la ha seguido varias veces. En una ocasión, a través de las ventanas de su casa, un policía en una patrulla empezó a parpadear las luces hacia ella, una señal clara, según dijo, de que la policía local estaba acosándola para intimidarla.

Pero ella sigue presionando, sigue contando su historia, porque quiere que la gente sepa cómo fracasó la policía en el caso de los niños de Uvalde. Ha concedido entrevistas a la prensa nacional, ha participado en protestas que resultaron en el despido del jefe de policía escolar de Uvalde y ha amenazado con demandar al Departamento de Policía por acoso. Angeli Rose Gomez quiere asegurarse de que las personas que estaban a cargo ese día nunca vuelvan a ocupar puestos de autoridad. Ella cree que le debe a sus hijos protestar de esta manera; no solo a ellos, sino también a los padres de todos los demás niños de la escuela, en especial los que no salieron vivos ese día.

¿QUÉ HACE UNA PERSONA COMO YO EN UNA SITUACIÓN COMO ESTA?

Las acciones de Angeli Rose Gomez pueden parecer valientes de forma sobrehumana. Pero no fue la única madre que intentó entrar a la escuela Robb. A otros los rociaron con gas pimienta, los derribaron y los sometieron con *tasers*.

—No le hicieron eso al tirador —le aseguró Gomez a *The Wall Street Journal*—. Pero sí nos lo hicieron a nosotros.

Hay una razón por la que estos padres estaban dispuestos a atravesar una barricada policial, listos para correr hacia una escuela donde un hombre armado estaba disparando ráfagas con un rifle de asalto. Cuando nuestros seres queridos enfrentan un daño inminente, parecen desmoronarse muchas de las barreras habituales para el acto de desafiar que pueden detenernos en seco. A muchos nos resulta más fácil desafiar a la autoridad si lo hacemos por otra persona: un ser querido, una pareja, un hijo. Es menos probable que sucumbamos a las presiones interiorizadas por obedecer que guían tantas otras áreas de nuestra vida. Sentimos menos ansiedad por insinuación. En resumen, estamos dispuestos a luchar por los demás de una manera que con frecuencia estamos menos dispuestos a luchar por nosotros mismos.

Como madre, encuentro que esto es cierto. Es mucho más fácil para mí superar mi resistencia a la resistencia y desafiar cuando está en juego el bienestar de mi hijo. Muchas veces me encuentro actuando en su beneficio de una manera que no soy capaz de hacer por mí misma. En contraste con la dificultad que sentí para rechazar la tomografía que me recomendó mi médica, por ejemplo, puedo rechazar con más facilidad procedimientos médicos innecesarios para mi hijo y buscar múltiples opiniones para su bienestar cuando lo necesito. Aunque pasé la mayor parte de mi infancia siendo fiel y obediente con mis maestros y las reglas escolares, me produce relativamente menos angustia plantear inquietudes sobre las políticas de la escuela de mi hijo si creo que son perjudiciales para el bienestar de los niños. Estas acciones a veces ni siquiera las percibo como desafiantes.

Pero lo son. Y muestran que muchos de nosotros podemos actuar de forma desafiante cuando nos sentimos responsables de otra persona. Ni siquiera pensamos en eso. Como Angeli Rose Gomez: cuando se trata de nuestros hijos, corremos hacia la reja.

Cuando se enteró de que había un tirador en la escuela de sus hijos, Angeli Rose Gomez superó todos los obstáculos que impedían resistir. A diferencia de los agentes de policía presentes, ella no estaba bajo una cadena de mando jerárquica. Como alguien externo, podía ver la situación con absoluta claridad: un asesino armado en pleno desenfreno estaba disparando dentro de una escuela, y los policías se quedaban afuera, negándose a intervenir. Para ella, esto era inaceptable, un *statu quo* horrible que no estaba dispuesta a sostener.

Para Gomez, no hubo dudas sobre su decisión. La solución era obvia para ella: entraría a la escuela, a pesar de las órdenes policiales y los riesgos para su propia vida, porque era su responsabilidad como madre proteger a sus hijos. Con rapidez evaluó su seguridad, registrando de forma continua a qué distancia estaban los disparos y corrió hacia sus hijos.

¿Quién soy?
¿Qué clase de situación es esta?
¿Qué hace una persona como yo en una situación como esta?

Angeli Rose Gomez supo las respuestas a las preguntas de la Brújula del Acto de Desafiar casi al instante. Sabía quién era: una madre que valora la vida de sus hijos por encima de la suya propia. Conocía la situación: era peligrosa, pero sus hijos ya estaban en peligro y ella podría ayudarlos. Y sabía lo que tenía que hacer en tal situación: actuar de inmediato para salvarlos, aunque eso significara desafiar de modo explícito a las autoridades, incluso si eso representaba perder su propia vida. Fue una decisión que repercutió en los padres no solo en Uvalde, sino en todo el país.

Con frecuencia, cuando no logramos desafiar, dejamos que las presiones externas e internas nos intimiden hasta someternos. Podemos dudar de nuestra capacidad para actuar o trasladar nuestra responsabilidad a otros.

Pero a veces, las situaciones que requieren actos que desafían precisan que pensemos fuera de nosotros mismos, para imaginar nuestras acciones en una escala más amplia. Un No Verdadero no solo nos afecta a nosotros: la decisión de desafiar puede generar efectos en cadena para muchos otros, no importa si se trata de una situación peligrosa y en potencia mortal —como lo fue para Angeli Rose Gomez— o si se trata de algo en apariencia inofensivo o de bajo riesgo, como negarse a ponerse de pie durante el himno nacional. Angeli Rose Gomez nos muestra el enorme poder movilizador de la responsabilidad, y cómo esta puede impulsarnos a actuar. Se hizo responsable tanto en el momento del tiroteo como después con su activismo. Su historia muestra que el acto de desafiar es un acto individual con efectos colectivos.

ASUMIR LA RESPONSABILIDAD

Cuando les preguntaron a las personas que participaron en el experimento de obediencia de Stanley Milgram por qué seguían administrando descargas eléctricas, una de las respuestas más comunes fue simple: solo estaban haciendo lo que les dijeron. Milgram identificó esta abdicación de la responsabilidad como uno de los efectos más perniciosos y en potencia peligrosos de la autoridad sobre la gente común. Como él mismo expresó:

> El ajuste mental más común en el sujeto obediente es que se vea a sí mismo como alguien no responsable de sus propias acciones. Se despoja de toda responsabilidad al atribuir toda la iniciativa al experimentador, una autoridad legítima. Ya no se ve a sí mismo como una persona que actúa de manera moral o responsable, sino como ejecutor de una autoridad externa.

La defensa de «solo seguir órdenes», señaló Milgram, fue también la respuesta preferida de los nazis que fueron juzgados por crímenes de guerra en los juicios de Núremberg. Pero eso no significa de forma necesaria que sea una mentira, una declaración falsa destinada a exculpar a alguien.

Milgram escribió:

> Es, más bien, un modo fundamental de pensar para muchas personas una vez que están atrapadas en una posición subordinada dentro de una estructura de autoridad. La desaparición del sentido de responsabilidad es la consecuencia de mayor alcance de la sumisión a la autoridad.

Sin embargo, que alguien obedezca a la autoridad no significa que haya perdido su sentido de la moralidad. Solo lo redirige hacia una figura de autoridad. En lugar de considerar si sus propias acciones son morales o no, la persona obediente mide su moralidad según qué tanto ha obedecido órdenes.

Los empleados, por ejemplo, pueden concentrarse de modo tan estrecho en hacer un buen trabajo que las preocupaciones morales pueden pasar a un segundo plano. Cuando nuestro único objetivo es complacer a nuestro jefe, nuestro marco de responsabilidad se reduce a las paredes de nuestro cubículo y a los confines de nuestra empresa. Dejamos cualquier dilema ético en un segundo plano o incluso lo eliminamos por completo de nuestra toma de decisiones, un fenómeno que los psicólogos llaman «desvanecimiento ético». Perdemos perspectiva ética y desechamos toda conexión con nuestros principios más elevados y nuestros valores más profundos, porque entonces ubicamos nuestro sentido de responsabilidad no en nosotros mismos ni en los demás, sino de modo único en la autoridad inmediata.

En los experimentos de Milgram, algunos sujetos no mostraron ni el menor dilema moral al administrar descargas. Uno de ellos, un soldador de 37 años llamado Bruno Batta, participó en una de las variantes de proximidad del experimento. En lugar de sentarse en una sala separada, Batta se sentó al lado del alumno y, después de los 150 volts, tenía que colocar físicamente la mano del hombre inmovilizado en la placa que le administraba la «descarga». Esto lo hizo con casi total indiferencia ante los gritos de dolor y angustia del alumno, asumiendo lo que Milgram describió como una «máscara rígida», y sus movimientos enérgicos mostraban una «impasibilidad robótica».

Una y otra vez, Batta forzó la mano del alumno para colocarla sobre la placa de choques, ignorando el dolor del alumno mientras hablaba de forma cortés y respetuosa con el experimentador. Solo una vez se dirigió al alumno, y fue para regañarlo por negarse a responder.

Una vez finalizado el experimento, cuando se le preguntó quién era responsable del dolor del alumno, al principio Batta no entendió la pregunta. Al final, dijo que la responsabilidad recaía en el experimentador.

—Tenía que seguir órdenes —señaló.

Milgram denominó el fenómeno que exhibió Bruno Batta como el «estado agéntico»: describe a una persona que se resigna a ser un agente irreflexivo al servicio de otro. En tal estado, la persona deja de considerarse responsable de sus propias acciones y se define a sí misma como un vehículo para ejecutar los deseos de otros.

Las personas desafiantes, en general, no abdican de la responsabilidad de sus acciones. De hecho, muchas de las personas que desafiaron el experimento de Milgram lo hicieron porque se sentían responsables del sufrimiento que creían que estaban provocando.

Después de escuchar a la víctima quejarse de modo verbal al nivel de 150 volts, Jan Rensaleer, un ingeniero industrial holandés de 32 años, preguntó al experimentador:

—¿Qué hago ahora?

Jan se angustió cuando le dijeron que continuara; se llevó la mano a la cabeza y miraba una y otra vez al experimentador durante las siguientes preguntas.

Pero al llegar a los 255 volts, se alejó de la consola, volteó a ver al experimentador y se negó de manera rotunda a administrar más descargas. Como ingeniero, conocía los efectos que un voltaje así podía tener en el cuerpo y la mente. Entendía el tipo de sufrimiento que estaba administrando.

Jan estaba profundamente preocupado por lo que había hecho, pero no hizo intento alguno de trasladar la responsabilidad al alumno ni al experimentador. En cambio, él mismo asumió toda la culpa.

—La responsabilidad es mía, por completo —aseguró cuando le preguntaron quién era el responsable del dolor del alumno—. Debí haber parado la primera vez que se quejó... Una de las cosas que me parecen más cobardes es tratar de echarle la culpa a otra persona.

Jan había vivido en la Holanda ocupada por los nazis durante la Segunda Guerra Mundial, por lo que tenía una conexión especial con el propósito de los experimentos de Milgram. Lo mismo hizo Gretchen Brandt, técnica médica alemana de 31 años. Se negó a aplicar descargas eléctricas al alumno después de los 210 volts y explicó que «no quería ser responsable de ningún daño que pudiera sufrir».

Jan quedó tan conmovido por su experiencia en el laboratorio que más tarde le escribió a Milgram ofreciéndole sus servicios. Sabía lo que sucedía cuando a la gente se le permitía renunciar a la responsabilidad de sus acciones inmorales; tenía experiencia personal de lo que podía suceder cuando la gente seguía órdenes sin dudar por encima de todo. Y sentía la responsabilidad de impedir que una atrocidad como el Holocausto se repitiera. Entonces escribió:

> Aunque soy... empleado en ingeniería [...] ahora estoy convencido de que las ciencias sociales, y en especial la psicología, son más importantes en el mundo de hoy.

EL DEBER DE DESAFIAR

El concepto del «estado agéntico» de Milgram surgió como una idea en particular seductora, una idea que podría explicarlo todo: desde los nazis hasta los «hombres que siempre dicen "sí"» de una empresa. Pero el concepto tiende a ignorar las numerosas señales de angustia y los intentos de desafiar exhibidos por muchos de los sujetos «obedientes» de Milgram.

Comprender el acto de desafiar como un espectro nos permite valorar esos momentos intermedios: la risa nerviosa, las miradas tristes de reojo al experimentador, las pausas, el cuestionamiento que no llega a las amenazas reales de rechazo. En estas etapas tentativas del acto de desafiar, podemos vislumbrar a personas que intentan hacerlo. Cuando no lo logramos, con frecuencia no es porque no sepamos cuáles son nuestros valores, sino porque no sabemos cómo ponerlos en práctica ni cómo avanzar en las etapas del acto de desafiar.

Quienes desafían pueden hacerlo por varias razones. No solo se sienten lo suficientemente seguros como para hacerlo, sino que también están en contacto y viven de acuerdo con sus valores y reconocen su libre albedrío. En definitiva, se sienten *responsables* por sus propias acciones y creen en sus *capacidades*, es decir, en que tienen las habilidades y la confianza necesarias para desafiar.

Este sentimiento de responsabilidad no se disipa solo porque alguien más te dé órdenes. Aunque el sistema legal considere más culpables a quienes dan las órdenes que a quienes «solo seguían órdenes», la realidad no es tan simple.

En varios estudios que realicé con mi colega Kaitlin Woolley, encontramos que los sentimientos de responsabilidad en realidad *aumentan* cuando una persona se deja llevar por otra para tomar una decisión que va contra su buen juicio y se produce un resultado negativo. A esto lo llamamos el «síndrome de patearse a sí mismo»: la gente se siente más culpable cuando piensa que no debería haber seguido malos consejos. Si a los participantes en el experimento de Milgram se les hubiera informado que habían matado al hombre de la habitación de al lado, podemos imaginar su arrepentimiento:

Sabía que estaba mal.
Sabía que no debía hacerlo.
¿Por qué no desafié?

Encontramos un remordimiento similar en personas que decidieron seguir las malas recomendaciones de otra persona y se preguntaron:

«¿Qué pasaría si...?». Este es el tipo de pensamientos que atormentan a las personas después de seguir un consejo de mala calidad, conflictivo o poco ético: «¿Y si hubiera tomado otra decisión? Si tan solo hubiera dicho que no».

Podríamos seguir órdenes porque pensamos que la responsabilidad y la culpa recaerán en otra persona si algo sale mal. Pero, de hecho, seguir el consejo de alguien más contra nuestro buen juicio no nos libra de sentirnos culpables. Todo lo contrario: en realidad nos sentimos peor. No podemos deshacernos de nuestra responsabilidad con solo desearlo ni echarle la culpa a otro. Por eso, es mejor dejar de huir de la responsabilidad y ser proactivos a la hora de utilizarla para alinear nuestro comportamiento con nuestros valores.

ZUSHA!

Desafiar puede ser una decisión capaz de cambiar el mundo. Cuando tomamos en serio nuestra responsabilidad hacia los demás y pronunciamos un No Verdadero, tenemos el poder de rehacer instituciones corruptas, reformar entornos opresivos e incluso derrocar regímenes autoritarios. Sin embargo, el peso del cambio social no debe recaer en las personas que son víctimas de la opresión o la discriminación. Aquellos que están dentro de las instituciones —en especial quienes detentan poder— tienen una mayor responsabilidad de actuar de manera que preserven el derecho de una persona a un Sí Verdadero y un No Verdadero.

Las gimnastas que alzaron la voz sobre los abusos de Larry Nassar fueron víctimas no solo de un médico que les arrebató su consentimiento, sino también de un sistema que desvalorizó su capacidad de actuar y silenció su capacidad de desafiar. Les habían enseñado a ignorar su dolor, a pasar por alto sus lesiones en busca de la victoria, a sacrificar su cuerpo por el bien del equipo, y habían sido reprimidas y controladas por una organización que daba por sentada su obediencia.

Ese fue uno de los factores que provocaron que fuera tan difícil el acto de desafiar de Rachael Denhollander, y luego el de tantas otras gimnastas. Para ser desafiantes, hablar sobre lo que les había sucedido, se requería que no solo enfrentaran un conflicto entre su yo interdependiente y su yo independiente, sino también que se opusieran a toda una estructura institucional mucho más grande que cualquier individuo, y a la que habían dedicado una parte importante de su vida. Hablar sobre el abuso sufrido en el consultorio de Larry Nassar era más que solo exponer a un agresor: implicó evidenciar toda una cultura abusiva.

Después de que las gimnastas contaron sus historias, Larry Nassar fue acusado penalmente y sentenciado a prisión por el resto de su vida. Béla y Márta Károlyi, los afamados entrenadores que fueron acusados de hacerse de la vista gorda ante los abusos de Nassar, se vieron obligados a cerrar su rancho de entrenamiento en Texas, donde tuvieron lugar algunas de las agresiones y donde, durante décadas, las gimnastas habían alegado sesiones de entrenamiento duras, casi abusivas. Y USA Gymnastics implementó una serie de reformas, entre ellas la redacción de una Carta de Derechos para los Atletas, la garantía de una evaluación más exhaustiva de los entrenadores y una mayor capacitación para prevenir el abuso sexual. Aún está por verse si estas reformas serán suficientes para garantizar que las futuras gimnastas se sientan seguras, suficientemente protegidas y libres para expresar un Sí Verdadero y un No Verdadero.

Para crear un cambio sistémico exitoso se requiere que los responsables cambien sus comportamientos. Se puede encontrar una historia de éxito en los autobuses públicos de Kenia. Cada año, más de un millón de personas mueren y entre veinte y cincuenta millones resultan heridas en accidentes de autobús en todo el mundo, muchos de ellos en países en vías de desarrollo. El problema en Kenia es serio en especial, ya que existe una red de transporte público bien desarrollada mediante minibuses conocidos como *matatus*. La causa principal de las colisiones de *matatus* es el exceso de velocidad, agravado por el hecho de que la mayoría de los pasajeros no se siente cómoda al confrontar a los conductores por su imprudencia al conducir. Es posible que los pasajeros sientan cierta ansiedad por insinuación: la preocupación de dar a entender que el conductor no está haciendo un buen trabajo. O pueden temer que el chofer los ignore o conduzca de forma aún más peligrosa. Cualquiera que sea el motivo, los pasajeros a menudo no están dispuestos a pedir a sus conductores que reduzcan la velocidad o manejen de forma más segura.

Sin duda, la responsabilidad de conducir con prudencia recae en los conductores y en los responsables de contratarlos. Pero crear espacios para una retroalimentación honesta puede estimular un mejor comportamiento. Para que los pasajeros se sintieran cómodos hablando con su chofer, a un par de investigadores, James Habyarimana y William Jack, se les ocurrió una idea sencilla: colocar calcomanías en un lugar destacado de los autobuses, al alcance de cualquier pasajero.

Cada una decía: «*Zusha!*». En suajili, significa «¡Protesta!» o «¡Alza la voz!». «Tienes el poder de hacer que un conductor imprudente reduzca la velocidad», continúa la calcomanía.

En colaboración con una importante compañía de seguros de Kenia, estos investigadores colocaron las calcomanías en cerca de 8 000 autobuses. Pronto notaron resultados sorprendentes: la velocidad promedio de los vehículos disminuyó, así como los choques, en comparación con el grupo de control sin calcomanías. Entre 2011 y 2013, hubo en promedio 140 accidentes menos por año en los vehículos con calcomanías. Eso representó una reducción del 25%, o 55 vidas salvadas por año.

Quizá los pasajeros se sintieron más empoderados y responsables para alzar la voz y, cuando lo hicieron, tal vez los conductores estuvieron más dispuestos a escucharlos y hacer lo que les pedían. O es posible que la mera presencia de las calcomanías haya provocado que los choferes anticiparan que los pasajeros podrían objetar su forma imprudente de conducir, lo que los llevó a modificar la forma en que manejaban el vehículo. Es difícil decirlo, pero los resultados hablan por sí solos: al colocar calcomanías e informar a los pasajeros que tenían el poder de hablar y promover cambios, se transformaron normas sociales, lo que resultó en un entorno más seguro para todos.

Esfuerzos como este muestran el poder de fomentar el acto de desafiar en la vida cotidiana. Cuando a las personas se les da espacio para expresar un No Verdadero en entornos seguros en el ámbito psicológico, pueden ayudar a crear un mundo en el que todos estén más seguros y sean más respetados.

Los individuos y las instituciones pueden generar cambios sustanciales no mediante intentos aislados y descoordinados, sino trabajando juntos. Ya se trate de USA Gymnastics, los departamentos de policía o una línea de transporte público, las instituciones tienen una responsabilidad tanto con las personas que las conforman como con las personas a las que sirven. La responsabilidad del cambio sistémico debe recaer en las instituciones para crear culturas que permitan los actos que desafían y el respeto a la autonomía individual. Pero los individuos también tienen poder cuando actúan de acuerdo con sus valores, en contacto con la responsabilidad que tienen hacia sí mismos y hacia los demás al desafiar. A veces nuestros actos de desafiar pueden parecer solitarios e independientes, pero en realidad son *interdependientes* de manera fundamental: actos que nos vinculan con la comunidad y con el resto del mundo.

13

SUBIR DE NIVEL

Cerca de un año después de mi tomografía innecesaria, comencé a sentir una molestia creciente en el hombro, después de una vacunación de rutina. Conforme pasaban las semanas, el dolor empeoraba, lo que volvía frustrante y difícil realizar tareas cotidianas como vestirme. Para que me remitieran a fisioterapia, agendé una cita en una clínica ortopédica para pacientes ambulatorios, cerca de la Universidad de Georgetown, en Washington D. C., donde daba clases en ese momento.

Después de haber llenado una montaña de papeles en la sala de espera, una joven asistente médica, vestida con una bata rosa y tenis de colores, gritó mi nombre sin ceremonia alguna. Me condujo por un pasillo y, solo cuando vi el letrero de «Rayos X» sobre una puerta, me di cuenta de que, en realidad, no me estaba llevando al consultorio del médico.

—¿Adónde vamos? —pregunté.

—A sacarte unas radiografías —respondió ella.

—Pero aún no me ve el médico —objeté, desconcertada.

La asistente se dio cuenta de que yo me había detenido en seco. Se giró para mirarme, con una expresión de desconcierto ante mi incumplimiento.

—A todos los pacientes nuevos se les toma una radiografía antes de ver al médico.

Después de unos segundos, que parecieron una eternidad, repetí lo que acababa de decirle con un tono sereno:

—Aún no me ve el médico.

Ella ladeó la cabeza, como si no pudiera comprender lo que había dicho.

—¿Se niega a que le tomemos una radiografía? —preguntó entonces con incredulidad.

Parecía una acusación. Pero mi formación como médica era clara: primero se ve al paciente, se toma una historia clínica detallada, se realiza una exploración física y se consideran los diagnósticos diferenciales (la lista de posibles afecciones que explican los síntomas). Solo entonces se contemplan estudios necesarios para accrcarse a un diagnóstico final, como radiografías, y solo si en verdad podrían modificar el plan terapéutico.

Sabía que no había ninguna razón médica para sacar primero una radiografía, y me preguntaba por qué a todos los nuevos pacientes se les imponía una. No me gustaba esa sensación de estar en una especie de línea de ensamblaje, transportada de una sala a otra, impotente y sin control.

—Sí —afirmé.

Nos miramos la una a la otra. Ella frunció el ceño mientras miraba hacia la sala de rayos X y luego a mí. Por un momento, parecía más incómoda que yo. Era claro que no tenía idea de qué hacer conmigo.

Por fin, me llevó de regreso a la sala de espera.

—Espere aquí —fue su instrucción.

Obedecí. Otros pacientes iban y venían. Me quedé en mi asiento, moviéndome incómoda sobre el desgastado vinil verde. Aunque intenté leer una de las revistas viejas que había en los estantes entre las sillas, no podía concentrarme. Comenzaron a correr por mi cabeza pensamientos ansiosos:

No encajo en la forma en que aquí se hacen las cosas.
Estoy causando un problema.
Estoy siendo una «mala» paciente.

Pero también recordé esa tomografía innecesaria a la que se sometí el año anterior, contra mi buen juicio. Qué impotente me sentí. Había decidido, después de esa experiencia, no cumplir con trámites innecesarios solo porque sentía presión. Me había imaginado cómo actuaría de manera diferente en el futuro, en una situación similar, una como esta.

Por fin me llamaron para ver al médico, un hombre blanco de mediana edad, delgado, que llevaba una corbata fina y una expresión de descontento. Su primera pregunta destilaba una hostilidad apenas disimulada.

—¿No hay radiografía?

—No —respondí—. Quiero que me examine primero. Creo que tengo inflamación crónica.

El médico no parecía querer realizar una exploración. Era casi como si sintiera repulsión por tocarme a mí, su paciente. Pero obedeció a regañadientes, empujándome con torpeza el hombro antes de regresar apresurado a su taburete después de solo unos segundos. Su revisión fue tan superficial que ni siquiera checó mi rango de movimiento.

—Necesita una radiografía —repitió, mirando mi expediente.

—¿Por qué? —pregunté—. La inflamación no aparece en una radiografía.

—Bueno... para asegurarnos de que no haya nada... óseo —añadió después de una breve pausa.

—¿Óseo? ¿Como qué? ¿Cuál es su diagnóstico diferencial?

Hizo una nueva pausa y respondió:

—Cáncer de huesos.

Mis ojos se abrieron todo lo que podían.

—¿Cáncer de huesos? ¿Cree que tengo cáncer de huesos?

—Oh, no, no... —balbuceó—. Este... así es como practicamos la medicina aquí.

Siguió un silencio incómodo. Este hombre sabía que yo me había formado como médica en el Reino Unido y ambos sabíamos que esta era una respuesta inaceptable, incluso reprobable.

No parecía saber qué hacer con las manos. Se las pasó por el cabello erizado, jugueteó con una pluma. Volvió a mirar mi expediente, como si ahí pudiera encontrar un argumento para reforzar su postura, y luego lo golpeó con el puño cerrado.

—Necesita la radiografía —señaló, alzando la voz—. A todos los pacientes que vienen aquí se les toma una. Así es como hacemos las cosas. Y ahora, como ya se ha tomado tanto tiempo, tendrá que esperar más. Tendré que volver a verla después de que tengamos los resultados de radiología.

El médico me estaba reprendiendo por alterar la eficiencia operativa de la clínica y su tono de frustración sugería que yo había cometido algo horrible.

Me senté con torpeza en la camilla de vinilo, deseando acatar la orden, e incluso disculparme por mi obstinación. Pero en esencia no estaba de acuerdo con la práctica de ese médico de ordenar radiografías a todos los pacientes nuevos antes de saber algo sobre sus síntomas. ¿Cuántas radiografías innecesarias se estaban realizando en esta clínica por la remota posibilidad de detectar cáncer de huesos? ¿Qué pasa con la exposición a la radiación y los falsos positivos que provocan la toma de pruebas más invasivas y generan angustia?

Pensé en mi tomografía, cuando me sentí incómoda e incluso lo expresé con mis preguntas, solo para que al final terminara acatando y me hiciera una prueba que no necesitaba. Eso no iba a suceder esta vez. No quería una radiografía y, a pesar de la presión, no iba a dejar que el médico me asustara haciéndome pensar que tenía una alta probabilidad de sufrir algo más siniestro que una inflamación.

—Preferiría que me remitiera a fisioterapia —afirmé—. Si mi dolor no mejora en seis semanas, volveré para tomarme esa radiografía.

Sentí una fuerte necesidad de disculparme y ceder, incluso en ese momento. Pero no lo hice. Me mantuve firme. Y cuando salí del consultorio ese día, con una remisión a fisioterapia en la mano, me sentí orgullosa de mí misma. No había cedido ante los deseos que otra persona tenía para mí, solo por evitar causar molestias. Fue liberador ser fiel a mis valores de esta manera. Y, después de seis semanas de fisioterapia exitosa, el dolor en mi hombro disminuyó. Nunca más volví a esa clínica.

VISUALÍZALO PRIMERO

Cuando pensamos: *¿Qué hace una persona como yo en una situación como esta?*, y nos sintonizamos con nuestra *responsabilidad* para actuar de forma desafiante, necesitamos también la *habilidad* para desafiar. Esta habilidad mejora con la repetición y la familiaridad. Mientras más desafiamos —o incluso cuando solo nos planteamos hacerlo— más cómodos nos sentimos y más hábiles nos volvemos para hacerlo.

Si bien podríamos tropezar la primera vez que decimos lo que pensamos, con la práctica nuestra voz gana confianza.

La preparación y la práctica son elementos clave en nuestra habilidad para superar el paso final, es decir, pasar a la acción. En los experimentos de Milgram, tanto el profesor del Antiguo Testamento como el ingeniero no solo sintieron el deber de desafiar, sino que también fueron capaces de llevar a cabo ese deber. Su confianza para actuar provenía de sus respectivas experiencias: uno desde el terreno de las decisiones morales que pueden dañar a otros, y el otro por su conocimiento de los daños que las descargas eléctricas pueden causar a los humanos. Mientras más experiencia tengamos de situaciones en las que el acto de desafiar pueda ser necesario, más perceptivos estaremos con la forma en que se manifiesta nuestra propia tensión y mejor avanzaremos por las etapas del acto de desafiar.

Haber estado en situaciones en las que deseábamos desafiar pero no lo hicimos, o en las que sí —con independencia del resultado—, nos permite identificar qué factores podrían inhibir nuestra capacidad de desafiar y cuáles la potencian. Podemos empezar con pequeños actos que desafían, para sentirnos cada vez más cómodos. Si solo podemos alcanzar la tercera etapa del acto de desafiar —expresar nuestro malestar a otra persona—, es mucho más probable que superemos la cuarta y lleguemos a la quinta y última etapa, que es el acto que desafía en sí. Como un levantador de pesas que avanza de cargas ligeras a otras pesadas, podemos desarrollar de forma gradual nuestra habilidad, y aumentar nuestras destrezas y confianza con cada acto desafiante que emprendemos.

Una forma de prepararnos y practicar es la *anticipación*. Cuando una situación nueva nos sorprende, muchas veces nos quedamos paralizados, sin saber qué hacer, por más buenas intenciones que tengamos. Pero anticipar cómo actuaríamos en situaciones que podrían requerir la capacidad de desafiar puede ayudarnos a responder con rapidez y en concordancia con nuestros valores. Porque si la sorpresa inhibe esta capacidad, la anticipación la fortalece.

Kevin, el oficial de policía que desafió una orden ilegal para registrar un *garage*, me comentó que una de las razones por las que se sintió cómodo adoptando una postura fue porque había recibido su formación poco después del asesinato de George Floyd. Al aprender sobre el procedimiento adecuado y el uso excesivo de la fuerza, pensaba con frecuencia en los oficiales novatos Alex Kueng y Thomas Lane, quienes obedecieron las órdenes de su superior, lo que tuvo resultados trágicos.

Él no quería ser como ellos. Deseaba ser el oficial de policía que no acataba órdenes a ciegas. Quería ser el oficial que movería la rodilla.

Con frecuencia pensamos que el acto de desafiar es algo valiente, pero este también puede estar motivado por el miedo. El mismo miedo que a veces nos impide ser desafiantes puede impulsarnos a actuar. Kevin temía que se repitiera una situación como la que terminó con la vida de George Floyd, y utilizó ese miedo como herramienta, una forma de imaginar cómo podría ser desafiante llegado el momento. Y sabía, como policía, que ese momento llegaría.

—Sabía que este trabajo sería difícil —me confesó—. Sabía que iba a presenciar comportamientos poco éticos.

Lo esperaba. Así que se preparó.

La formación policial no puede únicamente generar la *conciencia* sobre el deber de un oficial de intervenir. Los oficiales también necesitan entrenamiento *conductual* sobre el acto de desafiar para poner en práctica ese conocimiento: necesitan practicar y representar escenarios una y otra vez. Y si no reciben ese tipo de entrenamiento en la academia, necesitan prepararse por su cuenta, como hizo Kevin.

Cuando le ordenaron registrar el *garage*, el novato imaginó el peor escenario posible. Visualizó al dueño de la casa confundido, despertando sobresaltando y saliendo armado para enfrentarse a quienes estuvieran en su *garage*. Imaginó el uso de fuerza por parte de la policía segundos después, justificado por una amenaza inminente. Previó una situación en la que un hombre inocente resultaba herido o incluso muerto, solo porque la policía estaba registrando su casa de forma ilegal. Y eso lo aterraba.

De pie en el jardín delantero de esa casa en Oakland, viendo cómo sus colegas mayores se preparaban para registrar el *garage* de modo ilegal, reconoció su tensión, notó que algo estaba mal y luego habló para expresar su malestar. Cuando no tomaron en serio su preocupación, manifestó su deseo de no obedecer y al final desafió las órdenes que le dieron. Cuando llegó el momento, supo cómo ver más allá de complacer y obedecer a la autoridad inmediata y enfocarse en las consecuencias más amplias de sus acciones.

Lo que pasó esa noche, para Kevin, fue más grande que un registro ilegal, porque tocaba sus valores como policía y como persona. Reconoció que le pedían que traicionara sus valores. Conocía la ley y sabía que el registro era ilegal. Reconoció que eran el momento y el lugar adecuados para desafiar y se hizo consciente de sus valores y responsabilidades, a pesar de que hacerlo lo expuso al aislamiento y al rechazo dentro del Departamento de Policía, sin mencionar una reprimenda oficial. Conocía los riesgos, pero ya estaba listo.

Esa noche, su acto de desafiar no tuvo consecuencias tan serias como algunos de los escenarios que pudo haber imaginado: nadie resultó herido, el dueño de la casa no salió corriendo empuñando un arma. Pero al poner en práctica sus valores, adquirió más experiencia y más práctica. Sí, tal vez su voz tembló cuando le dijo a su teniente que el registro había sido incorrecto, y su tartamudez de infancia pudo haberle dificultado el habla, pero al negarse a ceder, comenzó a forjar el hábito de no renunciar a su capacidad de actuar ni a su poder.

La siguiente ocasión el riesgo podría ser mayor. Pero con cada acto de desafiar, Kevin se hace más experto y se siente más cómodo desafiando a otros, más hábil para evaluar su entorno y más capaz de predecir cómo sus acciones podrían cambiarlo.

Cuando nos preparamos y analizamos las situaciones con antelación, podemos ser más capaces de anticipar y reconocer aquellas que requieren actos que desafían, y con ello eliminar el elemento sorpresa que con tanta frecuencia reprime nuestra tendencia a desafiar. En ese sentido, visualizar cómo sería nuestro acto de desafiar en una situación particular nos ayuda a ensayar lo que podríamos hacer o decir. Y si resulta un intento fallido, este a menudo trae consigo una reflexión sobre lo que desearíamos haber dicho. Entonces, la preparación de guiones y la representación de escenarios tienen un propósito importante: ensayar en voz alta antes de enfrentarnos a una situación difícil permite que nuestra boca se acostumbre a pronunciar palabras desafiantes y nuestros oídos a escucharlas. El acto de desafiar comienza a sentirse empoderador y más parecido a lo que queremos ser.

El ensayo y la práctica modifican las conexiones neuronales de nuestro cerebro, y estos pequeños cambios en el cableado de nuestro cerebro nos permiten desafiar con menor dificultad. Estos cambios internos que nos permiten desafiar alteran la trayectoria de los acontecimientos que siguen, y ello genera resultados diferentes. Aunque no seamos conscientes de ello, muchas veces empezamos a prepararnos para el acto de desafiar meses o incluso años antes de ponerlo en marcha.

Mis experiencias en esas consultas médicas, con un año de diferencia, son un estudio de caso de una capacidad para desafiar en evolución. Es claro cómo podemos mejorar nuestra capacidad de desafiar en cada experiencia, con independencia de si desafiamos o cumplimos lo que se espera de nosotros.

En el primer caso, cuando me instaron a hacerme la tomografía, solo llegué a la tercera etapa del acto de desafiar. Sentí tensión (etapa uno) y la reconocí ante mí misma (etapa dos). Luego intenté intensificar expresándole mi malestar a otra persona (etapa tres). Hice preguntas buscando mayor claridad, esperando que la técnica escuchara la inquietud en mi voz y registrara que no quería someterme al procedimiento.

Pero en ese momento no pude avanzar más. No sabía cómo decirles que no iba a obedecer (etapa cuatro), por lo que no pude llegar al acto de desafiar final (etapa cinco).

Esta incapacidad para avanzar más allá de la tercera etapa tuvo como consecuencia que permití una exploración que no deseaba.

Sin embargo, esta vez en la clínica ortopédica la historia fue diferente. Cuando me encontré en una situación similar, sintiendo la misma tensión (etapa uno) y reconociéndola tal como era (etapa dos), le transmití mi malestar con mayor claridad a la asistente médica (etapa tres). Repetí ese malestar cada vez que me pedía que me hiciera la radiografía. Puse un alto con firmeza, diciéndole que quería ver primero al médico y que no me sometería al estudio hasta entonces (etapa cuatro). Después, cuando el médico no me dio una razón válida de por qué era necesaria una radiografía, aunque me sentía incómoda rechazando su recomendación, al fin logré expresar mi rechazo informado al procedimiento: pude desafiar (etapa cinco).

Entonces, ¿qué cambió? ¿Por qué fui capaz de rechazar una radiografía innecesaria, cuando antes había accedido a una tomografía que sabía que no necesitaba?

Durante el año que transcurrió entre esas dos consultas, pasé mucho tiempo pensando en las razones por las que permití que me realizaran esa tomografía cuando no quería hacerlo. Y aunque no lo supiera en ese momento, esa reflexión me estaba entrenando para desafiar en el futuro.

Me familiaricé de forma profunda con la tensión que sentía, con la incomodidad que me provocaba someterme a un procedimiento que no sentía que me ponía a mí, la paciente, en primer lugar. Ese malestar me hizo ser consciente de mis valores fundamentales sobre cómo debería practicarse la medicina, rigiéndose por los cuatro principios de la ética médica: anteponer a los pacientes (beneficencia), no hacer daño (no maleficencia), equidad en las decisiones médicas (justicia) y derecho del paciente a decidir (autonomía). Comprendí que ser obligada a realizarme procedimientos médicos innecesarios violaba todos esos principios, y que al obedecer, yo no estaba haciendo algo para cambiar la situación, ni para mí ni para los demás.

Desde aquella tomografía, aprendí a reconocer mis propias racionalizaciones para actuar contra mis intereses: mi miedo a ser una paciente «mala» o «problemática» me había impedido antes poner en práctica mis valores. Esas racionalizaciones me llevaron a reflexionar sobre quién soy y qué defiendo.

Aprendí a evaluar con rapidez los entornos médicos y pude ver con claridad que la recomendación de la radiografía no tenía tanto que ver conmigo como con los protocolos de una clínica con fines de lucro que factura por procedimiento. Evalué que era seguro desafiar y que decir «no» sería efectivo.

En mi mente, repetí mi acto de desafiar fallido durante la tomografía y anticipé una situación similar. Y en mi cabeza, ensayé lo que desearía haber dicho la primera vez. Esa anticipación, preparación y práctica modificaron mis conexiones neuronales y me permitieron actuar con determinación cuando fue necesario. Ahora tenía una nueva conciencia de mi capacidad para desafiar y me creía plenamente capaz de lograr un No Verdadero.

Como médica, también entendí que estaba en una posición única no solo para evitar una práctica que consideraba problemática, sino también para crear, en potencia, un cambio positivo más allá de mis propias necesidades. Mi negativa podía crear una onda expansiva con efectos positivos para los demás. Me sentía responsable no solo de mi propia salud, sino también de abogar por una atención médica de mejor calidad para todos los pacientes.

Cuando me pregunté: *¿Qué hace una persona como yo en una situación como esta?*, la respuesta se había vuelto simple y clara.

GENERAR ONDAS

Tal vez piensas que una acción que en apariencia es tan personal como rechazar una radiografía no puede tener mayor impacto fuera de mi vida. Y si bien es seguro que el médico al que vi no eliminó de inmediato los protocolos de admisión de pacientes de su consultorio tras oír mis objeciones, sí se vio obligado, al menos en ese instante, y aunque fuera por un breve momento, a considerar cómo trataba a los nuevos pacientes. Tal vez ese cuestionamiento le sembró una pizca de duda sobre lo acertado de sacar radiografías de forma automática. O no fue así, no lo sabremos. Pero supongamos que otro paciente cuestiona su práctica y también rechaza la radiografía. Quizá en la siguiente ocasión la duda del médico aumentaría y al final lo haría cambiar de opinión. El cambio muchas veces comienza con el acto de desafiar de una sola persona.

Mi rechazo no terminó ahí. Le conté la historia a amigos y colegas, que me animaron a difundirla de modo más amplio, a describirles la experiencia a otros médicos con la esperanza de provocar un cambio. Luego escribí un artículo titulado «Investigations Before Examinations: "This Is How We Practice Medicine Here"» (Investigaciones antes que exploraciones: «Así practicamos la medicina aquí»), que se publicó en una de las revistas médicas más leídas del país. La editora añadió un artículo de apoyo titulado «Testing Before Seeing the Patient» (Estudios antes de ver al paciente), que tenía un vínculo con el mío. Ambos textos generaron interés a nivel nacional y mi bandeja de entrada se llenó de mensajes de médicos de todo Estados Unidos. La mayoría me felicitaba y destacaba muchos otros ejemplos de estudios que se solicitan de forma automática antes de que los médicos puedan hablar con sus pacientes; otros justificaban por qué tales radiografías eran necesarias, eficientes y seguras; y otros más lamentaban el sistema y enfatizaban que era necesario que este cambiara antes de que ellos pudieran actuar diferente. Al escribir sobre este pequeño momento, íntimo, en el que desafié, logré ampliar su alcance y comencé una discusión más amplia, una que resonó con otras personas que trabajan en el ámbito de la salud.

Incluso cuando *parecen* triviales, nuestras respuestas ante pequeñas injusticias que incomodan nuestra conciencia pueden tener un efecto dominó. Nuestro No Verdadero puede parecer silencioso en el momento, pero rara vez es insignificante y, a decir verdad, tampoco lo son las injusticias a las que me refiero. Esta es una visión en esencia optimista del acto de desafiar: el reconocimiento de que cuando desafiamos pequeñas tiranías, no solo nos ayudamos a nosotros mismos, sino también a otras personas como nosotros.

Un colega mío a quien llamaré Robert describió una situación de su infancia que también ilustra el poder de los pequeños actos que desafían. Cuando estaba en la preparatoria, era común que los adolescentes usaran la palabra *gay* como insulto, para describir lo que pensaban que era tonto o ridículo. Esto fue a finales de los años noventa en Estados Unidos, en una zona con una sociedad conservadora y acomodada del sur de Texas. Aunque a Robert siempre le incomodó la manera ligera en que se utilizaba la palabra, nunca dijo algo para detenerlo.

Inteligente y retraído, Robert estaba más interesado en el club de debate que en el equipo de futbol americano. Con su cabello hasta los hombros y un cuaderno gastado, lleno de poemas a medio escribir, se imaginaba a sí mismo como un pensador liberal en un mar de sombreros de vaquero y valores tradicionales. Y aunque se sentía muy cómodo discutiendo con sus padres y compañeros de clase sobre la guerra en Irak, nunca dijo una palabra cuando sus amigos lanzaban insultos homofóbicos.

—No conocía a ninguna persona LGTBQ+ en ese entonces —señaló Robert—. Mis amigos tampoco. Al menos eso creían. Y aunque yo sentía que estaba un poco mal, no decía nada.

Al inicio del nuevo año escolar, Robert hizo una nueva amiga, una muchacha llamada Annie. Acababa de irse a vivir a Texas desde San Francisco y había traído consigo ideales sociales progresistas que no dudaba en transmitir. La primera vez que estuvo con él y con sus amigos, notó de inmediato la forma en que usaban la palabra.

—Dejen de decir eso —propuso—. De verdad no está bien.

No levantó la voz, pero tampoco parecía nerviosa de desafiar a sus nuevos amigos. El grupo se quedó en silencio.

—Ay, solo estamos bromeando —respondió uno de los amigos de Robert—. No es para tanto.

—Sé que están bromeando —señaló Annie, sin rastro de hostilidad en su voz—. Pero no está bien. Así que paren.

Cuando Robert escuchó por primera vez las protestas de Annie, se puso nervioso y avergonzado por sus amigos. Nunca se había opuesto a ese lenguaje: solo lo ignoraba, lo permitía para llevarse bien.

Pero lo que sucedió después lo sorprendió. La manera en que Annie alzó la voz fue tan segura (y tranquila) que el lenguaje del grupo cambió, casi de inmediato. A los pocos días, *gay* como sinónimo de *tonto* había desaparecido del léxico social del grupo cada vez que Annie estaba presente y, con el tiempo, desapareció del grupo incluso en su ausencia y, al final, también se extinguió en la escuela en general.

—Cuando pienso en eso —me comentó Robert— es difícil de creer. A nadie le gustaba en realidad ese tipo de expresiones ofensivas. Pero las tolerábamos, hasta que una persona nos dijo que paráramos.

EL EFECTO DOMINÓ DEL ACTO DE DESAFIAR

Robert se sintió tan inspirado por el pequeño acto de desafiar de Annie y sus efectos positivos que ahora él también se siente seguro al tomar una postura cuando escucha lenguaje discriminatorio. Hace poco, cuando escuchó a su padre usar comentarios transfóbicos, lo desafió tal como lo había desafiado Annie alguna vez. Cuando actuamos, incluso en situaciones que parecen menores, los efectos de nuestro acto de desafiar muchas veces repercuten más allá de la situación.

Parte del poder del acto de desafiar radica en que su espíritu es contagioso; su éxito no se limita a eventos y acciones individuales. Cuando expresamos un No Verdadero, los demás a menudo hacen lo mismo, aunque los riesgos sean considerables. Así es como ocurre, por lo general, el cambio duradero: por medio de la acumulación de decenas o incluso cientos de momentos en los que se desafía, pequeños y no tan pequeños. Las implicaciones de un No Verdadero pueden ir mucho más allá de lo personal y llegar al ámbito de lo político, lo social y lo global. Esto significa que podemos generar cambios que nunca hubiéramos imaginado.

El poder del acto de desafiar no está en una decisión momentánea para cambiar una situación, sino en una práctica sostenida que oriente nuestra vida. Una práctica saludable del acto de desafiar nos mantiene preparados para los momentos cruciales en los que debemos tomar postura. Necesitamos desarrollar una memoria muscular del acto de desafiar, porque las situaciones en las que desafiar es más necesario son muchas veces aquellas en las que es más difícil pensar con claridad.

Una cita del poeta griego Arquíloco, que con frecuencia se atribuye a Bruce Lee, destaca la importancia de la práctica: «Bajo presión, no nos elevamos al nivel de nuestras expectativas, sino que caemos al nivel de nuestro entrenamiento». Y yo pienso que esto no solo es cierto en las artes marciales, sino también en el acto de desafiar. Aunque cada uno de nosotros tiene una historia diferente y una relación particular con el acto de desafiar, la práctica repetida e intencional puede transformarnos; puede reconfigurarnos para una acción moral más consistente y un acto de desafiar más eficaz.

Los neurocientíficos han documentado los cambios que ocurren en la corteza prefrontal del cerebro cuando aprendemos nuevas tareas. Así, de modo literal, el entrenamiento constante puede cambiar la arquitectura cerebral. Por lo tanto, cuando construimos nuevas conexiones neuronales para el acto de desafiar, este nos resulta más fácil y accesible. Al principio, para quienes encontramos difícil desafiar, solo se hace más plausible, es una nueva posibilidad. Es posible que al principio tropecemos y cometamos errores. Pero con el tiempo, nuestro enfoque mejora, nuestros pensamientos se aclaran y nuestras reacciones se vuelven más rápidas. Con el tiempo, el acto de desafiar se hace más natural, más automático y se convierte en una parte importante de quienes somos y de aquello que nos importa. Al final, el acto de desafiar se integra de tal manera que ya ni siquiera nos damos cuenta de que lo estamos ejerciendo. Somos solo nosotros mismos, siendo fieles a lo que somos.

14

NO TIENES QUE SER VALIENTE

El 20 de agosto de 2018, el primer día del nuevo año escolar, la adolescente se despertó temprano.

Desayunó y preparó su mochila. Se puso el casco sobre las trenzas, salió a la calle con su bicicleta blanca y se dirigió al corazón de la capital. Su padre la seguiría, pedaleando detrás de ella en su propia bicicleta.

Era una mañana preciosa: la clara luz nórdica se filtraba entre los robles a lo largo del río. Pequeña para sus 15 años, con ojos muy separados y rasgos delicados y severos, la adolescente pedaleaba con determinación por los carriles para bicicletas junto al río, evitando a los conductores de las horas pico a bordo de sus autos Volvo y Volkswagen. Los barcos de vapor se balanceaban en el agua, arrojando un espeso humo negro que flotaba en el aire como nubes de tormenta antes de disiparse. Cruzó el puente a toda velocidad y aceleró cuesta abajo rumbo al centro de la ciudad.

No había andado mucho en bicicleta durante los últimos años. La verdad era que había estado enferma casi la mitad de su vida. Hubo momentos en los que no podía comer, otros en los que no podía hablar, mucho menos pedalear alrededor de la cuadra. Hoy, sin embargo, con una energía renovada y resuelta, volvía a andar en bicicleta. Y tenía algo que decir.

Se deslizó por la ciudad, turistas y compradores ya llenaban las calles. Los altos edificios de piedra proyectaban enormes sombras sobre el empedrado y el asfalto. Frente a ella, mientras se acercaba al puente sobre el río Söderström, se alzaba el Riksdag, el centro del Gobierno sueco, asentado como una fortaleza sobre una isla en el centro de Estocolmo. Se detuvo y su padre llegó poco después. Ataron su bicicleta a una reja metálica.

—¡Corre a la escuela ahora! —la animó, entregándole un cartel de madera pintado que llevaba bajo el brazo.

Los transeúntes no habrían notado que se trataba de una broma. De hecho, es probable que ni siquiera se fijaran en la adolescente ese día, cuando saludó a su padre con la cabeza y caminó cruzando el puente y bajo el arco hacia el Riksdag. Si alguien se fijó en ella, tal vez pensaron que era una de los miles de escolares que caminaban por Estocolmo esa mañana, despidiéndose de sus padres y arreglándose el cabello después de quitarse el casco.

Pero esta adolescente tenía un plan. Apoyó el pedazo de madera contra la pared del edificio del Parlamento. Lo había comprado dos semanas antes en una tienda de materiales de construcción por veinte coronas, y luego se lo llevó a casa para pintar en él un mensaje claro, legible desde lejos. Con letras negras, en mayúsculas, decía:

SKOLSTREJK FÖR KLIMATET
«HUELGA ESCOLAR POR EL CLIMA»

La muchacha abrió su mochila, sacó un cojín azul y lo colocó junto a la pared. Sacó cien folletos, los apiló con cuidado y les colocó una piedra encima para que no se volaran con el viento. Después se sentó sobre el cojín, con la espalda apoyada contra la pared de granito y las rodillas pegadas al pecho.

A su alrededor, la gente se apresuraba para llegar al trabajo, consultaba el reloj o la pantalla del teléfono. Ella se preguntaba cuándo la notarían. Se preguntaba si sería una persona adulta o un niño el primero en detenerse a leer los folletos a sus pies, cuyos bordes ondeaban ligeramente con el aire.

Había tenido cuidado para redactar bien las palabras, porque sabía que con toda probabilidad era lo más importante que había dicho en su vida. Esta es una traducción aproximada del sueco:

Los niños por lo general no hacemos
lo que ustedes dicen.
Hacemos lo que ustedes hacen.
Y puesto que a ustedes, las personas adultas,
les importa un carajo mi futuro,
a mí tampoco me importa.
Me llamo Greta y estoy en tercero de secundaria.
Y voy a hacer huelga escolar para pelear por el clima
hasta el día de las elecciones.

Greta Thunberg es ahora una figura icónica del activismo contra el cambio climático. Desde su primera huelga escolar en 2018, ha hablado ante las Naciones Unidas, ha pronunciado discursos alrededor del mundo y se ha convertido en una de las caras más reconocibles del mundo en la lucha contra el cambio climático. Sin importar lo que se piense sobre Thunberg o sobre el calentamiento global, es innegable que sus palabras y acciones han inspirado a millones a replantearse sus ideas.

La gente suele utilizar palabras como *valiente* o *audaz* para describirla, en gran parte debido a los obstáculos que ha tenido que superar para alzar la voz.

—Me diagnosticaron síndrome de Asperger, trastorno obsesivo-compulsivo y mutismo selectivo —comentó en 2018—. Eso significa, básicamente, que solo hablo cuando creo que es necesario. Y ahora es uno de esos momentos.

Pero no es solo la valentía lo que define el acto de desafiar de Thunberg, sino algo más profundo.

Ella sabe con exactitud quién es.

CONVERTIRSE EN UN DISIDENTE MORAL

Una creencia muy extendida —y pocas veces examinada— sobre el acto de desafiar es que requiere valentía y que la fortaleza es un requisito previo. La lógica dice que las personas que van contra la corriente son valientes. Que quienes le dicen la verdad al poder son fuertes.

Eso puede ser cierto, pero el acto de desafiar no se reduce a ser fuerte o débil, valiente o cobarde. No es solo para los valientes, los fuertes o los extraordinarios. Todos tenemos la capacidad de ser desafiantes. Hay muchos caminos hacia el acto de desafiar, pero todos comienzan en el mismo lugar: una persona que se conecta con sus valores más profundos.

Greta Thunberg se conectó con los suyos desde temprana edad. Sentada en un salón de clases escandinavo a los 8 años, vio un documental sobre el deshielo de los polos, osos polares hambrientos y plástico en el mar. Impulsada por el miedo, buscó saber más. Devoró libros sobre la crisis climática y comenzó a seguir las investigaciones de científicos y activistas climáticos. A medida que crecía, adquirió suficiente conocimiento y comprensión para saber que no podía estar de acuerdo con un mundo en el que no se enfrentara ni se combatiera el cambio climático.

Empezó por sus padres. Intentó educarlos e informarlos, dándoles libro tras libro, documental tras documental, estudio tras estudio. Y funcionó. Su padre quedó tan conmovido por lo que Thunberg le mostró que se hizo vegano. Sus padres tomaron la decisión de renunciar a viajar en avión, a pesar de la madre de Thunberg era cantante y hacía giras internacionales.

Greta Thunberg empezó después a educar a otras personas. Cuando se sentó frente al Riksdag ese día de agosto de 2018, su acto de desafiar público fue el resultado de preparación y, lo más importante, de introspección. Cuando se preguntó a sí misma: *¿Quién soy yo?*, tenía una respuesta. Sabía lo que alguien como ella debía hacer en la situación en la que se encontraba.

❖ ❖ ❖

A través del entrenamiento, podemos cambiar de raíz nuestra relación con el acto de desafiar. Podemos transformarnos de crédulos conformistas en *disidentes morales:* personas que utilizan su Brújula del Acto de Desafiar y están dispuestas a ir contra la corriente en defensa de sus valores más auténticos. Los disidentes morales alzan la voz, se manifiestan y exigen cambios cuando es necesario.

Cuando nos esforzamos por convertirnos en disidentes morales, dejamos de ser espectadores de nuestra propia vida y nos convertimos en agentes de disrupción del *statu quo*. Además, recuperamos nuestra capacidad de actuar: en lugar de enfocarnos en lo que nos hacen *a* nosotros, nos concentramos en lo que nosotros podemos *hacer*.

Los disidentes morales no son reactivos, sino proactivos; no son impulsivos, sino conscientes. No descartan a la ligera los valores de las sociedades en las que viven ni de las organizaciones a las que pertenecen. No están hastiados de los demás ni los enfrentan con cinismo, sino todo lo contrario. Se conectan con sus valores morales y asumen responsabilidad, tanto así que —como Sara, la coordinadora de subsidios, o Rachael Denhollander, la exgimnasta— están dispuestos a pelear contra las instituciones a las que aman cuando estas no reflejan los valores que proclaman.

Los disidentes morales entienden que el acto de desafiar en pequeña escala sigue siendo un acto que desafía: que la acumulación de estos actos pequeños hace que una persona sea quien es. Y más aún: entienden que un acto de desafiar «pequeño» con frecuencia crece.

Cuando nos consideramos disidentes morales, responderemos la última pregunta de nuestra Brújula del Acto de Desafiar (*¿Qué hace una persona como yo en una situación como esta?*) con acciones basadas en principios. La situación puede ser de vida o muerte, como lo fue para Angeli Rose Gomez, que corrió hacia la primaria donde sus hijos pequeños se escondían de un tirador. O puede ser más cotidiana, como lo fue para mí en el consultorio de mi médico.

Convertirse en un disidente moral no es algo que se acciona con un interruptor, sino una dedicación de por vida a la práctica del acto de desafiar. No se trata de una transformación inmediata ni de hacerlo todo bien desde el principio; se trata de avanzar, de comprender qué factores nos ayudan, cuáles nos frenan y cómo podemos superar los obstáculos que podrían hacernos tropezar en el futuro cuando necesitemos desafiar.

Las experiencias que tenemos en nuestro haber pueden guiarnos. El proceso de convertirse en un disidente moral implica examinar los momentos en que sentimos tensión y la dejamos pasar, solo para lamentarlo después. Nos alienta a mirar con nuevos ojos las normas sociales y las limitaciones psicológicas que nos hacen continuar cumpliendo y guardar silencio, y a hacer esfuerzos para comprender cómo oponernos a ellas de manera segura en el futuro. Nos empuja a sentirnos cómodos al atravesar la incomodidad, cuando eso es necesario para honrar nuestros principios. Un disidente moral reconoce las maneras en que ha vivido como conformista y luego se esfuerza por hacer las cosas de otra forma.

Cuando te conviertes en un disidente moral, te transformas a ti mismo, a tu entorno y tal vez incluso al mundo.

FORJAR NUESTRO PROPIO CAMINO

Muchas personas están familiarizadas con Malala Yousafzai, la activista paquistaní por la educación de las niñas que ganó el Premio Nobel de la Paz. Menos gente conoce el nombre de su padre, Ziauddin Yousafzai, activista y educador en el valle de Swat, Pakistán. Durante su infancia, Malala vio a su padre dar discursos, recaudar dinero y trabajar de modo incansable para promover el derecho de los niños a la educación y la paz por medio del pacifismo activo. Convencido de la libertad, la democracia y la expresión abierta, permitía que su hija se sentara con los hombres mientras debatían de política, y la animó a hablar por sí misma y a valorar su educación tanto como él había valorado la suya.

—Eres una niña —le decía siempre— y tienes derecho a hablar.

A los 11 años, ya cautivaba a la audiencia de la BBC Urdu con su diario anónimo sobre la vida bajo el régimen talibán, y en la televisión paquistaní preguntó una vez:

—¿Cómo se atreven los talibanes a quitarme mi derecho básico a la educación?

Muchas veces aprendemos a ser desafiantes en el curso de nuestra vida a partir de modelos o de experiencias con ejemplos significativos. Ziauddin fue un gran ejemplo para Malala. Rosa Parks habló del acto de desafiar de su madre, Leona McCauley, quien años atrás se había negado a moverse en el autobús, tal como luego haría Parks.

No todas las personas crecen con un padre como Ziauddin Yousafzai o una madre como Leona McCauley. Muchos carecemos de un modelo constante que actúe de manera desafiante. Vamos armando una idea para entender cómo se ve un No Verdadero, una imagen del acto de desafiar a partir de fragmentos de resistencia y protesta que encontramos en el camino. En mi caso, los modelos de lo que significa un acto de desafiar han llegado de forma intermitente. Los recuerdo como escenas que sobresalieron de la vida cotidiana, notables por su incongruencia: mi madre al enfrentarse a los chicos abusivos del callejón, mi padre al discutir con el consejo municipal por la injusticia de que me negaran un pase de autobús.

Pero aun sin una guía explícita, todos somos capaces de convertirnos en disidentes morales. El camino de Greta Thunberg hacia el acto de desafiar fue dirigido por ella misma. Aunque sus padres la apoyaron, no fueron ellos quienes despertaron su activismo. De hecho, fue al revés: Thunberg los educó sobre los peligros del calentamiento global. Eso no significa que no haya recibido orientación. De hecho, fueron los sobrevivientes de Parkland —adolescentes estadounidenses que organizaron una huelga estudiantil nacional para protestar contra las leyes permisivas sobre armas, después de un tiroteo masivo en su escuela— quienes inspiraron a Thunberg a hacer su propia huelga escolar.

Todos podemos encontrar nuestro propio camino hacia un No Verdadero, porque todos podemos aprender a conectar con nuestros valores fundamentales. Lo que une a los disidentes morales no es la educación ni los modelos que encuentran, sino el conocimiento de sí mismos. No son las circunstancias las que definen nuestro acto de desafiar, sino nuestro yo interior: nuestra conexión con la persona que somos en verdad y con lo que en realidad valoramos.

Con frecuencia pensamos en el acto de desafiar como un gesto público y ruidoso. La palabra misma a menudo evoca imágenes icónicas: David lanzando su honda ante el poderoso Goliat; Tommie Smith y John Carlos levantando los puños en saludo al Poder Negro durante los Juegos Olímpicos de 1968; el «hombre del tanque» anónimo que se plantó ante una columna de tanques durante de las protestas a favor de la democracia en la plaza de Tiananmén, en 1989. Esas expresiones públicas del acto de desafiar se han convertido en sinónimos de una especie de valentía casi inimaginable frente al peligro, la opresión y la violencia.

Pero, como ya hemos visto, gran parte del acto de desafiar ocurre tras bambalinas. Las imágenes que he descrito representan los acontecimientos culminantes de un proceso más largo, que ocurre de forma individual, privada y silenciosa.

Greta Thunberg es ahora un símbolo desafiante de un movimiento global de gran escala. Pero lo que más me inspira de su capacidad de desafiar es su proceso interior: todo ese tiempo —meses y años— que le tomó salir de las profundidades de la depresión y entrar en comunión con el corazón palpitante de la persona que es ella y de lo que aspira a ser. No es la imagen de su letrero de madera lo que representa el poder duradero de su acto de desafiar; más bien pienso en las laboriosas horas de planificar su protesta, decidir qué pintar en su cartel y el trabajo aún más prolongado de preparar lo que iba a decir.

Hubo momentos, al principio de las huelgas escolares, en que Thunberg parecía abrumada. En una ocasión, pocos días después de haberse instalado por primera vez con su cartel, un grupo de niños de primaria comenzó a acercarse a ella en su lugar habitual en el Riksdag. Thunberg —quien había sufrido acoso sin tregua en la escuela a esa misma edad por ser «diferente»— entró en pánico. Se echó a llorar y se alejó. Pero luego hizo una pausa, se tranquilizó y regresó con los niños para explicarles lo que estaba haciendo.

Greta Thunberg no es un ícono, sino una humana: marcada por una infancia de enfermedad, acoso y dolor. No desafió *a pesar de* estas experiencias, sino —en cierto sentido— *debido a ellas*. Fueron parte de lo que la hizo ser quien es.

Greta Thunberg, Jeffrey Wigand, Rosa Parks y Malala Yousafzai son todos disidentes morales. Sus acciones son expresiones de sus verdaderos valores, reflexionados de modo profundo. Desafiaron porque era la única forma en que podían vivir consigo mismos. Cuando sabemos quiénes somos y en qué tipo de mundo queremos vivir, el acto de desafiar puede convertirnos en la mejor versión de nosotros mismos.

Hay muchas Thunberg, muchos Wigand, muchas Parks y Yousafzais en el mundo que no alcanzan renombre y sus acciones solo son presenciadas por amigos y familiares. No aparecen en televisión ni en grandes convenciones. Si bien sus historias pueden pasar inadvertidas para el mundo a gran escala, eso no significa que no tengan efecto. Los pequeños momentos que desafían pueden convertirse en épocas más grandes de resistencia; los actos diminutos de *no* pueden encender revoluciones. El acto de desafiar no solo derriba dictaduras, desmantela órdenes sociales represivos o inspira transformaciones sociales amplias. También nos ayuda a estar en contacto con nuestro verdadero yo.

El acto de desafiar puede ser valiente, pero no requiere una valentía de fama mundial. Puede conducir a cambios extraordinarios, pero no proviene solo de personas extraordinarias. El acto de desafiar, en el fondo, significa saber con exactitud quién eres y actuar de acuerdo con esos valores. Y eso, por sí solo, puede crear un gran cambio.

—Voy a hacer algo, voy a hacer una huelga escolar —señaló Greta Thunberg más tarde—. En realidad no pensé que esto pudiera conducir a un movimiento global, pero así ocurrió.

ROMPER TODAS LAS REGLAS

Puede resultar difícil, al menos al principio, verte como un disidente moral. Resulta complicado ver más allá de tu programación para obedecer, que se moldeó durante años de condicionamiento social, cultural y educativo. Incluso para los disidentes morales experimentados, el acto de desafiar puede sentirse descortés o incómodo. Muy pocos son inmunes a las presiones que nos rodean. A todos nos afligen las racionalizaciones y los autoengaños y, a veces, puede resultar más cómodo ceder nuestra responsabilidad a una figura de autoridad que oponérnosle.

Incluso cuando sentimos brotar el acto de desafiar, las fuerzas que se oponen a nuestra autonomía pueden parecer insuperables y hacer que perdamos de vista el potencial que tienen las consecuencias de tus acciones de ampliarse. Con el tiempo, un acatamiento consciente y continuo puede incluso acallar la voz interna que nos invita a desafiar.

Pero esa voz rara vez se extingue por completo, porque está en el centro de las personas que somos, de lo que todas las personas somos. Aunque hayas pasado la mayor parte de tu vida siguiendo el camino marcado, obedeciendo las reglas y el *statu quo*, siempre es posible reencontrarte con tu disidente moral interior; recuperar tu voz y activar tu acto de desafiar potencial. Puede llevar años, y no siempre es fácil. En el camino puede haber retrocesos y tropiezos. Es algo que debe aprenderse, practicarse y volver a aprenderse.

Yo lo sé bien. De niña, fui adoctrinada en la creencia de que obedecer era bueno. Tuve que aprender a desafiar de maneras que no fueran solo imitativas, sino fieles a mí misma. Cuando era joven, con frecuencia me sentía dividida entre la obediencia y el acto de desafiar abiertamente, e incluso después de haber obtenido una comprensión más matizada de cómo me habían condicionado, oscilaba entre el acatamiento externo y la rebelión interna.

Hace unos años, una candidata joven que estaba entrevistando para un puesto me preguntó algo muy sorprendente mientras caminábamos por el campus:

—¿Cómo le haces para romper todas las reglas?

—¿Qué quieres decir? —pregunté.

Yo pensaba que, en todo caso, había seguido las reglas más de la cuenta: hacía todo lo que me pedían y lo que sentía que era necesario para obtener una plaza académica definitiva. Trabajaba muchas horas, hacía investigación, impartía diferentes cursos, superaba las expectativas con servicios y comités y, en ocasiones, mostraba mi sonrisa de cocodrilo. En definitiva, no pensaba que mi camino hubiera sido desafiante de modo abierto.

—Bueno, estás en una escuela de negocios —me respondió Becca, la candidata—. Pero no solo publicas en revistas de gestión. También publicas en revistas de medicina, psicología, derecho y ética. ¡A nosotros nos dicen que no debemos hacer eso!

—No lo había pensado de esa manera —admití.

Pero mientras atravesábamos por el pasto para que llegara a tiempo a su siguiente reunión, me di cuenta de que tenía razón. Yo había estado siguiendo mi propio camino. Conocía las expectativas de mi campo, sabía en qué tipo de publicaciones se nos recompensan en las escuelas de negocios —que es donde se ha desarrollado mi carrera— y, de hecho, me habían advertido que desviara parte de mi trabajo de las revistas médicas y lo dirigiera a las de gestión. Pero siempre quise publicar artículos en los lugares en los que mi investigación tuviera mayor impacto. No me había guiado por lo que se suponía que debía hacer, sino por lo que pensaba que podía generar el cambio más positivo. Quería que mi trabajo marcara una diferencia en el mundo.

Con solo mantenerme fiel a mí misma, tal vez había «roto todas las reglas». Y ni siquiera me había dado cuenta.

A veces pasamos directo del reconocimiento de una tensión interna (las etapas uno y dos del acto del acto de desafiar) a desafiar (la etapa cinco). A veces nos saltamos las etapas intermedias o las atravesamos tan rápido que ni las registramos. A veces este comportamiento nos resulta tan natural, tan correcto y tan acorde con la persona que somos, que ni siquiera podría parecernos desafiante. Pero cuando rompemos las reglas para permanecer fieles a nuestros valores más arraigados, estamos siendo desafiantes, y otras personas pueden registrar ese acto de desafiar —puede inspirarlas— aun sin darnos cuenta.

Eso es, en cierto modo, el sueño del acto de desafiar: vivir en tal coherencia con nuestros valores que actuemos de acuerdo con ellos con fluidez, sin dudar. El acto de desafiar se convierte no solo en una respuesta a una crisis, sino en una forma natural de estar en el mundo.

NUESTRO YO ASPIRACIONAL

Un acto de desafiar como el de Greta Thunberg puede tener efectos duraderos en el mundo. Pero el hecho de que esté enfocado hacia el exterior no significa que no tenga efectos internos.

En entrevistas, Thunberg ha comentado cómo ve su neurodivergencia como un «superpoder», uno que la ayuda a enfocarse en lo que en verdad importa y actuar de acuerdo con sus valores fundamentales.

Redefinió aquello que otros —incluyendo a sus padres— podrían haber interpretado como una desventaja, y lo convirtió en una fortaleza. Su capacidad de desafiar evolucionó junto con su comprensión de cómo funciona su mente. Le permitió comprenderse a sí misma y entender cómo podría ser más eficaz a la hora de implementar sus valores en defensa del mundo.

En una entrevista lo explicó así:

> Parece que hoy en día muchas personas —personas neurotípicas, personas en general— están tan enfocadas en seguir la corriente, en hacer lo mismo que todos los demás, porque no quieren destacar. No quieren sentirse incómodas. No quieren causar problemas. Solo quieren ser como los demás. Y creo que eso es muy perjudicial en una emergencia, siendo como somos animales sociales. Somos animales de manada. En caso de emergencia, alguien necesita decir que estamos a punto de caer al precipicio.

Thunberg se considera a sí misma una de esas voces en la emergencia. Hace tiempo que sabe que es diferente y ha aprendido a usar esa diferencia: se acerca, no se aleja, de esas partes de sí misma que no son como los demás.

El acto de desafiar nos permite conectar con nuestro yo aspiracional, con la persona que queremos llegar a ser. Y lo logramos no al rechazar las partes de nosotros mismos que nos hacen únicos, sino incorporándolas, abrazándolas. Cuando acogemos aquello que nos hace especiales, lo que nos hace diferentes, entonces podemos desafiar de nuevas maneras.

Para ser alguien que desafía no necesitas cambiar la persona que eres. Al contrario: tienes que ser *más* tú mismo.

Comprender esto propicia que el acto de desafiar se vuelva parte de la vida cotidiana y reduce la tensión, por lo que entonces se siente natural y se transforma en una rutina, incluso en algo común. La repetición elimina la estática, la incertidumbre y la ansiedad que suele provocar el acto de desafiar, lo que nos permite enfocarnos en quiénes aspiramos a ser y en lo que tenemos que hacer. Si bien los modelos y las guías pueden ser útiles a medida que aprendemos a desafiar, en última instancia, un disidente moral encuentra la estrella polar de su acto de desafiar en lo más profundo de su ser.

Después de aquella conversación con Becca, la candidata, acerca de «romper las reglas», me di cuenta de que aquello que me hacía diferente era lo que me brindaba la capacidad de desafiar. En lugar de verme como alguien a quien le costaba trabajo desafiar —como me vi durante muchos años—, comencé a darme cuenta de que mi forma de abordar mi carrera profesional había sido, durante todo ese tiempo, una señal constante de actos que desafían ante los demás. Este aspecto de mi vida que me hacía única podrá ser también una forma de eludir la programación que me llevaba a obedecer, de acceder a los lugares donde ya tenía el poder de desafiar para luego obtener fortaleza, claridad y aprendizaje.

Para ser desafiante, solo tenía que ser más de lo que ya era.

El comentario de Becca rompió la imagen que tenía de mí misma, de ser siempre una persona obediente y me ayudó a encontrar el grito rebelde en mi voz cotidiana. Cuando aprendí a serme fiel a mí misma y aprovechar las cualidades que hacían única mi forma de desafiar, me volví *más yo misma*. Descubrí que una vida que desafía es una vida más honesta, y en esa honestidad reside un inmenso poder.

Algunas personas desafían marchando, alzando mantas y pancartas; otras, alzando la voz ante jefes y gerentes, o ante amigos y familiares. Otras más expresan su No Verdadero por medio de la investigación o la educación, o bien mediante la política o el arte. Independientemente de cómo decidamos vivir en coherencia con nuestros valores, nos convertimos en parte de un colectivo que desafía.

El acto de desafiar no es un bloque uniforme ni una mera expresión de la voluntad y el poder de la multitud. No marcha al unísono. Es más como una canción: un coro de voces diversas, cada una entonando su No Verdadero, algunas con fuerza y estruendo, otras con suavidad y calma. No siempre están en sintonía entre sí, no siempre cantan desde la misma partitura, pero todas, a su manera, interpretan fragmentos clave del mismo himno desafiante. Visto así, el acto de desafiar no solo es un medio para comprender y alterar el mundo para bien, sino también un camino para acercarnos a nuestro yo aspiracional.

El acto de desafiar cambia nuestros hogares, nuestros lugares de trabajo, nuestras comunidades y también el mundo exterior. Sin embargo, uno de sus mayores regalos es que, al permitirnos ser de forma más verdadera quienes somos, el acto de desafiar también nos transforma *a nosotros mismos*.

CONCLUSIÓN

ATRÉVETE A DESAFIAR

A veces, es en nuestros días más oscuros, cuando nos encontramos a las sombras de la opresión y de la muerte, cuando nace la chispa para desafiar. Con frecuencia pienso en ese día de mayo de 2020, cuando George Floyd respiró por última vez frente a Cup Foods. Recuerdo la pequeña multitud que se reunió en la calle ese día. No había muchas personas para atestiguar los últimos momentos del moribundo: apenas una docena. Una de ellas, una estudiante de preparatoria llamada Darnella Frazier, grabó lo que vio.

Frazier no planeaba iniciar un movimiento por la justicia social. Solo iba camino a Cup Foods para comprar algún refrigerio con su prima Judeah Reynolds, de 9 años. Ambas aparecen en los videos de la cámara de la policía: Frazier con chanclas y pantalones deportivos azules, su largo cabello negro escondido bajo la capucha de su sudadera gris, sosteniendo un celular dentro de una funda amarilla, y Reynolds con chanclas negras Nike y mallones, sosteniendo una bolsa de dulces; llevaba una camiseta turquesa oscuro con la palabra *love* impresa en letras grandes. La expresión en sus rostros jóvenes me conmueve profundamente: Frazier luce preocupada y consternada, con la cabeza inclinada hacia arriba y la boca entreabierta. Reynolds mira a su prima mayor, como si buscara consuelo.

Cuando Frazier vio lo que estaba pasando, sacó su teléfono y le pidió a Reynolds que volviera a entrar a la tienda. Durante los siguientes diez minutos, grabó la escena: Derek Chauvin arrodillado sobre el cuello de George Floyd, Alex Kueng sujetándolo de la espalda, Thomas Lane de las piernas. Siguió grabando, a pesar de que el cuarto oficial en la escena, Tou Thao, le dijo que parara. En su video, se puede escuchar a la multitud gritando a la policía que se detenga y suplicándoles que le tomen el pulso a Floyd.

Esa misma tarde, Frazier publicó en línea su video de diez minutos. En cuestión de horas, se había vuelto viral y la muerte de Floyd se convirtió en el centro de un examen nacional. Cientos de miles de personas salieron a las calles de ciudades de todo Estados Unidos y de todo el mundo ese verano, exigiendo justicia y una reforma policial. Cuando los cuatro agentes implicados fueron juzgados por asesinato, el video de Frazier fue una prueba fundamental para la acusación. Si conocemos la verdadera historia de lo que sucedió ese día, es en gran medida gracias a Darnella Frazier, quien se rehusó a guardar su celular, incluso cuando un oficial le gritaba que dejara de grabar y Chauvin amenazaba con usar su gas pimienta.

—No era correcto —afirmó ella después en el juicio de Chauvin.

Es posible que Frazier y los demás testigos se sintieran impotentes en ese momento, pero, como ella demostró, hay un gran poder en ser desafiante, incluso como testigo.

Más tarde escribió que George Floyd no era la primera persona que moría a manos de la policía, pero sí la primera que murió justo frente a ella. «Mucha gente me llama heroína, aunque yo no me veo así», escribió. «Solo estaba en el lugar y el momento indicados».

Darnella Frazier estuvo, sí, en el lugar y el momento indicados para *ella*. Supo que lo que estaba viendo estaba mal. Su prima pequeña, Judeah Reynolds, también reconoció la crueldad y gritó:

—¡Apártate de él!

Frazier sintió la responsabilidad de hacer algo ante la injusticia que presenciaba. Estaba preparada para desafiar.

Cada uno de nosotros, en algún momento de nuestra vida, será testigo de algo injusto, ya sea en la oficina de un McDonald's o en el laboratorio de una compañía tabacalera, durante un operativo policial en la calle, en una sala de juntas en el trabajo o en una cena familiar. A veces seremos víctimas de esa injusticia y otras veces seremos testigos, pero de cualquier manera, con frecuencia, quedaremos atrapados entre el deseo de actuar y la incertidumbre sobre cómo hacerlo. ¿Cómo podrían haber sido diferentes las cosas si Alex Kueng, Thomas Lane o cualquiera de los otros oficiales presentes hubieran sido alentados de forma adecuada y entrenados de modo sustancial para desafiar cuando fuera necesario? ¿George Floyd seguiría vivo?

En términos más generales: ¿cómo se ve una sociedad que deja espacio al acto de desafiar? ¿Cómo sería nuestro mundo si todos sintiéramos el poder de decir «no»?

Las situaciones que requieren actos que desafían ocurren una y otra vez, todos los días, pero no *tienen* que terminar de la misma manera. A los oficiales de policía *se les pedirá* que acaten órdenes; a los empleados *se les animará* a mirar para otro lado; las mujeres, las personas de color y otros grupos marginados *se verán obligados* a tragarse sus objeciones frente a las groserías y las intimidaciones. Pero podemos empezar a prepararnos *ahora* mismo para manejar esas situaciones inevitables. Conocernos, evaluar la situación, asumir la responsabilidad y aumentar nuestra habilidad mediante preparación y práctica puede reconfigurar nuestras respuestas automáticas, para que podamos hacer lo que antes considerábamos imposible.

Hoy reconozco y doy la bienvenida al disenso, tanto al mío como al de los demás. Resulta que mi trayectoria profesional es más desafiante de lo que pensaba y me siento más cómoda cuestionando en situaciones en las que se espera una obediencia de rutina. Fomento esa misma actitud en mis alumnos, mis compañeros e incluso en mi hijo adolescente. En lugar de enseñarle a cumplir o a rebelarse por reflejo, lo estoy alentando a explorar sus propios valores y a conocer su Sí Verdadero y su No Verdadero. Quiero criar a un disidente moral, alguien que cumpla con políticas y estructuras que estén en sintonía con su código moral, pero que esté dispuesto a rechazar cualquier estructura que no lo esté. Cuando mi hijo vea algo —parafraseando un famoso cartel del metro de Nueva York— quiero que *diga algo.*

Darnella en definitiva lo hizo. La experiencia la transformó. «Cambió mi forma de ver la vida», escribió.

Ver ese video y pensar en sus acciones cambió también la mía.

Y transformó la vida de muchos otros.

También cambió la forma en que alguien como Kevin, el policía, veía su entrenamiento y su trabajo. Pensó en su yo aspiracional: ¿cómo querría responder si estuviera en el lugar de aquellos oficiales novatos? Comenzó a anticipar, a prepararse y a ensayar para esos momentos que sabía que de seguro llegarían. Y cuando uno lo hizo, estaba listo. Expresó su No Verdadero.

A partir de ese cambio personal, es posible realizar muchos cambios estructurales. Los disidentes morales rara vez derrocan los sistemas por sí solos. Pero las revoluciones pueden comenzar con algo tan pequeño como el clic de una cámara de celular, un movimiento de cabeza, una voz baja que dice: «No, no, eso no está bien».

Ser un líder moral, ser un disidente moral, requiere entrenamiento. La transición no ocurre de modo instantáneo. Pero con la práctica se hace más fácil. Después de un tiempo, y a través de la repetición, fortalecemos nuestros músculos que desafían. Nuestras decisiones se vuelven más claras y desarrollamos más habilidades. El acto de desafiar comienza a hacerse más natural.

Rosa Parks nunca antes se había resistido de esa manera en el autobús. Greta Thunberg tampoco lo había hecho antes de su primera huelga escolar. Tampoco Darnella Frazier. Pero lo que sucedió antes de sus actos desafiantes —sus experiencias, sus pensamientos, sus deliberaciones— fue fundamental para todas ellas.

Cuando Rosa Parks dijo que no en ese autobús de Montgomery, ¿por qué mundo estaba luchando? Cuando Greta Thunberg se sentó frente al parlamento de su país, ¿qué les estaba recordando ver a los adultos que la rodeaban? Cuando Darnella Frazier sacó su celular, ¿qué comunidad imaginó para su prima Judeah? ¿Para ella misma?

Desafiar no es solo decir «no» a algo que no está bien. Es decirle «sí» a lo contrario: al mundo que queremos crear.

Como alguien que ha llegado a valorar y practicar el acto de desafiar, espero que si alguien me preguntara:

—¿Qué es lo que haces diferente ahora?

Yo respondiera:

—Me doy el poder de la pausa.

Llevo conmigo una cita del psiquiatra austriaco Viktor Frankl, autor de *El hombre en busca de sentido*, que me parece la descripción perfecta del momento que precede al acto de desafiar:

> Entre el estímulo y la respuesta, hay un espacio. En ese espacio reside nuestro poder de elegir nuestra respuesta. Y en nuestra respuesta radican nuestro crecimiento y nuestra libertad.

Toma ese espacio. Haz una pausa.

A veces es un momento, a veces es un día, pero tómate el tiempo para preguntarte:

¿Qué hace una persona como yo en una situación como esta?

Haz una pausa.

A veces la situación es clara y la respuesta llega con rapidez. Otras veces, hay más elementos en juego: hay matices y consecuencias que considerar.

Cada situación que pueda requerir el acto de desafiar (o el consentimiento) es diferente. Pero ahora mi objetivo es detenerme a considerar mi respuesta, en lugar de solo caer dentro de lo que se espera.

El acto de desafiar es una decisión. Tu decisión. Eso, por sí solo, es increíblemente liberador, por no decir poderoso.

Ser un disidente moral es aprender una nueva forma de decir «no». Rosa Parks, Malala Yousafzai, Jeffrey Wigand y Greta Thunberg cambiaron la historia al hacerlo. También lo hicieron Colin Kaepernick y Michael Quinn, Angeli Rose Gomez y Rachael Denhollander.

Malena Ernman, madre de Greta Thunberg, lo expresó de esta manera:

—Se ha dicho que en el momento en que a una persona que actúa sola es acompañada por otra, comienza un movimiento.

Leer esas palabras me recuerda a Michael Quinn, el oficial de policía de Mineápolis que rompió el muro de silencio azul y escribió: «Solo hace falta uno».

Uno como Kevin, el oficial de policía que se negó a registrar ese *garage* del Área de la Bahía y que cree que una nueva era de la labor policial está en camino.

Uno como Jeffrey Wigand, que dio a conocer los efectos nocivos y adictivos de la nicotina.

Una como Rosa Parks, que se negó a moverse.

Una como Greta Thunberg, que no permite que la apatía ante el cambio climático prevalezca.

Una como Malala Yousafzai, que quiere que todas las niñas puedan ir a la escuela.

Una como Darnella Frazier, que se negó a apartar la mirada frente a la injusticia y la muerte.

Un chico en el callejón, que enfrenta a los demás para que una madre inmigrante no tenga que ponerlos en su lugar.

Una persona como tú.

Durante demasiado tiempo, el acatamiento ha sido nuestra respuesta automática. Hemos dicho sí tantas veces y durante tanto tiempo que ya olvidamos lo que significa. Y reservamos el *no* para los iconoclastas, los revolucionarios y los conflictivos.

Hoy más que nunca, en nuestras escuelas, en nuestros hogares, en nuestras calles y en los pasillos del poder, necesitamos disidentes morales. Necesitamos alentarlos, fomentarlos, celebrarlos y convertirnos en ellos.

Es hora de poner el *no* al mismo nivel que el *sí*. De imaginar un mundo en el que las órdenes injustas se cuestionen, las estructuras injustas se analicen y las suposiciones erróneas se revoquen. No por capricho, sino con reflexión genuina. Un mundo en el que solo digamos «sí» a aquello que de verdad concuerde con nuestros valores fundamentales.

Un mundo así —construido sobre la base de decisiones individuales examinadas con seriedad— es un lugar más ético, menos violento, menos explotador y más libre para todos.

Un mundo en el que el *sí* no se dé por sentado, y el *no* no se desanime, es un mundo basado no en la obediencia, sino en el verdadero consentimiento.

Ya es hora de que lo imaginemos.

Ya es hora de que lo creemos: elección tras elección, decisión tras decisión.

Sí por sí.

No por no.

Creemos un mundo en el que todos podamos atrevernos a desafiar.

GUÍA PARA EL LECTOR

UNA CONVERSACIÓN CON LA DOCTORA SUNITA SAH

1. ¿QUÉ LA IMPULSÓ A ESCRIBIR ESTE LIBRO?

Cuando era niña, creía lo que los adultos me señaban: que ser obediente era «bueno», que se podía confiar en las figuras de autoridad y que debía hacer lo que me decían y no hacer un escándalo. Pero en la escuela vi de primera mano cómo los profesores podían abusar de su autoridad y agredir físicamente a los «malos» estudiantes en nombre de la disciplina o el orden. Más tarde, cuando era estudiante universitaria, leí el estudio emblemático de Stanley Milgram sobre la obediencia, en el que muchos sujetos cumplían las órdenes de administrar a otra persona lo que creían que eran descargas eléctricas en potencia mortales. Y comencé a preguntarme qué significaba ser «bueno» y si la obediencia en realidad era algo que debíamos siempre buscar y celebrar.

El asesinato de George Floyd en 2020 fue otro punto de quiebre para mí. Aquel día, vi ecos de los participantes del experimento de Milgram de la década de 1960 en los policías novatos que acataron las órdenes de su oficial de entrenamiento. Me di cuenta de que a pesar de décadas de lecciones históricas e investigaciones sobre la influencia, nuestra propensión a obedecer sigue siendo tan fuerte —y peligrosa— como siempre.

La equidad y la justicia me han apasionado toda la vida, así como la necesidad de construir un mundo equitativo. Sin embargo, siempre me he considerado una persona obediente. A lo largo de mi vida, la presión por ser «buena» y obediente a menudo ha entrado en conflicto con mi necesidad de actuar de acuerdo con los valores que más me importan.

Entonces entendí que quería escribir un libro que abordara esa tensión que sentía. Sería el libro que me hubiera gustado tener mientras crecía: un manual para desafiar, una estrategia paso a paso para aprender a desafiar cuando más importa.

2. ¿EN QUÉ SE DIFERENCIA ESTE LIBRO DE OTROS QUE ENSEÑAN A DECIR «NO»?

Este libro se apoya en las ciencias del comportamiento. Está basado en mi propia investigación y en la de otros académicos y ofrece una definición novedosa del acto de desafiar como una fuerza proactiva y *positiva* en nuestra vida. En lugar de ver el acto de desafiar como un acto único e irrevocable —que puede intimidar y disuadir a quienes más necesitan desafiar—, desgloso el proceso en cinco acciones que son accesibles para todas las personas.

El acto de desafiar, en la imaginación popular, muchas veces es visto como un atributo de personas extraordinarias que llevan a cabo acciones valientes. Y es verdad que dentro de estas páginas hay historias emocionantes de quienes han desafiado. Pero un concepto central de mi libro es que el acto de desafiar no tiene que ser ruidoso para ser eficaz; de hecho, por lo general no lo es. El acto de desafiar puede ser silencioso y sutil, y al mismo tiempo permitirnos avanzar hacia una vida mejor, una que concuerde más con nuestros valores.

Ser desafiante va mucho más allá de decir «no». En realidad se trata más de decir «sí»: sí a nuestros valores, a lo que en realidad creemos. Mi objetivo es animar a los lectores a anclar sus valores personales en un contexto social más amplio: a examinar cómo nuestros actos cotidianos de acatamiento o disenso se suman para conformar la sociedad en la que vivimos.

Y, como he aprendido, incluso esos pequeños actos que desafían pueden marcar una gran diferencia en nuestra vida y en la sociedad en general.

3. ¿QUÉ ESPERA QUE ESTE LIBRO HAGA POR LOS LECTORES?

Quiero que este libro cultive y fomente el acto de desafiar en sus lectores, para mostrarles que desafiar no tiene que ser ruidoso, no tiene que ser confrontativo, y lo más importante: no es patrimonio exclusivo de los héroes superhumanos de la historia.

Ni siquiera necesitamos considerarnos «desafiantes» para acceder al poder de un No Verdadero. Eso en definitiva ha sido cierto para mí. Incluso ahora, después de años de investigación y práctica, no me veo como una persona que pueda desafiar en voz alta y de modo público. Pero he aprendido a conectar mis valores con mi comportamiento con mayor frecuencia, y me he dado cuenta de que soy desafiante a mi manera.

Espero que este libro brinde a los lectores una forma clara de aplicar los grandes principios a los detalles más pequeños de su vida. Muchos nos paralizamos en situaciones que no nos parecen correctas. Este libro está pensado para hacer que el acto de desafiar sea accesible para todos, para reconocer que tenemos más opciones que la obediencia automática que con frecuencia se espera de nosotros. Nos brinda un plan de acción para desafiar, uno que comienza mucho antes de cualquier momento de crisis.

Más allá de la transformación personal, este libro es un llamado a la acción para lograr un cambio cultural. Imagino un mundo en que el acto de desafiar no solo se acepta, sino que se fomenta en nuestros hijos, nuestros amigos, nuestros familiares y en nosotros mismos. Un mundo habitado por lo que yo llamo «disidentes morales»: personas que, guiadas por sus valores fundamentales, pueden abrazar su responsabilidad y hablar, alzar la voz y exigir cambios cuando haga falta.

En definitiva, este libro es más que una simple guía; es un manifiesto por el derecho a resistir. Mi deseo es ayudar a construir un mundo en el que todas las personas se sientan libres de desafiar.

4. ¿PARA QUIÉN ES ESTE LIBRO?

Este libro es para cualquier persona a la que le dijeron que debía ser «bueno», que debía portarse bien, no hacer escándalos y obedecer sin cuestionar. Es para quienes hemos sentido nuestras voces silenciadas, que nos arrepentimos de no haber actuado, que nos preguntamos por qué hicimos algo con lo que no estábamos de acuerdo.

Es para cualquiera que alguna vez se haya tragado sus objeciones, se haya disculpado por ser él mismo, haya fingido una sonrisa y haya dicho: «Está bien», aunque eso fuera en contra de todo lo que valoraba y todo en lo que creía.

Es para personas que se preguntan por qué se quedaron al margen, por qué no pudieron intervenir.

Es para todas las personas a quienes se les ha dicho que este mundo no les pertenece, para quienes han sentido discriminación o han sido testigos de injusticia, prejuicios, sexismo, racismo o intolerancia. Es para cualquier persona interesada en el empoderamiento y la superación personal.

Es para que los padres enseñen a sus hijos a defenderse a sí mismos y a los demás. Para que los trabajadores aprendan a alzar la voz ante los jefes y a cuestionar políticas injustas o perjudiciales. Para los activistas, que desean entender lo que los mueve y evitar caer en un acto de desafiar falso. Para los gerentes, que quieren abrir espacio para el disenso constructivo por parte de sus empleados, y para quienes diseñan políticas públicas y quieren garantizar que, cuando se nos pida que firmemos nuestro consentimiento, sea en realidad un Sí Verdadero, informado y otorgado con libertad.

Muchas personas batallamos con el acto de desafiar. Nos preocupa tomar la decisión equivocada. Nos preocupa que nos lastimen. Nos preocupa que, incluso si desafiamos, no pase nada: que no sirva. Las personas que aparecen en este libro —estudiantes y profesores, agentes de policía y activistas por la paz, atletas profesionales y enfermeras, ingenieros y directivos, adolescentes y padres— representan una verdadera diversidad de ocupaciones, razas, culturas, edades y experiencias de vida.

Como el acto de desafiar en sí mismo, este libro es para todos. Todas las personas necesitamos una educación sobre cómo implementar nuestros valores cuando estamos bajo presión. Eso es lo que quise ofrecer aquí. La investigación y los testimonios reunidos en este libro han cambiado mi vida; mi esperanza es que cambie la tuya también.

GLOSARIO

Acatamiento: Obediencia reactiva o pasiva, dictada e impuesta en gran medida por los deseos de otras personas.

Acatamiento consciente: Decisión activa y deliberada de obedecer en una situación en la que preferirías no hacerlo, porque desafiar sería demasiado peligroso, costoso o ineficaz.

Acto de desafiar: Negativa reflexionada con detenimiento, que es una expresión activa de nuestros valores más profundos. Al igual que el consentimiento, el acto de desafiar requiere capacidad, conocimiento, comprensión, libertad y autorización. Proviene de nuestro interior y representa nuestro No Verdadero.

Acto de desafiar falso: Rebeldía, oposición o desobediencia que no surge de nuestros propios valores, sino de los valores, deseos o expectativas de otra persona, institución o grupo.

Acto de desafiar silencioso: Actos que desafían sin una declaración pública ni verbal, a menudo de forma secreta para evitar llamar la atención.

Ansiedad por insinuación: Preocupación o temor de dar a entender a otra persona que la estamos juzgando de manera negativa.

Brecha empática del acto de desafiar: Discrepancia entre las creencias de las personas sobre la seguridad, la facilidad y la eficacia del acto de desafiar en un entorno particular.

Conexión con uno mismo: Proceso de introspección que nos lleva a comprender quiénes somos: nuestros valores fundamentales y principios más elevados.

Consentimiento: Autorización reflexionada con detenimiento que es una expresión activa de nuestros valores más profundos. El consentimiento requiere capacidad, conocimiento, comprensión, libertad y autorización. Proviene de nuestro interior y representa nuestro Sí Verdadero.

Disidente moral: Persona que actúa según sus valores fundamentales, se da cuenta de su responsabilidad de desafiar y expresa su Sí Verdadero o su No Verdadero en un esfuerzo por crear un mundo mejor.

Efecto del discurso de venta: Presión que sentimos por no parecer antipáticos, poco colaboradores o poco generosos ante otra persona.

Jerarquía de acto de desafiar: Orden social que determina quién tiene permitido desafiar y quién se espera que acate u obedezca, regulado por normas sociales, estereotipos y expectativas sociales y culturales.

Resistencia a la resistencia: Tensión que, paradójicamente, frena o bloquea nuestra inclinación a desafiar.

APÉNDICE

CAPÍTULO 1. PROGRAMADOS PARA OBEDECER

Muchos de nosotros estamos condicionados a pensar en el acto de desafiar como una simple oposición binaria:

- Acatar = bueno
- Desafiar = malo

Para romper esta oposición binaria se requiere que veamos el acto de desafiar como algo que no es ni bueno ni malo en sí mismo, sino solo como una forma de acceder a nuestro yo más verdadero y actuar de acuerdo con nuestros valores fundamentales.

CAPÍTULO 2. LA TENSIÓN ES TU FORTALEZA

La **resistencia a la resistencia** con frecuencia se manifiesta como tensión: una profunda incomodidad que surge cuando nos encontramos en una situación que exige que acatemos u obedezcamos, aunque preferiríamos desafiar. Podemos sentirla como nerviosismo, ansiedad o duda.

Cuando sientas tensión, no la desestimes. En su lugar:

- Examínala. ¿Cómo se manifiesta? ¿Hay un componente fisiológico?

- Pregúntate: *¿Qué me hace sentir así? ¿Estoy actuando de acuerdo con mis valores o los estoy poniendo en riesgo? ¿Me siento incómodo porque quiero desafiar?*

La tensión no es debilidad, es fuerza: es la forma que tienen tu cerebro y tu cuerpo de decirte que el acto de desafiar podría ser necesario.

CAPÍTULO 3. CONOCE TU SÍ VERDADERO

Acatamiento y *consentimiento* son dos cosas diferentes.

> El **acatamiento** es obediencia reactiva o pasiva, en gran medida dictada e impuesta por los deseos de otros.
>
> El **consentimiento** es una autorización reflexionada con detenimiento que es una expresión activa de nuestros valores más profundos.

Para que el consentimiento sea válido, debe cumplir con cinco elementos:

1. *Capacidad.* ¿Tengo la aptitud y la capacidad cognitiva para tomar esta decisión? ¿Estoy incapacitado de alguna manera?
2. *Conocimiento.* ¿Tengo la información y los hechos que necesito para tomar esta decisión? ¿Conozco los riesgos, los beneficios y las alternativas?
3. *Comprensión.* ¿Logré tener una comprensión adecuada de los hechos?
4. *Libertad.* ¿Estoy siendo coaccionado? ¿Tengo la opción de decir que no?
5. *Autorización.* ¿Esta decisión concuerda con mis valores verdaderos? Si la respuesta es «sí», da tu consentimiento informado, tu Sí Verdadero. Si no, da tu rechazo informado, tu No Verdadero.

CAPÍTULO 4. LIBÉRATE DE LA INFLUENCIA

Algunos factores que podrían limitar nuestra capacidad de desafiar son:

- **Ansiedad por insinuación**: la preocupación, la inquietud o el temor que sentimos al transmitirle a una persona una evaluación negativa sobre ella.
- **Efecto del discurso de venta**: la presión que sentimos para evitar parecer poco útiles, poco generosos o poco cooperativos ante otra persona.

Dentro de cada uno de nosotros hay dos ideales, muchas veces en conflicto:

- El *yo independiente*, que valora la autonomía, la libertad y la individualidad por encima de cualquier otra consideración.
- El *yo interdependiente*, que prioriza la armonía interpersonal.

Equilibrar estos ideales conflictivos es un proceso continuo, en especial cuando se trata del acto de desafiar, donde las presiones sociales para acatar pueden ser bastante poderosas.

CAPÍTULO 5. RECUPERA TU PODER

Para disminuir las presiones sociales que nos mantienen obedeciendo, toma un poco de distancia:

- La distancia *física* puede aislarte de la ansiedad por insinuación y del efecto del discurso de venta.
  - Sal de la habitación.
  - Pide un día para reflexionar sobre las cosas.

  - Hagas lo que hagas, intenta no tomar una decisión en el momento.
- La distancia *psicológica* también puede protegerte de las presiones sociales para acatar.
  - Nombra lo que estás sintiendo: ¿es ansiedad por insinuación? ¿Es el efecto del discurso de venta?
  - Habla contigo mismo en tercera persona. Pregúntate:
    - ¿De verdad [di tu nombre] quiere hacer esto?
    - ¿Esto es lo que [di tu nombre] realmente quiere, o [di tu nombre] solo siente presión para acatar?

CAPÍTULO 6. ENCUENTRA TU NO VERDADERO

Un No Verdadero surge de la conexión con nuestros valores morales fundamentales, como la humanidad compartida, la igualdad y la justicia.

Asegúrate de tener la *capacidad*, el *conocimiento*, la *comprensión*, y la *libertad* para *autorizar* un No Verdadero.

Prepárate y practica el acto de desafiar comprendiendo las siguientes etapas de este proceso.

Las cinco etapas del acto de desafiar

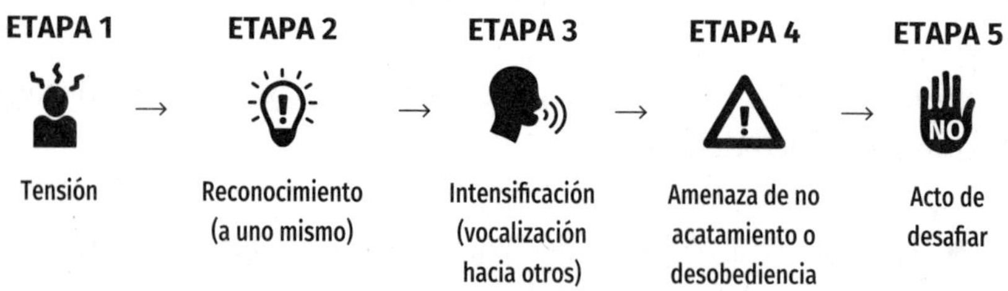

1. *Tensión*, que puede manifestarse de manera cognitiva, emocional o física en el cuerpo.
2. *Reconocimiento* de la tensión y una consideración de por qué la sientes.
3. *Intensificación* de tu preocupación hacia los demás.
4. *Declaración* de que no acatarás.
5. Acto de *desafiar*.

No es necesario pasar por cada una de estas etapas para que el acto de desafiar sea posible. Pero comprender la progresión de la tensión a la acción puede permitirte reflexionar sobre tu propio camino hacia el acto de desafiar y reevaluar, en cada etapa, cómo deseas proceder.

La acción desafiante se vuelve mucho más probable después de la etapa tres: una vez que una persona decide intensificar su preocupación y comunicarla a los demás, es más probable que avance hasta la etapa cinco.

CAPÍTULO 7. LA TRAMPA DEL ACTO DE DESAFIAR FALSO

El **acto de desafiar falso** podría *parecer* un acto de desafiar, pero no proviene de nuestros verdaderos valores fundamentales. Con frecuencia, es producto de una oposición instintiva, de convicciones morales o de seguir a la multitud.

Las **convicciones morales** pueden llevarnos a ignorar las presiones y convenciones que nos impiden desafiar, pero también pueden hacernos actuar de manera destructiva y perjudicial, lo que podría violentar nuestros propios valores.

El acto de desafiar verdadero proviene de nuestros valores fundamentales y principios más elevados, no de nuestra lealtad a un grupo específico, partido político o dogma religioso.

CAPÍTULO 8. ¿QUIÉN PUEDE DESAFIAR?

En nuestro mundo, a algunas personas se les «permite» desafiar, mientras que otras enfrentan consecuencias más graves por desobedecer. Las normas sociales, convenciones y políticas imponen una **jerarquía del acto de desafiar** que refleja divisiones y desigualdades mayores.

El **acatamiento consciente** nos ayuda a sobrevivir en ciertas situaciones en las que los costos del acto de desafiar podrían superar los beneficios. Hazte estas preguntas:

- ¿Cuáles son los costos de desafiar —físicos, sociales, psicológicos, económicos y relacionados con la salud— en esta situación?
- ¿Podría el acto de desafiar conducir a un cambio positivo?
- ¿Podría el cambio superar los riesgos?

El acatamiento consciente es más eficaz como una estrategia de supervivencia a corto plazo. Recuerda que así como hay costos en el acto de desafiar, también los hay en el acatamiento consciente y continuo.

CAPÍTULO 9. EL ACTO DE DESAFIAR SILENCIOSO

El **acto de desafiar silencioso** es un acto de desafiar sin declaración pública oral. Puede funcionar en situaciones que podrían ser peligrosas o en las que los costos del acatamiento pueden ser demasiado altos para soportarlos.

Un mapa de ruta para **intensificar el acto de desafiar en las instituciones** puede guiarnos para lograr cambios.

Intensificación del acto de desafiar en las instituciones

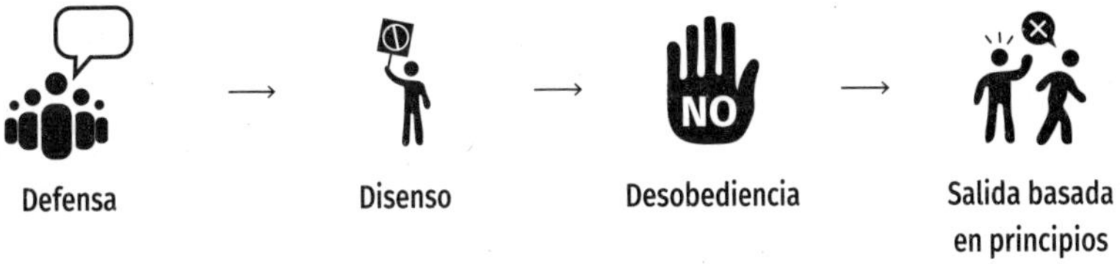

1. *Defensa.* Actuar conforme a tus valores profesionales como parte de tus deberes habituales.
2. *Disenso.* Puede ser interno o público, e implica cuestionar acciones o solicitudes particulares que no concuerden con tus valores morales fundamentales.
3. *Desobediencia.* Desobedecer abiertamente reglas o leyes que están causando daño claro.
4. *Salida basada en principios.* Abandonar una situación, un entorno o una organización cuando sus valores no concuerdan con los tuyos.

CAPÍTULO 10. ¿QUIÉN SOY?

Cuando consideres cómo comportarte en una situación, especialmente si sientes tensión, reflexiona sobre las tres preguntas de la Brújula del Acto de Desafiar:

La Brújula del Acto de Desafiar

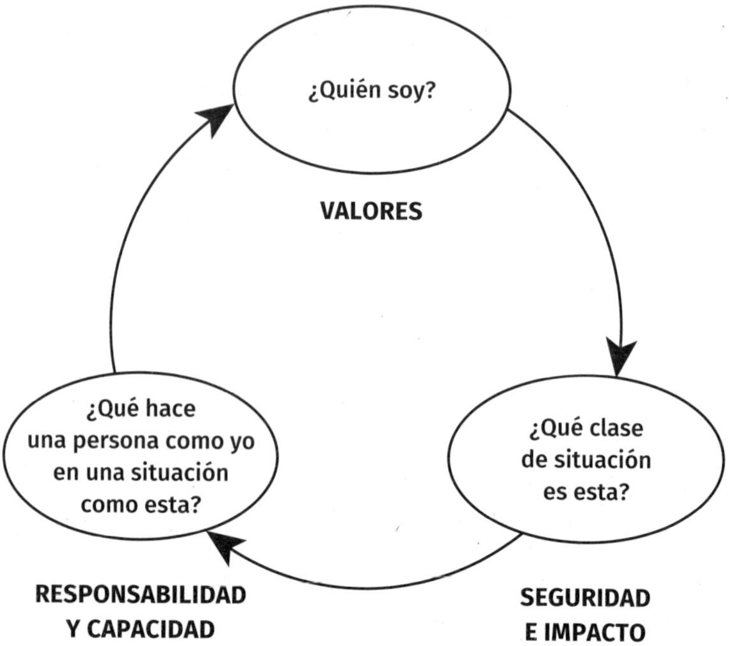

La **conexión con uno mismo** implica ponerse en contacto con tus valores fundamentales.

No es:

- Lealtad a una causa
- Pertenencia a un partido

Es:

- Comprender tus propios sesgos y tus racionalizaciones
- Ver más allá de tus autoengaños
- Conocer tus valores verdaderos

Tómate el tiempo para reflexionar, articular y escribir tus valores.

Cuando estés a punto de tomar una acción de la cual no estés seguro, hazte las siguientes preguntas:

- *¿Esta persona soy yo?*
- *¿Esta acción representa mis valores fundamentales?*

CAPÍTULO 11. EL LUGAR Y EL MOMENTO ADECUADOS

Para cada momento en el que desafías, podemos evaluar el entorno haciéndonos la siguiente pregunta: *¿Qué tipo de situación es esta?*

Para responderla, plantéate dos preguntas más:

- *¿Es seguro para mí desafiar?* (seguridad)
- *¿Esta acción marcará alguna diferencia?* (impacto positivo)

No siempre podemos controlar nuestro entorno, pero con frecuencia somos más eficaces de lo que pensamos.

El acto de desafiar a pequeña escala desarrolla nuestras habilidades, aumenta nuestra confianza y nos prepara para reconocer el momento y el lugar adecuados para desafiar.

La **brecha empática del acto de desafiar** representa la discrepancia entre las creencias de las personas sobre la seguridad, la facilidad y la eficacia del acto de desafiar en un entorno particular.

Pedir aclaraciones puede **aumentar el volumen** de una situación, y cuando lo aumentas, puedes comenzar a transformarla. Preguntar «¿Qué quieres decir con eso?» o «¿Te entendí bien?» son formas no amenazantes de dar a conocer tu malestar y evaluar qué seguridad hay para seguir desafiando.

CAPÍTULO 12. EL SUPERPODER DE LA RESPONSABILIDAD

Tomamos decisiones sobre el acto de desafiar en función de nuestra respuesta a la pregunta: *¿Qué hace una persona como yo en una situación como esta?*

Responder a esta pregunta implica evaluar dos factores principales:

- Responsabilidad: *¿Es mi deber desafiar? ¿Tengo la responsabilidad de actuar en nombre de otros o de mí mismo?*
- Habilidad: *¿Qué tan bien preparado estoy para desafiar? ¿Tengo la confianza y las habilidades necesarias para desafiar?*

La responsabilidad puede permitirnos aprovechar nuestro poder desafiante. Cuando somos responsables de los demás —nuestros amigos, nuestra familia—, muchas veces nos resulta más fácil desafiar.

CAPÍTULO 13. SUBIR DE NIVEL

Aumenta tu *habilidad* para desafiar mediante **preparación y práctica**:

- **Anticipa** situaciones que puedan requerir el acto de desafiar y reflexiona sobre experiencias pasadas.
- **Visualiza** cómo podrías actuar.
- **Practica** mediante la escritura de guiones y la representación de escenarios. Decir en voz alta palabras desafiantes permite que nuestra boca se acostumbre a pronunciarlas y nuestros oídos a escucharlas. Participa en actos que desafían a «pequeña escala»: los pequeños actos desafiantes pueden generar más cambios de los que imaginas.
- **Repite** según sea necesario.

Anticipar, *visualizar* y *practicar* reduce la sorpresa, la cual puede desactivar el acto de desafiar.

Perfecciona tus habilidades analizando intentos previos de actos desafiantes exitosos y no tan exitosos y pregúntate:

- ¿Qué permitió que desafiaras?
- ¿Qué lo impidió?
- ¿Cuáles fueron los obstáculos para tu acto de desafiar y cómo podrías mitigarlos?

La **preparación y la práctica** son fundamentales para cambiar nuestra forma de comportarnos en una situación. Imagina si les hubieran advertido a los gerentes de McDonald's sobre llamadas excéntricas de un «oficial de policía» que pedía que registraran y desnudaran a sus empleados.

Así como «la plática» proporciona a los jóvenes de color un contexto para comprender encuentros estresantes y específicos con la policía, otros tipos de charla podrían ayudar a preparar a las personas para una variedad de situaciones diferentes. Por ejemplo, los académicos de alto nivel podrían advertir a los colegas jóvenes sobre situaciones como la que yo viví como estudiante de posdoctorado. Como señaló una académica de alto nivel en un taller llamado Yet, She Persisted (Y, sin embargo, ella persistió):

—No hay nada de malo en ti, pero sí mucho de malo en el sistema.

Podemos recordar que el fracaso institucional no es un fracaso individual.

Así como Kevin, el oficial de policía, anticipó que enfrentaría retos éticos en su trabajo, nosotros también podemos prepararnos a nosotros mismos y unos a otros para comprender que es probable que surjan ciertos encuentros y que no son nuestra culpa. Los padres podrían ayudar a sus hijos adolescentes a comprender las presiones específicas que podrían enfrentar y qué es en realidad un Sí Verdadero y un No Verdadero. Podemos aprender la diferencia entre consentimiento, acatamiento consciente y acto de desafiar. Y podemos hacer todo esto sin juzgarnos a nosotros mismos ni avergonzarnos.

CAPÍTULO 14. NO TIENES QUE SER VALIENTE

Hay numerosos caminos hacia el acto de desafiar, pero todos comienzan en el mismo lugar: una persona que conecta con sus valores fundamentales y luego pasa a la acción; esa acción puede ser pequeña.

Los disidentes morales actúan según sus valores fundamentales, reconocen su responsabilidad de desafiar y brindan su Sí Verdadero o su No Verdadero para intentar crear un mundo mejor.

El acto de desafiar puede cambiar el mundo. Pero también nos cambia a nosotros. Nos hace *más* nosotros mismos. Cuando nos comprometemos con lo que nos hace únicos, podemos convertirnos en desafiantes a nuestra manera, conectando con nuestro yo aspiracional: tanto con la persona que somos como con la que queremos ser.

CONCLUSIÓN. ATRÉVETE A DESAFIAR

Date el poder de la pausa.

Tómate un momento para salir de una situación desafiante y reflexionar; aléjate, habla contigo mismo e incluso respira profundamente antes de responder.

Siempre que necesites desafiar:

Haz una pausa.

- Recuerda tus valores: *¿Quién soy yo?*
- Considera la situación y evalúa si hay seguridad y es posible lograr un impacto positivo.
- Conéctate con tu responsabilidad y pregúntate: *¿Qué hace una persona como yo en una situación como esta?*

PREGUNTAS PARA DEBATIR

1. Cuando crecías, ¿qué te enseñaron sobre acatar y desafiar las órdenes?
2. ¿Cuándo fue la primera vez que fuiste testigo de que alguien estaba siendo desafiante? ¿Quién era y qué valor estaba expresando? ¿Sabías el impacto de su acto de desafiar? ¿Cómo te afectó a ti?
3. ¿Recuerdas un momento específico de tu infancia cuando desafiaste una expectativa, orden o sugerencia? ¿Qué fue y por qué desafiaste? ¿Qué aprendiste de esta experiencia?
4. ¿Te consideras una persona desafiante? ¿Por qué sí o por qué no?
5. Un Sí Verdadero es una acción o un acuerdo que está alineado con tus valores y satisface los elementos del consentimiento: capacidad, conocimiento, comprensión, libertad y tu autorización explícita. ¿Cuándo fue la última vez que diste tu Sí Verdadero? ¿Cómo te sentiste y cuáles fueron las consecuencias?
6. El acto de desafiar es una forma de decir «no» a algo que no está alineado con tus verdaderos valores. ¿Cuál es un valor que guía tu vida? ¿Puedes identificar qué o quién te inculcó ese valor? ¿Fue un incidente o una persona en particular, como le pasó a Trevor? ¿Qué decisiones tomas en función de este valor?

7. ¿Cuál es tu versión de una «sonrisa de cocodrilo» (una manifestación externa de acatamiento consciente cuando el acto de desafiar abierto no es la mejor opción para ti)? ¿Cuándo fue la última vez que la utilizaste?
8. ¿Qué sensaciones físicas experimentas cuando estás dividido entre cumplir o desafiar? ¿Hay una tensión o un sentimiento específico que notes dentro de ti?
9. ¿Puedes recordar alguna ocasión en la que hayas seguido un mal consejo, aunque tuvieras motivos para desconfiar del consejo o de la persona que lo daba? ¿Cuál fue la razón por la que seguiste ese consejo?
10. ¿Qué herramienta o guion podrías utilizar para hacer una «pausa» en una situación de alta presión, de modo que puedas revisar tus propios valores antes de tomar una decisión?
11. ¿De quién o de qué te sientes más responsable?
12. ¿Cómo practicas tu forma de acto de desafiar silencioso?
13. ¿Cómo «subes el volumen» de algo que va en contra de tus valores? ¿Has visto a otros hacerlo?
14. ¿Cuál fue la última pequeña victoria desafiante en tu vida?
15. ¿Dónde y cuándo demuestras tu acto de desafiar con mayor facilidad y menos angustia? ¿Qué valores te esfuerzas por defender? La respuesta a ambas preguntas ayuda a identificar tu «superpoder desafiante».
16. ¿Cuáles son los retos para tus valores que es más probable que enfrentes? Con estos retos en mente, ¿cómo puedes anticipar, preparar y practicar para desafiar en tu vida?

AGRADECIMIENTOS

Traer a la vida *Atrévete a desafiar* ha sido una experiencia increíble, llena de retos pero bendecida con recompensas que no podría haber imaginado. Transformar mis ideas en un libro tangible fue un viaje que solo se pudo lograr con el apoyo, la orientación y el amor de innumerables personas.

En el corazón de este viaje, como en cada aventura que emprendo, se encuentra mi familia. Mi esposo Mark y nuestro hijo Samuel han sido mis inquebrantables pilares de apoyo. Samuel, tu alegría ilimitada y la chispa que traes a mi vida iluminan cada día. Mark, no solo soportaste innumerables borradores y discusiones con paciencia y perspicacia, sino que tu firme creencia en la importancia de este trabajo ha sido una fuente constante de aliento. Las numerosas tazas de té Earl Grey que me preparaste con tanto cariño me han sostenido durante las horas del crepúsculo y me han recibido al amanecer, cada sorbo es un recordatorio suave de la fortaleza silenciosa y el amor que han hecho posible este libro.

A mis padres, su amor y guía me han formado de manera profunda. Los valores que me inculcaron encuentran expresión en estas páginas. Su historia vive para siempre dentro de la mía, una narrativa de amor y resiliencia siempre presentes. Y a mis hermanos y hermana, su influencia está tejida a lo largo de este libro, un testimonio de nuestro viaje compartido.

Al difunto Nagesh Gavirneni, mi colega convertido en querido amigo, tus valiosos comentarios y apoyo permanecen conmigo. Tu ausencia se siente profundamente, pero tu sabiduría continúa guiándome. Y a Onoso Imoagene, tus agudos comentarios ayudaron a darle forma a este libro. Les estoy agradecida de manera intensa a ambos por su disposición a profundizar en la totalidad del manuscrito, compartiendo sus pensamientos y su tiempo con tanta franqueza.

Ethan Kross y Luc Wathieu, su orientación y apoyo, enriquecidos por nuestras largas discusiones, han sido fundamentales para navegar el intrincado proceso de creación del libro. Kerry Ann Rockquemore, tu tutoría profundizó mi comprensión del acto de desafiar y tus consejos y aliento me guiaron a través de las innumerables complejidades de este esfuerzo.

Mi agente, Rachel Neumann, acogió con entusiasmo *Atrévete a desafiar* desde el principio. Rachel, tu dedicación y tu aguda edición no solo mejoraron las ideas contenidas en este libro, sino que también lo elevaron a alturas que solo había soñado alcanzar. Tu apoyo continuo es profundamente valorado.

No podría haber encontrado un mejor editor para *Atrévete a desafiar* que Elizabeth Méndez Berry de One World. Desde nuestra primera conversación, cuando compartiste tu conexión personal con el tema del libro, supe que había encontrado un espíritu afín. Tu apasionada defensa y tus meticulosas críticas me desafiaron e inspiraron, empujándome a profundizar en la esencia del acto de desafiar y darle una forma significativa a la narrativa del libro.

Los esfuerzos colectivos de todo el equipo de One World y Penguin Random House han creado un terreno fértil para que *Atrévete a desafiar* prospere. Chris Jackson, Oma Beharry, London King, Avideh Bashirrad, Lulú Martínez, Carla Bruce, Stephanie Bowen, Zehra Kayi, Rachael Perriello Henry y los muchos otros que han aportado su experiencia detrás de bambalinas. El entorno que han cultivado es uno en el que la creatividad y la pasión pueden florecer, y por eso estoy agradecida hasta el fondo de mi ser.

Debo un agradecimiento especial a Jordan Jacks por sus ideas creativas, su asidua investigación y su firme optimismo, así como por su infinita paciencia al captar de modo preciso lo que pretendía transmitir con mis escritos. Del mismo modo, la asombrosa habilidad de

Alyssa Knickerbocker para señalar los lugares perfectos para una pausa en un capítulo fue esencial. Juntos, su apoyo y compañía han hecho que este proceso sea mucho menos solitario.

Extiendo mi agradecimiento a Caspian Dennis y Sandy Violette y a mi maravilloso equipo de Bonnier del Reino Unido, así como a Camilla Ferrier y otros en Marsh Agency. Gracias por encontrarle a *Atrévete a desafiar* un hogar en todo el mundo, asegurando que su mensaje llegue muy lejos.

Estoy en deuda en especial con cada una de las personas a quienes entrevisté por compartir las historias en las que desafiaron y practicaron un acatamiento consciente, y con los investigadores cuyos estudios han informado mis reflexiones. Sus contribuciones son la base sobre la cual se apoya *Atrévete a desafiar*.

A todas las personas increíbles que prestaron sus ojos y su mente para refinar mi introducción: Melissa Thomas-Hunt, Brittany K. Barnett, Jamie Lyn Perry, Neil Anthony Lewis, Jr., Erika V. Hall, Lindsey Cameron, Shanique Brown, Ayana O, Bertrand J. Odom-Reed, Terri Francis, Laura Stone, Inés Hermida y otros, sus profundas reflexiones ayudaron a elaborar una narrativa sensible tanto en contenido como en tono.

Mi más sincero agradecimiento a Adam Grant, Robert Cialdini, Jonah Berger, Barry Schwartz, Tina Payne Bryson, Katy Milkman, Adam Alter, Maria Konnikova, Annie Duke, Wendy Wood, Deborah Gruenfeld, Marc Schulz, Dolly Chugh, Sarah Kaplan, Sahara Byrne, Michèle Lamont, Edith Eger, Dames Sandra Dawson y Diane Coyle, y a muchos otros que con gran amabilidad revisaron mi propuesta de libro y me respaldaron como autora debutante. Su fe en el potencial de este trabajo ha sido una fuente de gran motivación.

A mis colegas, estudiantes y colaboradores, su compromiso y sus contribuciones han sido esenciales en este viaje. Y a *todos* mis amigos —aquellos con quienes he compartido años de estrecho compañerismo y aquellos que he tenido la suerte de conocer a lo largo de este camino, incluidos los miembros del Top Three Book Workshop y los grupos de escritura de Women in Organizational Behavior—, su apoyo y amabilidad han sido regalos extraordinarios. Cada uno de ustedes, se dé cuenta o no, ha desempeñado un papel fundamental en este proceso y por ello estoy profundamente agradecida.

Estos agradecimientos apenas rozan la superficie de mi gratitud. A todos los que viajaron conmigo, ofrecieron sabiduría e inspiraron el acto de desafiar, les agradezco de forma sincera. Su impacto se extiende mucho más allá de las páginas de este libro y contribuye a un mundo que valora la libertad de desafiar.

NOTAS

En esta sección, recopilé una lista detallada de notas y fuentes utilizadas para elaborar este libro. Si bien espero que esta lista satisfaga las necesidades de la mayoría de los lectores, el conocimiento científico evoluciona con el tiempo, lo que significa que algunas referencias pueden requerir actualizaciones futuras. Si notas algún error, por favor ponte en contacto conmigo a través de sunitasah.com/contact para que pueda solucionar el problema. Una lista actualizada de las notas al final será mantenida en sunitasah.com/defy/endnotes.

INTRODUCCIÓN. MOVER LA RODILLA

15 ***«Cuando piensas en…»:*** Sir Charles Percy Snow, «Either-Or», *Progressive* 25, núm. 2 (1961): 24-25.

15 ***El 25 de mayo de 2020:*** El relato de las acciones de Alex Kueng y Thomas Lane el 25 de mayo de 2020 proviene de los videos de las cámaras corporales y de *His Name is George Floyd: One Man's Life and the Struggle for Racial Justice* de Robert Samuels y Toluse Olorunnipa (Nueva York: Viking, 2022). Los videos de la cámara corporal se detallan en Haley Willis *et al.*, «New Footage Shows Delayed Medical Response to George Floyd», *The New York Times*, 11 de agosto de 2020, sec. U. S., nytimes.com/2020/08/11/us/george-floyd-body-cam-full-video.html. También utilicé transcripciones de las voces de la cámara corporal de Alex Kueng, presentadas como evidencia en el tribunal

de Minnesota, mncourts.gov/mncourtsgov/media/High-Profile-Cases/27-CR-20-12951-TKL/Exhibit407072020.pdf. Véase también Harmeet Kaur y Nicole Chavez, «What We Know about the 3 Ex-Police Officers on Trial This Week for George Floyd's Death», *CNN*, 24 de enero de 2022, cnn.com/2022/01/24/us/minneapolis-officers-background-george-floyd/index.html.

16 ***su abuelo había sido detective de homicidios:*** Alex Woodward, «Thomas Lane: What to Know About Former Minneapolis Officer Facing Federal Charges in George Floyd's Killing», *The Independent*, 24 de enero de 2022, sec. News, independent.co.uk/news/world/americas/crime/thomas-lane-trial-george-floyd-b1999162.html.

16 ***Kueng se había incorporado al Departamento de Policía:*** Esta información sobre la educación y las motivaciones de J. Alexander Kueng proviene de Kim Barker, «The Black Officer Who Detained George Floyd Had Pledged to Fix the Police», *The New York Times*, 27 de junio de 2020, sec. U. S., nytimes.com/2020/06/27/us/minneapolis-police-officer-kueng.html.

19 ***radiación ionizante:*** Fred A. Mettler *et al.*, «Effective Doses in Radiology and Diagnostic Nuclear Medicine: A Catalog», *Radiology* 248, núm. 1 (julio de 2008): 254-63. doi.org/10.1148/radiol.2481071451. Consúltese también «Radiation Risk from Medical Imaging», *Harvard Health Publishing*, Facultad de Medicina de Harvard, 22 de septiembre de 2010, health.harvard.edu/cancer/radiation-risk-from-medical-imaging.

19 ***los principios fundamentales de la ética médica:*** Hay cuatro principios de ética médica: beneficencia (hacer el bien), no maleficencia (no hacer daño), autonomía (la libertad de elegir cuando sea posible) y justicia (garantizar la equidad). Para más información, véase Basil Varkey, «Principles of Clinical Ethics and Their Applications to Practice», *Medical Principles and Practice* 30, núm. 1 (2021): 17-28.

19 ***«así se hacen las cosas»:*** Sunita Sah, «Investigations Before Examinations: "This Is How We Practice Medicine Here"», *JAMA*

Internal Medicine 175, núm. 3 (marzo de 2015): 342-343, doi.org/10.1001/jamainternmed.2014.7549.

23 ***escuchan la palabra* desafiar:** El *Oxford English Dictionary* (OED) define *defy* como «retar el poder; poner en entredicho; resistir de forma abierta o con valentía; poner en tela de juicio». *OED Online*, s. v. «Defy, v. 1, 4.a.», consultado el 11 de diciembre de 2023, oed.com/dictionary/defy_v1?tab=significado_and_use #7217215.

24 **desobediencia (disobedience) como:** El OED define *disobedience* como «El hecho o la condición de ser desobediente; la retención de la obediencia; la negligencia o negativa a obedecer; la violación de una orden al no conformarse con ella, o una prohibición al actuar desafiándola; un ejemplo de esto». *OED Online*, s. v. «Disobedience, n. a.», consultado el 11 de diciembre de 2023, oed.com/dictionary/disobedience_n?tab=significa do_y_uso#6599845.

CAPÍTULO 1. PROGRAMADOS PARA OBEDECER

33 ***nuestro cerebro libera dopamina:*** Ethan S. Bromberg-Martin, Masayuki Matsumoto y Okihide Hikosaka, «Dopamine in Motivational Control: Rewarding, Aversive, and Alerting», *Neuron* 68, núm. 5 (diciembre de 2010): 815-834, doi.org/10.1016/j.neuron.2010.11.022.

35 ***«aquella que tiene una conducta o comportamiento bueno»:*** *Dictionary of Sanskrit Names*, compilado por el Integral Yoga Institute (Buckingham, Virginia: Integral Yoga Publications, 1989).

43 ***Milgram llevó a cabo sus ahora infames experimentos:*** Stanley Milgram, «Behavioral Study of Obedience», *The Journal of Abnormal and Social Psychology* 67, núm. 4 (octubre de 1963): 371-378, doi.org/10.1037/h0040525; Stanley Milgram, *Obediencia a la autoridad* (Capitán Swing, 2016). Si bien la mayoría de los primeros experimentos que Milgram realizó fue con

hombres de entre 20 y 50 años, de diferentes razas y todos los niveles ocupacionales —desde trabajadores no calificados hasta profesionales—, un experimento posterior se enfocó de forma exclusiva en mujeres participantes y encontró resultados sorprendentemente similares. (Véase «Experimento 8», resumido en *Obedience to Authority*, 62-63).

46 ***«Hace algún tiempo, en un momento de ingenuidad…»:*** Carta de Stanley Milgram, citada en Thomas Blass, *The Man Who Shocked the World: The Life and Legacy of Stanley Milgram* (Nueva York: Basic Books, 2004): 100.

47 **Estas personas «obedientes»:** Cuando leí los estudios de Milgram, vi que los experimentos no se referían solo a nuestra obediencia a la autoridad. Su libro también capturó información sobre las diferentes reacciones de las personas ante órdenes poco éticas y detalles sobre aquellos participantes que lograron desafiar al experimentador. Véase también Matthew M. Hollander, «The Repertoire of Resistance: Non-Compliance with Directives in Milgram's "Obedience" Experiments», *British Journal of Social Psychology* 54, núm. 3 (2015): 425-44, doi.org/10.1111/bjso.12099, para un análisis de los diferentes tipos de resistencia mostrados por los participantes en los experimentos de Milgram.

CAPÍTULO 2. LA TENSIÓN ES TU FORTALEZA

52 ***Este escenario se basa:*** Este escenario de enseñanza se inspiró en el popular estudio de caso de Jack Brittain y Sim Sitkin, «Carter Racing» (el original es de 1987, actualizado en 2006), actualmente disponible a través de Delta Leadership Incorporated, deltaleadership.com/store/case-studies-exercises/carter-racing-2015_1/.

53 ***a cinco ingenieros de Morton Thiokol les preocupaba:*** William Rogers *et al.*, «Report of the Presidential Commission on the

Space Shuttle *Challenger* Accident» (Washington D. C., 6 de junio de 1986): 86-92, sma.nasa.gov/SignificantIncidents/assets/rogers_commission_report.pdf.

54 ***«¿Cómo demonios pueden ignorar esto?»:*** Douglas Martin, «Roger Boisjoly, 73, Dies; Warned of Shuttle Danger», *The New York Times*, 4 de febrero de 2012, sec. U. S., nytimes.com/2012/02/04/us/roger-boisjoly-73-dies-warned-of-shuttle-danger.html.

54 ***Bob Ebeling:*** Howard Berkes, «*Challenger* Engineer Who Warned of Shuttle Disaster Dies», *NPR*, 21 de marzo de 2016, sec. America, npr.org/sections/thetwo-way/2016/03/21/470870426/challenger-engineer-who-warned-of-shuttle-disaster-dies.

56 ***Allan McDonald:*** Allan J. McDonald, *Truth, Lies, and O-Rings: Inside the Space Shuttle Challenger Disaster* (Gainesville: University Press of Florida, 2012).

56 ***«intuición experta»:*** Daniel Kahneman y Gary Klein, «Conditions for Intuitive Expertise: A Failure to Disagree», *American Psychologist* 64, núm. 6 (2009): 515-526, doi.org/10.1037/a0016755.

60 ***Jeffrey Wigand:*** Marie Brenner, «Jeffrey Wigand: The Man Who Knew Too Much», *Vanity Fair*, mayo de 1996, vanityfair.com/magazine/1996/05/wigand199605; *Jeffrey Wigand: The Big Tobacco Whistleblower*, entrevista con Mike Wallace, *60 Minutes*, 4 de febrero de 1996, youtube.com/watch?v=1_-Vu8LrUDk.

62 ***demandaron a Wigand:*** Brenner, «Jeffrey Wigand».

64 ***se alcanzó un acuerdo histórico:*** «The Master Settlement Agreement», National Association of Attorneys General, consultado el 15 de diciembre de 2023, naag.org/our-work/naag-center-for-tobacco-and-public-health/the-master-settlement-agreement/; «Tobacco Master Settlement Agreement», *Wikipedia*, 13 de septiembre de 2023, en.wikipedia.org/w/index.php?title=-Tobacco_Master_Settlement_Agreement.

64 ***«No recuerdo haberme sentido tan feliz»:*** Jeffrey Wigand, entrevista con Mike Wallace, «60 Minutes Follows up with Wigand»,

CBS News, 13 de enero de 2005. Video: cbsnews.com/video/60-minutes-follows-up-with-wigand/; transcripción resumida: cbsnews.com/news/battling-big-tobacco/.

CAPÍTULO 3. CONOCE TU SÍ VERDADERO

68 ***El 9 de abril de 2004:*** «Restaurant Shift Turns into Nightmare», *ABC News*, 9 de noviembre de 2005, abcnews.go.com/Primetime/story?id=1297922; Andrew Wolfson, «A Hoax Most Cruel: How a Caller Duped McDonald's Managers into Strip-Searching a Worker», *Louisville Courier Journal*, 9 de octubre de 2005, courier-journal.com/story/news/investigations/2022/05/05/strip-search-hoax-kentucky-mcdonalds-fake-officer-scam/9598367002/; Maira Ansari, «McDonald's Calls Witnesses in Strip Search Trial», *Wave 3 News* 3, 25 de septiembre de 2007, wave3.com/story/7127864/mcdonalds-calls-witnesses-in-strip-search-trial.

71 ***entre 1994 y 2004:*** *McDonald's Corp. v. Ogborn*, 309 SW3d 274 (Ky. Ct. App. 2010).

72 ***El consentimiento es radicalmente diferente del acatamiento:*** Vanessa Bohns *et al.*, «The Farce of Consent: Psychological Factors that Challenge the Notion of Voluntary Consent», *Academy of Management Annual Meetings Proceedings* 2019, núm. 1 (agosto de 2019), doi.org/10.5465/AMBPP.2019.11214symposium.

72 ***definición médica de «consentimiento informado»:*** Para obtener una descripción general de las definiciones médicas y legales relevantes del consentimiento, véase Thomas Grisso y Paul S. Appelbaum, *Assessing Competence to Consent to Treatment: A Guide for Physicians and Other Health Professionals* (Oxford University Press, 1998); Stephen Joffe y Robert D. Truog, «Consent to Medical Care: The Importance of Fiduciary Context», en *The*

Ethics of Consent: Theory and Practice, ed. Franklin G. Miller y Alan Werthheimer (Oxford University Press, 2009); Sunita Sah, «Ethical Considerations for Obtaining Informed Consent: Insights from Psychology», en *Improving Consent and Response in Longitudinal Studies of Aging: Proceedings of a Workshop*, ed. Brian Harris-Kojetin (Washington D. C.: National Academies Press, 2022), doi.org/10.17226/26481.

75 ***Lo que ocurrió ese día:*** El caso del engaño de McDonald's tiene una larga repercusión legal. Tanto Summers como Nix fueron acusados de delitos relacionados con lo ocurrido ese día. Summers presentó una declaración de Alford en la que se declaró culpable de un delito menor de prisión penal, lo que significa que mantenía su inocencia, pero reconocía que había pruebas suficientes para condenarla. Al obtener la libertad condicional, más tarde demandó a McDonald's, alegando que la corporación no había capacitado a sus gerentes lo suficiente para responder a engaños. Nix se declaró culpable de abuso sexual, conducta sexual inapropiada y encarcelamiento ilegal, y fue sentenciado a cinco años de prisión.

Summers terminó su compromiso la noche del engaño, después de ver el video de seguridad de Nix con Ogborn.

Ogborn abandonó sus planes de ir a la universidad, sufrió de trastorno de estrés postraumático y ataques de pánico recurrentes, y necesitó años de terapia. Al final demandó a McDonald's por 200 millones de dólares en daños y perjuicios y obtuvo un acuerdo importante. Sin embargo, las cicatrices psicológicas la afectan hasta el día de hoy.

¿Y en cuanto al farsante, el «oficial Scott»?

Detectives de varios estados lograron rastrear las llamadas de engaño en varios incidentes, hasta tarjetas telefónicas compradas en el mismo Wal-Mart de Florida. A través de los videos de las cámaras de seguridad, identificaron a un hombre que creyeron que era el oficial Scott.

El sospechoso, un guardia de prisión, había soñado durante mucho tiempo con una carrera en el ámbito policial. Los detectives encontraron parafernalia policial en su remolque, junto con solicitudes de empleo y guías de estudio para el examen de ingreso a la academia de policía que nunca logró aprobar. Pensaron que sus llamadas para engañar eran un intento de representar fantasías de control, autoridad y dominación.

Pero debido a que el oficial Scott no abusó físicamente de ninguna de las víctimas —porque toda su manipulación se hizo por teléfono—, solo fue acusado de suplantación de un oficial de policía y de solicitar sodomía. E incluso entonces, un jurado de Kentucky no estaba convencido de que la evidencia, en gran medida circunstancial, pudiera vincular de forma definitiva al sospechoso con las llamadas. Las imágenes de las cámaras de seguridad eran borrosas. No había grabación alguna de su voz en la línea, dando instrucciones a Summers y Nix. El hecho de que poseyera las tarjetas telefónicas no podía probar más allá de una duda razonable que el mismo hombre había hecho las llamadas.

Al final, el sujeto al otro lado de la línea telefónica nunca fue responsabilizado ni castigado.

Véase Amelia Beamer, «Who Is Louise Ogborn and Where Is She Now?», *The US Sun*, 15 de diciembre de 2022, the-sun.com/news/6920053/who-is-louise-ogborn-and-where-is-she-now/; Associated Press, «Acquittal in Hoax Call That Led to Sex Assault», *NBC News*, 31 de octubre de 2006, nbcnews.com/id/wbna15504125; Brett Barrouquere, «Hoax Victim Testifies Against McDonald's», *The Oklahoman*, 20 de septiembre de 2007, oklahoman.com/story/news/2007/09/20/hoax-victim-testifies-against-mcdonalds/61710898007/.

76 **¿Tienes novio?:** Julie A. Woodzicka y Marianne LaFrance, «Real Versus Imagined Gender Harassment», *Journal of Social Issues* 57, núm. 1 (2001): 15-30.

76 ***Las personas muchas veces experimentan «brechas empáticas»:*** Leaf van Boven *et al.*, «Chapter Three—Changing Places: A Dual Judgment Model of Empathy Gaps in Emotional Perspective Taking», en *Advances in Experimental Social Psychology*, ed. James M. Olson y Mark P. Zanna, vol. 48 (Academic Press, 2013): 117-171, doi.org/10.1016/B978-0-12-407188-9.00003-X. Véase también el capítulo 11 para obtener más información sobre las brechas empáticas.

76 ***personas con alto poder:*** Marvin A. Hecht y Marianne LaFrance, «License or Obligation to Smile: The Effect of Power and Sex on Amount and Type of Smiling», *Personality and Social Psychology Bulletin* 24, núm. 12 (1.° de diciembre de 1998): 1332-1342, doi.org/10.1177/01461672982412007.

78 ***varias mujeres demandaron:*** Benjamin Wallace, «Bikram Feels the Heat», *Vanity Fair*, 19 de diciembre de 2013, vanityfair.com/style/scandal/2014/01/bikram-choudhury-yoga-sexual-harassment.

79 ***«Buenas noches, señor»:*** *Bikram: Yogi, Guru, Predator*, dirigida por Eva Orner (Pulse Films, 2019); Suparna Sharma, «TIFF 2019: Bikram Yogi and the Easy Asanas of Sexual Abusers», *Deccan Chronicle*, 14 de septiembre de 2019, deccanchronicle.com/entertainment/bollywood/140919/tiff-2019-bikram-yogi-and-the-easy-asanas-of-sexual-abusers.html.

79 ***Los observadores de sillón muchas veces atacan a las víctimas:*** Boven *et al.*, «Chapter Three—Changing Places».

79 ***En un ensayo ilustrado de 2014:*** «Trigger Warning: Breakfast», *The Nib*, 8 de julio de 2014, thenib.com/trigger-warning-breakfast.

79 ***aceptar la otra realidad era devastador:*** La experiencia de esta escritora no es única: un metaanálisis de 28 estudios que examinaron experiencias sexuales no deseadas, obtenidas mediante la fuerza, amenaza de fuerza o incapacitación de la víctima, en mujeres sobrevivientes de 14 años o más encontró que más de la mitad de las sobrevivientes no reconocieron como «violación»

lo que vivieron. Los investigadores utilizan el término *violación no reconocida* para describir este fenómeno tan extendido. Sin embargo, los datos muestran que esto puede estar cambiando: a raíz del movimiento #MeToo, que ayudó a muchas víctimas a comprender la verdad de lo que les sucedió, un estudio de 2021 de más de 2 500 estudiantes universitarios encontró que, aunque la prevalencia de agresiones sexuales probablemente no haya cambiado, las sobrevivientes eran más propensas a etiquetar sus experiencias sexuales no deseadas como «agresión sexual». Véase Laura C. Wilson y Katherine E. Miller, «Meta-Analysis of the Prevalence of Unacknowledged Rape», *Trauma, Violence, & Abuse* 17, núm. 2 (1.° de abril de 2016): 149-159, doi.org/10.1177/1524838015576391; y Anna E. Jaffe, Ian Cero y David Dilillo, «The #MeToo Movement and Perceptions of Sexual Assault: College Students' Recognition of Sexual Assault Experiences Over Time», *Psychology of Violence* 11, núm. 2 (marzo de 2021): 209-218, doi.org/10.1037/vio0000363.

80 ***«tareas no promocionables»:*** Linda Babcock *et al.*, *The No Club: Putting a Stop to Women's Dead-End Work* (Nueva York: Simon y Schuster, 2022): 17-53.

82 ***Thomas Simms:*** Ansari, «McDonald's Calls Witnesses in Strip Search Trial».

CAPÍTULO 4. LIBÉRATE DE LA INFLUENCIA

89 ***Aunque algunas culturas occidentales:*** LuMing Robert Mao, «Beyond Politeness Theory: "Face" Revisited and Renewed», *Journal of Pragmatics* 21, núm. 5 (1.° de mayo de 1994): 451-486, doi.org/10.1016/0378-2166(94)90025-6.

89 ***visión* independiente *ideal:*** Hazel R. Markus y Shinobu Kitayama, «Culture and the Self: Implications for Cognition, Emotion, and Motivation», *Psychological Review* 98, núm. 2 (1991): 224-253, doi.org/10.1037/0033-295X.98.2.224.

91 ***«ansiedad por insinuación»:*** Sunita Sah, «Why You Find It So Hard to Resist Taking Bad Advice», *The Los Angeles Times*, 22 de octubre de 2019, latimes.com/opinion/story/2019-10-29/advice-neuroscience-psychology-social-pressure-research; Sunita Sah, «Insinuation Anxiety and the Desire to Save the Other's Face: A Conceptualization and Model», trabajo en curso, 2024.

93 ***Según una encuesta realizada en 2012:*** Nadine Bienefeld y Gudela Grote, «Silence That May Kill», *Aviation Psychology and Applied Human Factors* 2, núm. 1 (enero de 2012): 1-10, doi.org/10.1027/2192-0923/a000021.

93 ***Una encuesta anterior, de 2005:*** David Maxfield *et al.*, *Silence Kills: The Seven Crucial Conversations for Healthcare* (Informe encargado por Vitalsmarts, Provo, Utah, 2005). Véase el resumen en faculty.medicine.umich.edu/sites/default/files/resources/silent_treatment.pdf.

94 ***En su libro* Cómo piensan los profesores:** Michèle Lamont, «Equidad pragmática: reglas consuetudinarias de deliberación», en *How Professors Think: Inside the Curious World of Academic Judgment* (Cambridge, Harvard University Press, 2009): 144-145.

95 ***En una serie de experimentos:*** Sunita Sah, George Loewenstein y D. M. Cain, «Insinuation Anxiety: Concern That Advice Rejection Will Signal Distrust after Conflict of Interest Disclosures», *Personality and Social Psychology Bulletin* 45, núm. 7 (2019): 1099-1112, doi.org/10.1177/0146167218805991.

97 ***esperaban una mayor benevolencia de su «consejero»:*** El «sexismo benévolo» es un conjunto de actitudes que son aparentemente positivas (por ejemplo, el paternalismo protector), pero que refuerzan el estatus subordinado de las mujeres. Véase Peter Glick y Susan T. Fiske, «An Ambivalent Alliance: Hostile and Benevolent Sexism as Complementary Justifications for Gender Inequality», *American Psychologist* 56, núm. 2 (2001): 109-118, doi.org/10.1037/0003-066X.56.2.109.

98 ***un experimento a bordo de un laboratorio móvil de ciencias del comportamiento:*** Sunita Sah, George Loewenstein y D. M. Cain, «The Burden of Disclosure: Increased Compliance with Distrusted Advice», *Journal of Personality and Social Psychology* 104, núm. 2 (2013): 289-304, doi.org/10.1037/a0030527.

CAPÍTULO 5. RECUPERA TU PODER

104 ***En mis estudios de escenarios médicos:*** Sunita Sah, George Loewenstein y D. M. Cain, «Insinuation Anxiety: Concern That Advice Rejection Will Signal Distrust after Conflict of Interest Disclosures», *Personality and Social Psychology Bulletin* 45, núm. 7 (2019): 1099-1112, doi.org/10.1177/0146167218805991.

104 ***Y en los estudios de lotería:*** Sunita Sah, George Loewenstein y D. M. Cain, «The Burden of Disclosure: Increased Compliance with Distrusted Advice», *Journal of Personality and Social Psychology* 104, núm. 2 (2013): 289-304, doi.org/10.1037/a0030527.

106 ***El diálogo interno en tercera persona:*** Ethan Kross, *Chatter: The Voice in Our Head, Why It Matters, and How to Harness It* (Nueva York: Crown, 2021).

106 ***con solo nombrar lo que sentimos:*** Jared B. Torre y Matthew D. Lieberman, «Putting Feelings into Words: Affect Labeling as Implicit Emotion Regulation», *Emotion Review* 10, núm. 2 (1.° de abril de 2018): 116-124, doi.org/10.1177/175407391 7742706.

CAPÍTULO 6. ENCUENTRA TU NO VERDADERO

115 ***El 1.° de diciembre de 1955:*** El relato de este capítulo sobre la historia de Rosa Parks se basa principalmente en Jeanne Theoharis, *The Rebellious Life of Mrs. Rosa Parks* (Boston: Beacon Press, 2013). También consulté los siguientes textos: Henry

Hampton y Steve Fayer, *Voices of Freedom: An Oral History of the Civil Rights Movement from the 1950s Through the 1980s* (Nueva York: Random House, 1991); Bettye Collier-Thomas y V. P. Franklin, *Sisters in the Struggle: African American Women in the Civil Rights-Black Power Movement* (Nueva York: NYU Press, 2001); Marta S. Jones, *Vanguard: How Black Women Broke Barriers, Won the Vote, and Insisted on Equality for All* (Nueva York: Basic Books, 2020); y Rosa Parks y Jim Haskins, *Rosa Parks. Mi historia* (Barcelona: Plataforma, 2019).

115 ***«¿Te vas a levantar?»:*** Theoharis, *The Rebellious Life of Mrs. Rosa Parks*, 63.

116 ***«La gente siempre dice»:*** Rosa Parks, *Rosa Parks: My Story* (Nueva York: Dial, 1992): 132.

116 ***Un artículo de* Los Angeles Times:** «"I'd Do It Again", Says Rights Action Initiator», *Los Angeles Times*, 16 de diciembre de 1965, documents.latimes.com/id-do-it-again-says-rosa-parks/.

116 ***obituario en* The New York Times:** Michael Janofsky, «Thousands Gather at the Capitol to Remember a Hero», *The New York Times*, 31 de octubre de 2005, sec. U. S., nytimes.com/2005/10/31/politics/thousands-gather-at-the-capitol-to-remember-a-hero.html.

117 ***«una historia de vida de rebeldía»:*** Theoharis, *The Rebellious Life of Mrs. Rosa Parks*, 1-16.

117 ***su madre se negó de forma cortés:*** Theoharis, *The Rebellious Life of Mrs. Rosa Parks*, 51.

118 ***para presionar a la policía:*** A finales de la década de 1960, Rosa Parks escribió en primera persona un cuento inédito sobre un hombre blanco que había intentado violarla cuando era adolescente y trabajaba para una familia adinerada. Describió cómo persuadió astutamente al hombre para que no la agrediera, sacando a relucir las mismas leyes de Jim Crow contra el mestizaje que ella más tarde ayudaría a derribar.

«Estaba lista para morir», escribió, «pero dar mi consentimiento, nunca. Nunca. Nunca».

Aunque algunos sugieren que esta narrativa podría ser una memoria, no se menciona en su autobiografía ni en las entrevistas, y otros creen que Parks la escribió como una alegoría, insinuando temas más amplios de la dominación y el acto de desafiar.

Para obtener más información, véase Theoharis, *The Rebellious Life of Mrs. Rosa Parks*; Ula Iinytzky, «Rosa Parks Essay Reveals Rape Attempt», *The Huffington Post*, 29 de julio de 2011, sec. Culture, huffpost.com/entry/rosa-parks-essay-rape_n_912997; y Danielle L. McGuire, «The Maid and Mr. Charlie: Rosa Parks and the Struggle for Black Women's Bodily Integrity», en *U. S. Women's History: Untangling the Threads of Sisterhood*, ed. Leslie Brown, Jacqueline Castledine y Anne Valk (New Brunswick: Rutgers University Press, 2017).

La historia de Parks se sitúa antes de su activismo en busca de justicia para las víctimas negras de violencia sexual en el sur de Jim Crow, en particular Recy Taylor, una mujer negra de 24 años en Alabama que fue secuestrada y violada por seis hombres blancos mientras caminaba a casa desde la iglesia. En 1944, la NAACP envió a Parks a investigar el caso de Taylor, que terminó con dos grandes jurados que se negaron a acusar a los hombres, a pesar de que confesaron.

El trabajo de Parks en casos tan importantes pero subestimados a lo largo de la década de 1940 ejemplifica su comprensión de lo interconectadas que estaban las injusticias raciales y de género en el sur de Jim Crow. Sabía, desde temprana edad, que lo personal era político, especialmente para las mujeres negras en una sociedad que las oprimía tanto por su raza como por su género.

Para más información sobre estos temas, véase Theoharis, *The Rebellious Life of Mrs. Rosa Parks*; Danielle L. McGuire, *At the Dark End of the Street: Black Women, Rape, and Resistance-A New History of the Civil Rights Movement from Rosa Parks to the Rise of Black Power* (Nueva York: Knopf Doubleday,

2011); «Hidden Pattern of Rape Helped Stir Civil Rights Movement», *NPR*, 28 de febrero de 2011, npr.org/templates/story/story.php?storyId=134131369.

119 ***«será mejor que no me pegues»:*** Theoharis, *The Rebellious Life of Mrs. Rosa Parks*, 61.

119 ***«Pensé en Emmett Till»:*** Jesse Jackson, «Jesse Jackson Recalls Bus Boycott», entrevista con Ed Gordon, *News and Notes*, *NPR*, 5 de diciembre de 2005, npr.org/templates/story/story.php?storyId=5039020.

120 ***en su poema «Rosa Parks»:*** Nikki Giovanni, «Rosa Parks», recopilado en *Quilting the Black-Eyed Pea* (Nueva York: HarperCollins, 2002). Accedido en línea a través de la Poetry Foundation: poetryfoundation.org/poems/90180/rosa-parks.

122 ***una progresión a través de una serie de etapas:*** Milgram documentó una secuencia similar en los participantes que desafiaron: duda, externalización, disenso, amenaza y desobediencia. Véase Stanley Milgram, *Obedience to Authority* (Nueva York: Harper & Row, 1974): 163.

123 ***participantes que se negaron a aplicar descargas:*** Andre Modigliani y François Rochat, «The Role of Interaction Sequences and the Timing of Resistance in Shaping Obedience and Defiance to Authority», *Journal of Social Issues* 51, núm. 3 (1995): 107-123, doi.org/10.1111/j.1540-4560.1995.tb01337.x.

CAPÍTULO 7. LA TRAMPA DEL ACTO DE DESAFIAR FALSO

127 ***El 6 de enero de 2021, el presidente Donald Trump:*** Alan Feuer *et al.*, «Jan. 6: The Story So Far», *The New York Times*, 9 de junio de 2022, sec. U. S., nytimes.com/interactive/2022/us/politics/jan-6-timeline.html.

127 ***Clayton Ray Mullins:*** Dan Barry, Alan Feuer y Matthew Rosenburg, «90 Seconds of Rage», *The New York Times*, 16 de

octubre de 2021, sec. U.S., nytimes.com/interactive/2021/10/16/us/capitol-riot.html.

128 ***se declaró culpable del delito grave:*** Oficina del Fiscal de los Estados Unidos del Distrito de Columbia, «Kentucky Man Pleads Guilty to Assaulting Law Enforcement Durante Jan. 6 Capitol Breach», Departamento de Justicia, 6 de septiembre de 2023, justice.gov/usao-dc/pr/kentucky-man-pleads-guilty-assaulting-law-enforcement-during-jan-6-capitol-breach.

128 ***fue sentenciado a 30 meses:*** Oficina del Fiscal de los Estados Unidos del Distrito de Columbia, «Kentucky Man Sentenced to Prison for Assaulting Law Enforcement Durante Jan. 6 Capitol Breach», Departamento de Justicia, 30 de enero de 2024, justice.gov/usao-dc/pr/kentucky-man-sentenced-prison-assaulting-law-enforcement-during-jan-6-capitol-breach.

129 ***en una de las variantes:*** Milgram, *Obedience to Authority*, 116-121.

132 ***algoritmos en redes sociales:*** Katherine J. Wu, «Radical Ideas Spread Through Social Media. Are the Algorithms to Blame?», *PBS*, 28 de marzo de 2019, pbs.org/wgbh/nova/article/radical-ideas-social-media-algorithms/.

133 ***especializado en el Antiguo Testamento:*** Milgram, *Obedience to Authority*, 47-49.

133 ***la «versión de proximidad»:*** Milgram, 33-36.

135 ***«convicciones morales»:*** Linda J. Skitka *et al.*, «The Psychology of Moral Conviction», *Annual Review of Psychology* 72, (2021): 347-366, doi.org/10.1146/annurev-psych-063020-030612.

135 ***El 31 de mayo de 2009:*** La mayor parte de la información de esta historia proviene de este artículo de investigación: Judy L Thomas y David Klepper, «The Complex Life of George Tiller», *Kansas City Star*, 7 de junio de 2009, kansascity.com/news/state/kansas/article230986418.html. También consulté y tomé información del siguiente artículo: Monica Davey, «Witness Tells of Doctor's Last Seconds», *The New York Times*, 28 de julio de 2009, sec. U. S., nytimes.com/2009/07/29/us/29tiller.

html; Ed Pilkington, «I Shot US Abortion Doctor to Protect Children, Scott Roeder Tells Court», *The Guardian*, 29 de enero de 2010, sec. World News, theguardian.com/world/2010/jan/28/scott-roeder-abortion-doctor-killer.

136 ***en la iglesia esa mañana:*** *State v. Roeder*, 300 Kan. 901, 336 P. 3d 831 (Kan. 2014).

CAPÍTULO 8. ¿QUIÉN PUEDE DESAFIAR?

Muchas de las historias de este capítulo y el siguiente provienen de entrevistas que realicé con mis estudiantes de negocios o ejecutivos y sus contactos. Para proteger su privacidad, les asigné seudónimos a estas personas y cambié otros detalles que permitirían identificarlos.

143 ***más probabilidades de ser asesinadas:*** Gabriel L. Schwartz y Jaquelyn L. Jahn, «Mapping Fatal Police Violence across U. S. Metropolitan Areas: Overall Rates and Racial/Ethnic Inequities, 2013-2017», *PLoS ONE* 15, núm. 6 (24 de junio de 2020), doi.org/10.1371/journal.pone.0229686.

145 ***como canta Beyoncé en «Flawless»:*** Kate Torgovnick May, «Beyoncé Samples Chimamanda Ngozi Adichie's TEDx Message on Suprise Album», *TEDBlog*, 13 de diciembre de 2013, blog.ted.com/beyonce-samples-chimamanada-ngozi-adichies-tedx-message-on-surprise-album/; Chimamanda Ngozi Adichie, «We Should All Be Feminists», *TEDxEuston*, 12 de abril de 2012, ted.com/talks/chimamanda_ngozi_adichie_we_should_all_be_feminists.

146 ***«Double Jeopardy?»:*** Joan C. Williams, «Double Jeopardy? An Empirical Study with Implications for the Debates over Implicit Bias and Intersectionality», *Harvard Journal of Law and Gender* 37 (2014): 185-242.

146 ***el estereotipo de que las mujeres asiáticas:*** Virginia W. Wei, «Asian Women and Employment Discrimination: Using Intersectionality

Theory to Address Title VII Claims Based on Combined Factors of Race, Gender and National Origin», *Boston College Law Review* 37, núm. 4 (1.° de julio de 1996): 771-812.

146 **«Eso se lo debo a mis padres»:** Mindy Kaling, citada en el panel *Power of Story: Serious Ladies* del Festival de Cine de Sundance 2015 (Mindy Kaling, Lena Dunham, Jenji Kohan y Kristen Wiig). Véase Jarett Wieselman, «The Secret Behind Mindy Kaling's Success Is Incredible», *BuzzFeed News*, 24 de enero de 2015, buzzfeednews.com/article/jarettwieselman/mindy-kaling-shared-a-truly-amazing-secret-to-her-xit.

147 ***Steve Jobs:*** John Simons, «Management Style: When Is It Viewed as Abusive?», *The Wall Street Journal*, 9 de agosto de 2016, wsj.com/articles/management-style-when-is-it-viewed-as-abusive-1470752281; Robert J. Bies, Thomas M. Tripp y Debra L. Shapiro, «Abusive Leaders or Master Motivators? "Abusive" Is in the Eye of the Beholder», en *Understanding the High Performance Workplace: The Line between Motivation and Abuse*, ed. Neal M. Ashkanasy, Rebecca J. Bennett y Mark J. Martinko, SIOP Organizational Frontiers Series (Nueva York: Routledge/Taylor & Francis Group, 2016): 252-276.

147 ***lo que dijo Natalie Portman:*** Erin Nyren, «Natalie Portman's Step-by-Step Guide on How to Topple the Patriarchy», *Variety*, 12 de octubre de 2018, variety.com/2018/film/news/natalie-portman-gender-parity-power-of-women-1202978582/.

151 ***sufrió durante décadas:*** Jeanne Theoharis, *The Rebellious Life of Mrs. Rosa Parks* (Boston: Beacon Press, 2013): 116-164.

152 ***«Sí, lo volvería a hacer»:*** «"I'd Do It Again", Says Rights Action Initiator», *Los Angeles Times*, 16 de diciembre de 1965, documents.latimes.com/id-do-it-again-says-rosa-parks/.

153 ***Nelson Mandela:*** South African History Online, «Defiance Campaign 1952», consultado el 29 de diciembre de 2023, sahistory.org.za/article/defiance-campaign-1952.

153 ***Mahatma Gandhi guiando a miles hacia la costa del mar Arábigo:*** Kenneth Pletcher, «Salt March | Indian History», *Encyclo-*

pedia Britannica, 23 de noviembre de 2023, britannica.com/event/Salt-March.

155 ***Existe un costo:*** Diane S. Berry y James W. Pennebaker, «Nonverbal and Verbal Emotional Expression and Health», *Psychotherapy and Psychosomatics* 59, núm. 1 (1993): 11-19, doi.org/10.1159/000288640.

CAPÍTULO 9. EL ACTO DE DESAFIAR SILENCIOSO

164 ***En una variante de los experimentos de Milgram:*** Stanley Milgram, *Obedience to Authority* (Nueva York, Harper & Row, 1974): 59-62.

169 ***En una encuesta de 2000:*** Neal Trautman, «Police Code of Silence Facts Revealed», investigación realizada por The National Institute of Ethics (El Instituto Nacional de Ética) y presentada en la Conferencia Anual de la Asociación Internacional de Jefes de Policía, Sección de Oficiales Legales, 2000, aele.org/loscode2000.html.

169 **Walking with the Devil:** Michael W. Quinn, *Walking with the Devil: The Police Code of Silence: What Bad Cops Don't Want You to Know and Good Cops Won't Tell You* (Chicago: Quinn and Associates, 2005): 39-41.

171 ***activismo médico:*** Matthew K. Wynia *et al.*, «Medical Professionalism in Society», *New England Journal of Medicine* 341, núm. 21, (18 de noviembre de 1999): 1612-1616, doi.org/10.1056/NEJM199911183412112.

CAPÍTULO 10. ¿QUIÉN SOY?

180 ***los médicos no somos observadores neutrales:*** Matthew K. Wynia *et al.*, «Medical Professionalism in Society», *New England Journal of Medicine* 341, núm. 21 (18 de noviembre de 1999): 1612-

1616, doi.org/10.1056/NEJM199911183412112; Russell L. Gruen, Steven D. Pearson y Troyen A. Brennan, «Physician -Citizens—Public Roles and Professional Obligations», *JAMA* 291, núm. 1 (7 de enero de 2004): 94-98, doi.org/10.1001/jama.291.1.94.

180 ***los ingresos y niveles educativos más altos:*** Ezekiel J. Emanuel, «Enhancing Professionalism Through Management», *JAMA* 313, núm. 18 (12 de mayo de 2015): 1799-1800, doi.org/10.1001/jama.2015.4336.

182 ***historias de cirugías forzadas:*** Caitlin Dickerson, Seth Freed Wessler y Miriam Jordan, «Immigrants Say They Were Pressured into Unneeded Surgeries», *The New York Time*, 29 de septiembre de 2020, sec. U. S., nytimes.com/2020/09/29/us/ice-hysterectomies-surgeries-georgia.html.

183 ***Como han propuesto otros médicos:*** Emanuel, «Enhancing Professionalism Through Management».

184 ***tres preguntas:*** James G. March, *Primer on Decision Making: How Decisions Happen*, (Nueva York: Free Press, 1994).

186 ***las personas que se van a vivir al extranjero:*** Hajo Adam *et al.*, «The Impact of Self-Affirmation on Health-Behavior Change: A Meta-Analysis», *Health Psychology: Official Journal of the Division of Health Psychology, American Psychological Association* 145 (1.° de marzo de 2018): 16-29, doi.org/10.1016/j.obhdp.2018.01.002.

192 ***El acto de escribir:*** Tracy Epton *et al.*, «The Impact of Self-Affirmation on Health-Behavior Change: A Meta-Analysis», *Health Psychology: Official Journal of the Division of Health Psychology, American Psychological Association* 34, núm. 3 (marzo de 2015): 187-196, doi.org/10.1037/hea0000116.

192 ***Además, hay evidencia:*** Jennifer A. Gregg *et al.*, «Impact of Values Clarification on Cortisol Reactivity to an Acute Stressor», *Journal of Contextual Behavioral Science* 3, núm. 4 (1.° de octubre de 2014): 299-304, doi.org/10.1016/j.jcbs.2014.08.002.

194 ***Cuando Jeffrey Wigand:*** Marie Brenner, «Jeffrey Wigand: The Man Who Knew Too Much», *Vanity Fair*, mayo de 1996, vanityfair.com/magazine/1996/05/wigand199605.

CAPÍTULO 11. EL LUGAR Y EL MOMENTO ADECUADOS

198 ***toma alrededor de:*** Michael Shapiro, «Super Bowl National Anthem: Average Duration Time of Pregame Song», *Sports Illustrated*, 3 de febrero de 2019, si.com/nfl/2019/02/03/super-bowl-liii-national-anthem-average-length-gladys-knight.

198 ***un reportero local:*** Jennifer Lee Chan, cuya foto —la primera que muestra a Kaepernick arrodillado— se publicó originalmente en Twitter el 26 de agosto de 2016: @jenniferleechan, Colin Kaepernick no se levantó durante el himno nacional; mi foto lo prueba, Twitter, 27 de agosto de 2016, twitter.com/jenniferleechan/status/769446898176495616. Publicado de nuevo cuatro años después: @jenniferleechan. Hoy hace cuatro años tomé esta foto, sin saber en toda su magnitud cuál sería su importancia y significado. Es la única foto de Colin Kaepernick sentado durante el Himno Nacional. Después de hablar con Nate Boyer antes del siguiente partido en San Diego, se arrodilló, Twitter, 26 de agosto de 2020, twitter.com/jenniferleechan/status/1298735998390550529.

198 ***«No me voy a poner de pie…»:*** Colin Kaepernick, según le fue narrado a Steve Wyche: «Colin Kaepernick Explains Why He Sat During National Anthem», *NFL.com*, 27 de agosto de 2016, nfl.com/news/colin-kaepernick-explains-why-he-sat-during-national-anthem-0ap3000000691077.

199 ***«Cuando haya un cambio significativo…»:*** Chris Biderman, «Transcript: Colin Kaepernick Addresses Sitting during National Anthem», *Niners Wire*, 28 de agosto de 2016, ninerswire.

usatoday.com/2016/08/28/transcript-colin-kaepernick-addresses-sitting-during-national-anthem/.

199 ***no era un ataque:*** Associated Press, «Colin Kaepernick Joined by Eric Reid in Kneeling for National Anthem Protest», *The Guardian*, 1.° de septiembre de 2016, sec. Sport, theguardian.com/sport/2016/sep/01/colin-kaepernick-eric-reid-kneel-national-anthem-protest-san-francisco-49ers.

200 ***dejó a los 49ers:*** Nunzio Ingrassia, «GM John Lynch Says 49ers Would Have Cut Colin Kaepernick If He Hadn't Opted Out», *FOX Sports*, 1.° de junio de 2017, foxsports.com/stories/nfl/gm-john-lynch-says-49ers-would-have-cut-colin-kaepernick-if-he-hadnt-opted-out.

203 ***entrevisté a cincuenta enfermeros:*** Hyunsun Park, Sunita Sah y Subrahmaniam Tangirala, «The Voice Empathy Gap: How Employees and Managers Hold Differing Beliefs About Lack of Voice and Interventions to Close the Gap», trabajo en curso, 2024.

203 ***falta de seguridad psicológica:*** Amy C. Edmondson y Zhike Lei, «Psychological Safety: The History, Renaissance, and Future of an Interpersonal Construct», *Annual Review of Organizational Psychology and Organizational Behavior* 1, núm. 1 (2014): 23-43, doi.org/10.1146/annurev-orgpsych-031413-091305.

206 ***examinamos las diferentes percepciones:*** Catherine T. Shea y Sunita Sah, «Just Don't Ask: Different Perceptions Between Recruiters and Candidates for Asking Illegal Demographic Questions in Job Interviews», trabajo en curso, 2024.

206 ***educar a los jefes:*** Park, Sah y Tangirala, «The Voice Empathy Gap: How Employees and Managers Hold Differing Beliefs About Lack of Voice and Interventions to Close the Gap».

207 ***Rachael Denhollander sentía aprecio por el doctor Nassar:*** Rachael Denhollander, *What Is a Girl Worth?: My Story of Breaking the Silence and Exposing the Truth about Larry Nassar and USA Gymnastics* (Carol Stream: Tyndale House, 2019). Véase también Tim Evans, Mark Aleisa y Marisa Kwiatkowski, «USA

Gymnastics Doctor Accused of Abuse», *The Indianapolis Star*, 12 de septiembre de 2016, indystar.com/story/news/2016/09/12/former-usa-gymnastics-doctor-accused-abuse/89995734/; Juliet Macur, «In Larry Nassar's Case, a Single Voice Eventually Raised an Army», *The New York Times*, 25 de enero de 2018, sec. Sports, nytimes.com/2018/01/24/sports/rachael-denhollander-nassar-gymnastics.html; *Athlete A* (Actual Films, 2020): actualfilms.net/films/athletea/.

211 ***16 años después:*** Matt Mencarini, «She Exposed Her Secrets to Put Away Sexual Predator Larry Nassar. But Her Work Isn't Done», *Louisville Courier Journal*, 4 de septiembre de 2019, courier-journal.com/in-Depth/news/2019/09/04/rachael-denhollander-sacrifice-continues-after-accusing-usa-gymnastics-larry-nassar/1919109001/.

209 ***UNA MIRADA CIEGA ANTE EL ABUSO SEXUAL:*** Marisa Kwiatkowski, Mark Alesia y Tim Evans, «A Blind Eye to Sex Abuse: How USA Gymnastics Failed to Report Cases», *The Indianapolis Star*, 4 de agosto de 2016, indystar.com/story/news/investigations/2016/08/04/usa-gymnastics-sex-abuse-protected-coaches/85829732/.

210 ***«Vine lo más preparada posible…»:*** Rachael Denhollander, «Rachael Denhollander: The Price I Paid for Taking On Larry Nassar», *The New York Times*, 26 de enero de 2018, sec. Opinion, nytimes.com/2018/01/26/opinion/sunday/larry-nassar-rachael-denhollander.html.

213 ***«Las personas hacen el lugar»:*** Benjamin Schneider, «The People Make the Place», *Personnel Psychology* 40, núm. 3 (septiembre de 1987): 437-453, psycnet.apa.org/doi/10.1111/j.1744-6570.1987.tb00609.x.

213 ***pequeñas victorias:*** Karl E. Weick, «Small Wins: Redefining the Scale of Social Problems», *American Psychologist* 39, núm. 1 (1984): 40-49, doi.org/10.1037/0003-066X.39.1.40.

214 ***La curiosidad puede ser:*** Todd B. Kashdan *et al.*, «Curiosity Protects Against Interpersonal Aggression: Cross-Sectional,

Daily Process, and Behavioral Evidence», *Journal of Personality* 81, núm. 1 (2013): 87-102, doi.org/10.1111/j.1467-6494.2012.00783.x.

215 ***algunos propietarios de restaurantes intentan:*** Eran Dayan y Maya Bar-Hillel, «Nudge to Nobesity II: Menu Positions Influence Food Orders», *Judgment and Decision Making* 6, núm. 4 (junio de 2011): 333-342, doi.org/10.1017/S1930297500001947; Jungkeun Kim *et al.*, «Position Effects of Menu Item Displays in Consumer Choices: Comparisons of Horizontal Versus Vertical Displays», *Cornell Hospitality Quarterly* 60, núm. 2 (1.° de mayo de 2019): 116-124, doi.org/10.1177/1938965518778234.

CAPÍTULO 12. EL SUPERPODER DE LA RESPONSABILIDAD

218 ***La mañana del 24 de mayo de 2022:*** Este relato de la experiencia de Angeli Rose Gomez se deriva principalmente de los reportajes de *The Wall Street Journal* sobre las secuelas del tiroteo en Uvalde y entrevistas con Gomez de las cadenas de televisión afiliadas CBS y ABC. Véase Douglas Belkin, Rob Copeland y Elizabeth Findell, «Uvalde Shooter Fired Outside School for 12 Minutes Before Entering», *The Wall Street Journal*, 26 de mayo de 2022, sec. U. S., wsj.com/articles/uvalde-residents-voice-frustration-over-shooting-response-11653588161; «Mother Who Ran into Texas School During Shooting Discusses Moments Inside», *CBS News*, 2 de junio de 2022, cbsnews.com/video/mother-who-run-into-texas-school-during-shooting-discutes-moments-inside/; Rebecca Lopez, «Uvalde Mom Who Ran into School to Save Kids Says Police Are Harassing Her for Speaking Out», *WFAA News*, 6 de julio de 2022, wfaa.com/article/news/special-reports/uvalde-school-shooting/uvalde-mom-says-police-are-acosing-her-for-speak

ing-out/287-25084f74-f3f4-49e9-b68b-b945c2f34df3; Chelsea Torres, «Mom Who Saved Her Kids from Uvalde School Shooting Says Police Are Targeting Her», *KATU* News, 27 de junio de 2022, katu.com/news/nation-world/mom-who-saved-her-kids-from-uvalde-school-shooting-says-police-are-targeting-her-texas-robb-elementary-gunman-salvador-ramos-law-enforcement-response-angeli-rose-gomez-first-responders-who-is-pete-arredondo-town-square-protests-elementary-school-massacre.

227 ***«El ajuste mental más común»:*** Stanley Milgram, *Obedience to Authority* (Nueva York, Harper & Row, 1974): 7-8.

228 ***«Es, más bien, un modo fundamental»:*** Milgram, 8.

228 ***Bruno Batta:*** Milgram, 45-47.

229 ***el «estado agéntico»:*** Milgram, 132-34.

229 ***Jan Rensaleer:*** Milgram, 50-52.

231 ***En varios estudios que realicé:*** Kaitlin Woolley y Sunita Sah, «Kicking Yourself: Going Against Your Inclinations Leads to Greater Feelings of Control and Culpability», trabajo en curso, 2024.

233 ***Después de que las gimnastas contaron sus historias:*** Marlene Lenthang, «How USA Gymnastics Has Changed since the Larry Nassar Scandal», *ABC News*, 26 de julio de 2021, abcnews.go.com/Sports/usa-gymnastics-changed-larry-nassar-scandal/story?id=78839442.

234 ***un par de investigadores:*** James Habyarimana y William Jack, «Results of a Large-Scale Randomized Behavior Change Intervention on Road Safety in Kenya», *Proceedings of the National Academy of Sciences* 112, núm. 34 (10 de agosto de 2015), doi.org/10.1073/pnas.1422009112.

CAPÍTULO 13. SUBIR DE NIVEL

243 ***que nuestra boca se acostumbre:*** Del taller de Heroic Public Speaking, 2019, heroicpublicspeaking.com.

245 ***Mi negativa podía crear:*** Me inspiro en el trabajo de Mary C. Gentile sobre cómo hablar en organizaciones y la importancia de la práctica. Véase su libro *Giving Voice to Values: How to Speak Your Mind When You Know What's Right* (New Haven: Yale University Press, 2010).

246 ***«Investigations Before Examinations…»:*** Sunita Sah, «Investigations Before Examinations: 'This Is How We Practice Medicine Here"», *JAMA Internal Medicine* 175, núm. 3 (1.° de marzo de2015):342-343,doi.org/10.1001/jamainternmed.2014.7549.

246 ***un artículo de apoyo:*** Deborah Grady, «Testing Before Seeing the Patient», *JAMA Internal Medicine* 175, núm. 3 (2015): 343, doi.org/10.1001/jamainternmed.2014.7607.

249 ***«Bajo presión, no nos elevamos…»:*** Esta cita con frecuencia se atribuye a Bruce Lee, pero se cree que su fuente real es Arquíloco, un poeta griego del siglo VII a. C.

CAPÍTULO 14. NO TIENES QUE SER VALIENTE

251 ***El 20 de agosto de 2018:*** Este relato de la huelga escolar de Greta Thunberg se basa en gran medida en el libro que ella y su familia publicaron en Suecia en 2018 y en Estados Unidos en 2020. Véase Greta Thunberg *et al.*, *Our House Is on Fire: Scenes of a Family and a Planet in Crisis* (Nueva York: Penguin, 2020): 223-278.

253 ***«Me diagnosticaron síndrome de Asperger»:*** Greta Thunberg, «School Strike for Climate—Save the World by Changing the Rules», *TEDxStockholm*, 2018, ted.com/talks/greta_thunberg_school_strike_for_climate_save_the_world_by_change_the_rules/transcript.

256 ***Ziauddin Yousafzai, activista:*** Alex Clark, «Malala's Father, Ziauddin Yousafzai: "I Became a Person Who Hates All Injustice"», *The Guardian*, 11 de noviembre de 2018, sec. Books, theguardian.com/books/2018/nov/11/malala-father-ziauddin-yousafzai-i-became-a-person-who-hates-all-injustice.

257 ***«Eres una niña»:*** Malala Yousafzai con Christina Lamb, *I Am Malala: The Girl Who Stood Up for Education and Was Shot by the Taliban* (Nueva York: Little, Brown, 2013), 141.

259 ***un grupo de niños de primaria:*** Thunberg *et al.*, *Our House Is on Fire*, 257.

260 ***«Voy a hacer algo»:*** Greta Thunberg, aparición en *The Russell Howard Hour*, Serie 6, episodio 8, 4 de noviembre de 2022, youtube.com/watch?v=QqkhpxguKeY&t=1326s.

263 ***«Parece que hoy en día muchas personas»:*** K. K Ottesen, «Greta Thunberg on the State of the Climate Movement and the Roots of Her Power as an Activist», *Washington Post*, 27 de diciembre de 2021, washingtonpost.com/magazine/2021/12/27/greta-thunberg-state-climate-movement-roots-her-power-an-activist/.

CONCLUSIÓN. ATRÉVETE A DESAFIAR

269 ***Ambas aparecen en los videos:*** Para ver una imagen estática relevante extraída del metraje de la cámara corporal, véase Joe Hernandez, «Read This Effective Statement from Darnella Frazier, Who Filmed George Floyd's Murder», *NPR*, 26 de mayo de 2021, npr.org/2021/05/26/1000475344/read-this-powerful-statement-from-darnella-frazier-who-filmed-george-floyds-murd; Haley Yamada, «Newly Released Video Show Onlookers' Reaction to George Floyd's Death», *ABC News*, 14 de agosto de 2020, abcnews.go.com/EE.UU./newly-released-video-show-onlookers-reaction-george-floyds/story?id=72378256. Extractos

del video de la cámara corporal de Tou Thao y los videos de los celulares de los transeúntes aparecen en *Latest Body Camera Video Shows Onlookers' Horror during George Floyd Arrest*, 2020, youtube.com/watch?v=GbSjqT4Zy1g.

270 ***«No era correcto»:*** Testimonio de Darnella Frazier, registrado en el juicio de Derek Chauvin, Tribunal del condado de Hennepin, Minneapolis, 29 de marzo de 2021, extraído de Bill Chappell, «"It Wasn't Right", Young Woman Who Recorded Chauvin and Floyd on Video Tells Court», *NPR*, 30 de marzo de 2021, sec. America Reckons with Racial Injustice, npr.org/sections/trial-over-killing-of-george-floyd/2021/03/30/982729306/it-wasnt-right-young-woman-who-recorded-chauvin-and-floyd-on-video-tells-court.

271 ***«Cambió mi forma de ver la vida»:*** Darnella Frazier, «1 Year Anniversary», *Instagram*, 25 de mayo de 2021, instagram.com/p/CPT5_oIBlie/.

273 ***«Entre el estímulo y la respuesta»:*** Viktor Frankl, *El hombre en busca de sentido* (Barcelona: Herder, 2021).

273 ***«Se ha dicho»:*** Greta Thunberg *et al.*, *Our House Is on Fire: Scenes of a Family and a Planet in Crisis* (Nueva York: Penguin, 2020): 230.

UNA CONVERSACIÓN CON LA DOCTORA SUNITA SAH

281 ***que pueda desafiar en voz alta y de modo público:*** Hay otra categoría de personas desafiantes que no cuentan con mucha seguridad o protección y, sin embargo, se levantan de todos modos: personas como Sylvia Rivera, que nacen en un mundo que no las acepta. Sylvia, asignada como varón al nacer, fue criada por su abuela en la ciudad de Nueva York. Comenzó a experimentar con ropa y maquillaje a una edad temprana y fue agredida por hacerlo. El simple hecho de ser ella misma era un acto que desafiaba a diario, que la exponía de forma regular a la violencia,

el odio y la discriminación. Sin hogar desde los 11 años, comprendió la lucha de personas como ella, que habían sido separadas de sus familias, aisladas de sus comunidades y sumidas en la pobreza. En 1970, a los 19 años, junto con Marsha P. Johnson, una *drag queen* y activista afroestadounidense autoidentificada, Sylvia cofundó Street Transvestite (más tarde Transgender) Action Revolutionaries (STAR) para apoyar a los jóvenes homosexuales y transgénero sin hogar. En los años siguientes, se convirtió en una figura icónica en la lucha contra la exclusión de las personas transgénero, en especial las personas transgénero de color, del movimiento más amplio por los derechos de los homosexuales. Véase Emma Rothberg, «Sylvia Rivera», National Women's History Museum (Museo Nacional de Historia de la Mujer), marzo de 2021, womenshistory.org/education-resources/biographies/sylvia-rivera.